KB126510

싱글맘
부동산 경매로
홀로서기

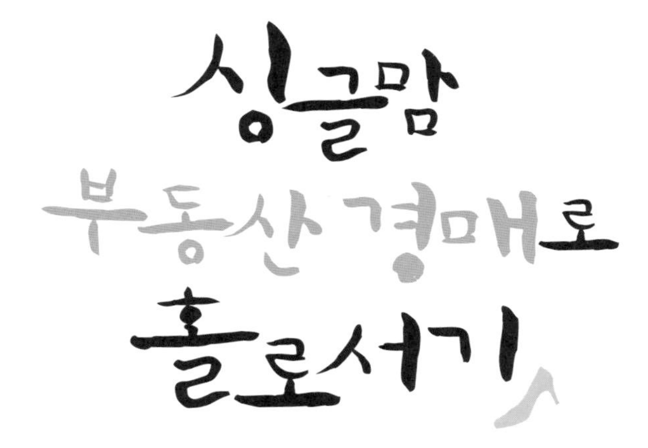

글·이선미 | 감수·송희창

망가진 브레이크

어릴 적 형편이 어려웠던 나는 야간 고등학교를 다녔고, 주경야독을 하며 꿈을 품고 살았다. 나도 잘 살고 싶다, 똑똑해지고 싶다, 성공해서 멋진 사람이 되고 싶다 등등...

간절한 소망 때문인지 몰라도 어린 나이였음에도 악착같이 일하고 공부했다. 공장에서 일을 하고, 저녁이면 학교에 가서 공부하고, 다시 공장으로 출근하기 전 짧은 빈 시간을 이용하여 자격증 학원에 다녔다. 쉴 틈 없이 움직이던 어린 시절이었다.

대학 시절 역시, 형편이 좋지 않아 또다시 야간 대학을 선택하여 낮에는 회사, 밤에는 학교, 새벽에는 신문 배달을 하면서 자립의 힘을 키울 수밖에 없었었고, 그렇게 몸에 밴 생활방식은 사회에 나와서 그리고 지금까지도 강박처럼 나를 괴롭히는 것 중 하나다.

결혼 후에도 좀 더 앞서나가고자 일을 병행하면서 늦은 나이에 대학원에 진학했고, 그때는 정말 시간을 쪼개고 쪼개어 사용했다. 대학원 논문을 쓸 때는 집을 오가는 시간이 아까워 둘째 딸 아이를 연구실에 데리고 와 한편에 돗자리를 깔고 재웠을 정도니 말이다. 밤새 논문을 쓰고, 잠시 짬을 내어 잠을 잤고, 일어나서 아이를 학교에 데려다주고 출근하는 삶이 이어졌다.

'안주하지 마라. 네가 걷고 있을 때 남들은 뛰고 있다.'

무슨 슬로건처럼 평생 내 머릿속에 따라다니는 주문 같은 단어들.

나는 브레이크가 망가진 자동차처럼 계속 달리기만 할 뿐 좀처럼 멈추질 못했다.
일만 하는 여자는 매력 없다며 이혼 도장을 찍고 나간 아이들 아빠를 보면서도 내일 있을 출장을 걱정했고, 아직 쓰지 못한 대학원 논문을 걱정하고 있었으니까. 내가 생각해도 나는 참 독한 엄마였다. 우아한 겉모습과 달리 물속에서 쉴 새 없이 헤엄치는 백조. 그 당시의 내 모습이었다.

그러던 중 계속되는 피로에 비타민 주사나 맞아 볼 양으로 찾아간 병원에서 우연히 발견된 암세포.
그렇게나 열심히 살던 나에게 운명이 가져다준 것이 암뿐이라는 사실은 그야말로 충격이었다.

뜻하지 않은 시련

2011년, 뜻하지 않게 암 진단을 받았고 수술을 했다. 그 후 긴 시간 동안 항암치료를 받았다.

독한 항암치료를 견디지 못한 내 몸에서는 여러 징후들이 나타나기 시작했다. 손톱과 발톱은 새까맣게 변해갔고, 머리카락은 윤기라고는 찾아볼 수 없이 퍼석퍼석해지더니 급기야 한 움큼씩 빠지기 시작했다. 머털도사 마냥 듬성듬성 남아있는 머리가 보기 싫어 차라리 깨끗이 민머리로 밀어버렸다. 독한 항암치료에 피부가 새까맣게 죽어가고 토악질이 쉴 새 없이 이어졌으며, 후유증으로 걸음걸이조차 내 의지대로 할 수가 없었다.

그래도 눈물을 참아가며 의지로 이겨보려 했다. 나에겐 살아야 하는 이유가 있었으니까. 내 곁에는 못난 엄마 밑에서 자라면서도 불평 없이 착하게 자라준 내 아이들이 있었다. 아직 어린 아이들이었고, 그 빈자리를 채워주지 못하고 생을 마감한다는 것조차 당시에는 사치였으며, 죄스러움이었기에 이를 악물고 버텼다.

내가 항암치료를 견디는 사이 엄마는 돌아가셨고, 아이들은 부쩍 자랐다. 그렇게 나는 인생에서 가장 긴 일 년을 보냈다. 다시 일하고 싶은 욕구는 많았으나 내 몸은 더 이상 예전 같지 않았기에 회사로 돌아간다 해도 과연 버틸 수 있을지는 의문이었다. 담당 의사 또한 내 병은 몸을 너무 혹사시켜서 생긴 병이고, 스트레스가 가장 큰 원인이라며 당장 일을 그만둘 것을 권유했다.

사실 고민이 많았다. 고정된 급여와 대우를 받으며 살 것인가, 이쯤에서 내 모습을 돌아보며 내가 하고 싶은 것을 찾을 것인가. 이상과 현실 사이에서 갈피를 잡지 못하고 방황하는 날들이 이어졌다. 오랜 고민 끝에 나는 결국 회사의 휴직계를 정정하고, 사직서를 제출했다.

내 삶의 새로운 시작, 경매

즐겁지 않은 휴식이 계속되었다. 바쁘게 정신없이 생활할 때는 그토록 쉬고 싶었고 그토록 아이들과 함께하는 시간을 그리워했는데, 막상 주어진 현실 앞에서는 하나도 즐겁지가 않았다.

시간이 갈수록 누워있는 시간이 많아졌다. 걷고 싶은데 걸을 수가 없고, 먹고 싶은데 먹을 수가 없었다. 살고 싶은데 자꾸만 죽어가는 내 모습이 보이니 점점 자신감이 떨어졌다. 매일 같이 거실의 천장을 응시한 채 누워있는 것이 하루의 전부인 날도 많았다.

그날도 생기 없이 침대에 누워 눈으로만 집안 구석구석을 탐색하고 있었다. 그러던 중 갑자기 책꽂이 끄트머리에 꽂혀있는 경매 책 하나를 발견했고, 무료함을 좀 달래볼 목적으로 읽기 시작했다.

그 자리에서 책 한 권을 뚝딱 읽어버렸고, 순간 전율이 온몸을 휘감았다. 다시 열정이 불타오르기 시작한 것이다.

그날 이후 온갖 경매 책을 다 섭렵하기 시작했고, 경매 커뮤니티 카페에도 가입했다.

내가 알지 못했던 세상이었다. 그 세상에 대해 깊은 호기심이 생겼고, 그 세상이 어쩌면 죽어가는 나를 살릴 수도 있겠다, 라는 생각을 했다.

가입한 카페에서 많은 회원들의 생생한 경험담을 읽으며 간접 경험을 쌓아갔고, 부족한 부분은 강의를 들으며 보충했다.

그렇게 시작된 경매였다.

그때부터는 머리에 두건을 쓰고, 가늘어진 다리에 힘을 실어 한발 한발 내딛어 매일 법원으로 출근을 했다. 입찰을 하지 않더라도 현장의 분위기, 그리고 입찰표 쓰는 연습, 낙찰 발표 등 경매에 대한 모든 것을 온몸으로 터득하려고 노력했다. 그리고 컨디션이 좀 괜찮다 싶은 날에는 무작정 임장을 갔다. 아직 회복되지 못한 몸도 내 열정을 꺾지는 못했던 것이다. 결국 나는 요양 생활 동안에만 10건의 낙찰을 받을 수 있었다.

이렇게 하여 처음 경매를 시작할 때는 통장에 20만 원도 없던 내가, 지금은 월세를 받는 자산 수십억 원의 집주인이 된 것이다.

지난 기간의 흔적들

내 사정을 아는 사람들이 나에게 자주 물었던 질문이 있다. 성한 몸도 아닌데 여자 혼자 경매하면서 점유자들 명도하는 것이 어렵지 않느냐고.

그럴 때마다 "에이, 나 아니면 배고플 애 둘이 있어 봐요."하고 대수롭지 않게 웃어넘겼지만, 그만큼 간절한 마음이 있으면 뭐든 할 수 있는 것이 또

세상 이치가 아닐까 싶다. 지금은 성공한 사람들만 나간다는 '서민갑부' 방송에 출연할 만큼 경매를 통해 승승장구하고 있고, 아이들에게 자랑스러운 엄마가 되어가는 것을 보면, 어쩌면 삶은 큰 시련을 통해 나에게 선물을 준 것은 아닐까 생각을 해 본다.

사람들은 저마다의 소리로 이야기를 한다. 누구는 부동산이 끝물이고, 이제 경매는 먹을 것이 없는 시장이 되었다고. 그런데 누구는 이렇게 이야기한다. 그 빈틈을 이용하여 내 것으로 만든다면 경매는 부자로 갈 수 있는 초고속 핫라인이라고.

앞서 이야기했지만, 처음 경매를 시작했을 때는 통장에 잔고가 20만 원밖에 없었다. 하지만 너무나 하고 싶었고 간절했기에 갖고 있던 집을 팔아 투자금을 만들 용기가 생겼고, 마이너스 통장과 보험약관 대출까지 만들어 내는 기묘한(?) 방법까지 생각해낼 수 있었던 것이다. 만약 그때 그런 선택을 하지 않았더라면, 무섭고 두렵다고 원래 하던 대로 살았더라면, 지금 나는 어떤 모습으로 살아가고 있을까? 아, 생각만 해도 아찔하다.

경매에 대한 막연한 두려움을 갖고 있는 이들에게, 경매는 뭔가 특별한 사람만이 할 수 있고 돈이 있어야만 할 수 있다고 믿는 이들에게, 그렇지 않다는 것을 보여주고 싶었다. 나 역시 이전에는 두려워하고 돈이 없었던 평범한 사람이었기 때문이다. 그래서 기억을 되살려 지극히 평범했던 내가 처음 경매를 접하고 실천에 옮긴 순간부터 그간 경험한 것들을 책에 싣게 되었다. 부디 이 책이 꼭 필요한 사람들에게 희망의 씨앗이 되기를 바란다.

처음 책을 출간하고 어느 정도의 시간이 흘렀다. 그런데도 여전히 책이 잘 나간다는 소식을 출판사로부터 전해 듣게 되었다. 사람들은 왜 내 책을 계속해서 찾는 것일까? 사례들도 여러 해가 지난 것들인데...

아마도 경매 사건은 연도가 지나더라도 투자의 본질은 변하지 않고, 권리분석 방법이나 수익내는 방법은 동일하기 때문이리라.

하지만 자꾸만 뒤통수가 따가워지기 시작했다. 그래서 개정판 출간을 결정하게 되었고, 일부 사례를 추가하며 세법 부분은 최신 개정된 정보로 업데이트를 하였다.

따라서 이 책에는 과거의 사례가 있을지라도 실전에 접근하는 방법과 현장조사, 경매 처리 과정 그리고 인테리어 노하우 등을 중점적으로 본다면 분명 많은 정보를 얻을 수 있을 것이라 확신한다.

이 책은 내 자랑을 하고파서 내놓은 책이 아니다. 정말 절박한 마음으로, 정말 소액으로 경매를 시작했기에 나와 같은 처지에 있는 사람들에게 누구든 가능하다는 것을 알려주고 싶어 책을 쓰게 된 것이니, 부디 과거의 나 같은 사람들에게 이 책이 보석 같은 책으로 다가가길 바란다.

Contents

3장 경매로 내 집을 마련하다

4장 공짜로 집 사기? 무피투자

5장 385만 원으로 200평 전원주택을 꿈꾸다

6장 우리 동네 빌라 낙찰기

7장 내 집을 돌려주세요!

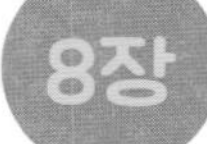

경매로 차를 바꾸다

3개월 만에 3,000만 원이 되어 돌아온 아파트

10장 공매 낙찰을 취하해주세요

11장 쓰레기 집을 낙찰받다

12장 600만 원으로 나에게 별장을 선물하다

1장

~

우연히 경매를 접하다

경매와의 인연, 우연히 시작되다

2009년 봄. 지금의 나를 만든 운명 같은 일을 만났다.

당시 직장인으로 바쁘게 살고 있었는데, 맡은 업무의 특성상 지방출장이 잦았다. 주로 출장길에 기차를 이용했던 나는, 그 날 역시 집으로 향하는 기차를 기다리고 있었다. 그런데 문득 역사 편의점 앞에 진열된 책 한 권이 내 시선을 끌었다.

'39세 100억~'

처음엔 자극적인 제목에 대한 반감이 앞섰지만, 곧 도대체 나와 비슷한 나이에 100억 원을 어떻게 벌었을지에 대한 강한 호기심이 발동했다. 이 호기심 때문인지 원래 꼼꼼히 살펴보고 책을 사는 내가, 정말 운명인건지 제목과 표지만 보고 책을 집어 바로 계산대로 향했다. 무언가에 홀린 듯이, 특별한 기대 없이 산 그 책을 탑승 후 좁은 자리에 앉아 꼼꼼히 읽어 내려갔다. 때로는 저자에게 감정이입을 하며 생각에 빠져들기도 하고, 사실보다 과장한 건 아닐까 의심도 해가면서 무언가 말할 수 없는 복잡한 심정으로 책을 단숨에 읽어버렸다. 그리고 마지막 장을 덮는 순간, 나는 그 책에 사로잡혀 있었다.

나도 부자가 되고 싶다

'나도 경매로 부자가 될 수 있을까?'

'지금 수중에 1,000만 원도 없는데 무슨...'

'그렇다고 계속 이렇게 살아도 되는 걸까?'

한때는 나도 부자가 되어 특별한 삶을 살고 싶었다. 하지만 현실은 냉정했고, 그저 다람쥐 쳇바퀴 돌리듯 평범하게 사는 삶을 받아들였다. 아니 받아들일 수밖에 없었다는 표현이 더 맞겠다. 이혼 후 11살 아들과 7살 딸이 나만 바라보고 있는, 그저 그런 아줌마에 불과했으니 말이다. 당장 먹고살기가 바빴다. 그동안 뒤돌아볼 겨를 없이, 곁눈질할 여유도 없이 살았다. 그래서 평소 누가 부동산으로 얼마를 벌었네 하는 소문은 나와는 상관없는 일로 치부하고 별 관심을 갖지 않았다. 괜히 남과 비교하면 자괴감만 들 것 같았기 때문이다.

그러니 책을 읽은 후에 생긴 내 감정이 당황스러울 수밖에 없었다. 괜한 헛된 망상을 하는 것은 아닐까 되짚어 보기도 했고, 책 내용 대부분이 거짓일 거라고 부정해보기도 했다. 하지만 그럼에도 불구하고, 그 책의 저자가 부럽고 대단해 보이는 것은 어쩔 수 없었다. 비록 그 저자처럼은 못 될지언정, 그만큼의 노력을 기울이면 크게 변화되지 않는 지금의 삶보다는 훨씬 나아지지 않을까? 그와 비슷한 삶을 살 수만 있다면 무엇이든 하고 싶다는 마음이 가슴속 깊은 곳에서부터 벅차올랐다.

이젠 내 삶에 큰 전환점이 필요하다고 생각했다.

더 이상은 알면서도 모르는 척 체념하고 다람쥐 쳇바퀴 돌리듯 살 수는 없었다.

나는 내 인생에 처음으로 브레이크를 걸었다. 그것도 아주 과감하게.

경매 공부를 시작하다

어떤 일이든 마음먹기가 가장 어렵고, 그 다음부터는 노력으로 채워야한다고 생각한다.

난 추진력이 좋은 편이라 웬만한 일은 마음에 와 닿으면 바로 시작한다. 그런데 경매는 시작하기로 마음먹기도 쉽지 않았고 막상 시작하려니 더더욱 쉽지가 않았다.

'내가 부동산을 몰라도 너무 몰랐구나.'

두려움을 겨우 넘어서니 막막함이 기다리고 있었다. 막막했지만 모르면 배우면 된다는 생각으로 무작정 서점으로 달려갔다. 그리고 도착한 서점에는 생각한 것보다 훨씬 많은 경매 책들이 한 편에 가득 진열되어 있었다. 한 권씩 펼쳐보니 나만 경매를 모르고 있던 것이 아니었나 싶었다.

우선 쉬워 보이는 책 몇 권을 집어 들고 집으로 돌아와서는 무작정 읽어 내려가기 시작했다.

모르는 용어가 나와도 그냥 계속해서 읽었고, 두 번을 읽고 나서야 어느 정도 맥락을 잡을 수 있었다. 그 여세를 몰아 인터넷 검색을 통해 경매입문서에 해당하는 책들을 10권 정도 더 주문하고, 인터넷 경매 카페도 가입했다.

나는 그중 행복재테크라는 카페에서 많은 도움을 받았다. 그곳에서는 수많은 사람들이 서로의 경험담을 공유하고 있었다. 성공담을 통해 다른 사람들에게 축하받는 글을 볼 때면 마냥 부럽기도 했고, 자신의 실패담을 통해 주의사항을 알려주는 고마운 글도 있었다. 전업투자자, 주부, 직장인... 다양한 저마다의 사연을 읽으며 울고 웃느라 새벽 늦게까지 잠 못 이루기도 했다. 얼굴 한 번 본 적 없던 그들이 나에게 용기가 되고 위로가 된 것이다.

두려움이 사라지다

'부동산은 한 번도 공부한 적 없는 내가 잘 할 수 있을까? 만약 잘못된 투자를 하면 어떡하지?'

이런 불안하고 두려운 마음이 수십 번씩 불쑥불쑥 일어나기도 했다. 그럴수록 또 다시 책을 읽고, 카페의 경험담을 읽으며 마음을 다잡았다. 그러자 시간이 갈수록 두려움보다는 새로운 이치를 알았다는 흥분이 나를 감싸기 시작했다.

매달 받는 월급을 아끼고 모아야만 부자가 되는 것이 아니다. 내가 일하지 않고도 돈이 나오는 시스템을 만들면 되는 것이다. 카페의 경험자들도, 그리고 책 속의 주인공도 지금의 나처럼 불안감을 안고 시작했지만 결국은 성공했다. 어쩜 지금의 나는 그들보다 나은 상황일지도 모른다. 카페와 책을 통해 수많은 멘토들을 알게 된 상태에서 시작하는 것이니 말이다. 그런 확신이 들자, 두려움이 순식간에 사라지고 모든 것이 명확해지기 시작했다.

그래, 경매에 올인을 하자.

종잣돈 마련하기

아직도 경매는 돈 많은 사람이나 할 수 있는 것이라고 생각하는 사람이 있겠지만, 그렇지 않다.

경락자금대출을 적절히 활용하면 보유자금이 낙찰가의 약 30% 정도만 되어도 낙찰물건을 무난하게 해결할 수 있으며, 실제 대부분의 투자자들 역시 대출을 활용하여 자산을 늘리고 있다.

예를 들어, 빌라를 1억 원에 낙찰받았다고 가정해보자.

보통 낙찰가의 70%까지는 대출이 무난하게 나오므로(유치권 등 권리상 문제가 없는 대부분의 경우) 7,000만 원의 대출을 활용하게 되면, 나머지 잔금 3,000만 원과 그 외 제반비용이 소요되는데 그 제반비용은 넉넉히 낙찰가의 5% 정도로 추정하면 된다.

낙찰가 : 1억 원

대출액 : 7,000만 원 (낙찰가의 70%)

세금 및 법무비 : 약 150만 원 (세금 1.1%계산)

명도비 및 수리비 : 약 200만 원 (적정 수준의 명도비와 기본 수리비)

기타비용 : 약 100만 원 (중개수수료 등)

앞의 예시에서 실제 투자에 필요한 금액을 계산해 보면 3,450만 원이 나오는데, 이는 1억 원(낙찰가)의 35%도 안 되는 금액이라는 것을 알 수 있을 것이다. 이에 더하여 직장을 다니거나 신용도가 좋을 경우에는 신용대출로 10% 정도 추가 대출을 받을 수 있다(그러면 실투자금액은 2,450만 원이 된다).

그러나 문제는 이 경우다.

"그 돈도 없는데요?"

그렇다면 해결방법은 단 하나! 종잣돈을 만들어야 한다.

본인이 이제 첫 발을 내딛은 사회초년생이고 자산은 이제 막 받기 시작한 월급이 전부라면, 종잣돈을 모으는 가장 빠르고 정확한 방법은 저축이다. 조금이라도 이자를 더 준다는 은행에 돈을 맡기고 묵묵히 저축하면서 그동안 경제공부에 전념하여 실력을 키우길 바란다.

여기선 그 이외에 나도 모르게 숨어있는 돈을 찾아내어 종잣돈으로 재탄생시키는 방법에 대해 이야기하겠다.

집을 팔고 월세로 전환하다

내 첫 낙찰은 일단 저지른 덕에(?) 이뤄졌다.

낙찰 후 통장에 남은 돈은 20만 원이 전부였으니 말이다(첫 낙찰은 둘째 장에서 다룬다). 어쨌든 나는 무사히 첫 물건을 처리한 이후, 더더욱 경매에 갈증을 느꼈다. 정말 돈이 돈을 벌어오는 것을 경험했기 때문이다. 그것도 적은 돈으로도 가능하다는 사실은 나를 흥분시키기에 충분했다.

하지만 그마저도 땡전 한 푼 없이는 할 수는 없는 법! 종잣돈이 필요했다. 그 순간부터 나는 투자금 마련을 위해 정말 필사적으로 매달렸지만 아무리

고민을 해도 내가 기댈 수 있는 것은 남편과 헤어지면서 겨우 지켜낸 아파트 한 채 뿐이었다. 아이들을 위해서라도 끝까지 손을 대지 말기로 다짐을 했지만 방법은 이것밖에 없었다. 다음 날, 큰 결심을 하고 부동산 여러 곳에 집을 내놓았다. 집은 며칠 지나지 않아 매매가 되었고, 많은 추억과 아픔이 서려 있는 아파트를 떠나 작은 빌라의 월세로 이사를 하게 되었다.

아이들은 크게 내색하진 않았지만, 처음 살아보는 작고 허름한 빌라에 놀란 눈치였다. 창문 밖으로 손을 뻗으면 앞집과 빈대떡 접시라도 주거니 받거니 할 정도로 가까워 도저히 창문을 열어 놓을 수가 없었고, 무엇보다 견디기 힘들었던 것은 밤마다 바퀴벌레가 벽지를 긁는 소리였다. 나야 아무런 상관없지만, 아이들을 이런 집에서 오래 살게 할 수는 없었다. 너무나 미안했다. 내년에는 반드시 번듯한 내 집으로 이사를 가리라. 나 스스로와 다짐했고, 거짓말처럼 1년 후 그 다짐을 지킬 수 있었다.

죽은 자산에 숨 불어넣기

나는 집을 팔고 월세 집으로 옮긴 것에 대해 후회하지 않는다. 아니 정말 잘한 결정이라고 생각한다. 그 때 그렇게 판단하고 실행하지 않았다면, 집은 조금 나은 곳에서 살았을지는 몰라도 여전히 끝도 모른 채 무조건 일만하는 일개미처럼 하루하루 살고 있었을 것이다.

집을 팔아 어느 정도 구비한 종잣돈으로 몇 건의 낙찰을 받아 매매를 하였고, 약간의 수익을 올렸다. 하지만 이도 오래가지 못했다. 약 1년 6개월 후, 청천벽력처럼 암이 선고되었고 수술 후 회사를 그만두어야만 했다. 고정적인 수입(월급)이 없어졌고, 그나마 그동안 경매로 얻은 수익은 재투자를 하여야 했기에 생활비는 늘 빠듯했다.

마음이 조급해지고 월급처럼 나올 수 있는 시스템이 간절해졌다. 그러려면 낙찰물건을 계속 매매하거나, 좋은 가격에 임대를 놓아 월세수익을 만들어야 한다. 그리고 그런 물건이 여러 개가 되어야만 매달 받는 월급처럼 안정적인 수입을 만들 수 있는데, 한 건씩 느긋하게 처리하면 시간이 꽤 걸릴 터였다. 하지만 나는 시간도, 투자금도 부족했다. 특히 절대적으로 시간이 부족했다. 기본적으로 월급이 없어 아무리 아껴 쓴다 하여도 일단 마이너스인 상황. 나는 이 상황을 타개할 방법으로 '한 번에 여러 건 투자하기'를 고안해냈다. 그렇게 한 번에 여러 건을 진행하려면 그만한 자금이 필요했고, 그래서 혹시 또 돈이 될 만한 것은 없는지 샅샅이(?) 찾아보았다.

먼저, 돌아가신 엄마가 남겨주신 고향의 작은 땅이 떠올랐다. 유산이라기에는 좀 작은, 텃밭 정도의 크기로 동네 할아버지가 고추밭으로 소소하게 농사를 짓고 계신 땅이다. 이 땅을 시세보다 많이 저렴하게 내놓으니, 금방 임자가 나타났다.

그리고 또 하나는 바로 보험약관대출이었다. 보험약관대출은 지금까지 예치한 보험료와 해당 보험사의 기준에 따라 일정 비율만큼의 금액을 대출해주는 제도이다. 이율은 시중은행의 신용대출금리와 비슷했고, 그리 큰 금액은 아니지만 이를 통해서도 자금을 마련할 수 있었다.

덕분에 생각보다 돈이 꽤 모아졌다. 어쩌면 무모할 수도 있고, 위험한 요소도 있지만 나는 자신이 있었다. 이렇게 대출을 받아 이자를 낸다고 하여도 그 이상의 수익을 거두면 될 것이며, 어차피 가지고 있어봤자 존재감이 없는 자산에 생명을 불어 넣어 팔딱팔딱 뛰는 자산으로 만들고 싶었다.

대출은 안 된다는 편견을 버려라 I

우리 어머니 세대만 하여도 평생에 집 한 채 갖는 것이 목표였다. 그 시절엔 한 푼 두 푼 아껴 모은 돈으로 어렵게나마 집 장만하는 것이 큰 축복이었다. 그렇게 내 집에서 편하게 살다 편히 가면 해피엔딩일 텐데, 꼭 사업하는 큰 아들이 와서 급한 자금이 필요하다며 혹시 돈 가지신거 없냐고 묻는다. 금이야 옥이야 어떻게 키운 내 자식이 어렵다는데 당연히 도움을 주고픈 것이 부모의 마음이고, 가진 거라고는 집 한 채 뿐이니 그 집으로 대출을 받아 도와준다. 그러나 드라마에서나 봄직한 이런 안타까운 이야기들은 실제 비일비재하게 일어나고, 꾸준히 경매시장에 등장한다.

그래서인지 많은 사람들이 대출을 무서워한다. 그러나 대출을 무서워하면서 돈을 벌기는 힘들다. 고소득을 올리는 일부 직종을 제외하고는 우리 모두 남들만큼만 버는 월급쟁이니 말이다. 평생 아끼고 모아봤자 서울의 30평대 아파트 한 채 사기도 버거운 게 우리네 인생 아닌가. 이 싸이클에서 벗어나려면, 레버리지 효과(=지렛대 효과)를 활용해야 한다. 이렇게 레버리지 효과를 극대화하면 자산증식에 가속도가 붙는 놀라운 경험을 하게 될 것이다.

간혹 투자를 하고픈데 투자금 마련이 힘들어 고민이라고 하소연하는 사람들이 있다. 맞벌이도 하고 벌이도 꽤 괜찮을 텐데 왜 돈이 없나 보면, 놀랍게도 그동안 모은 돈 전부를 대출 없이 집 사는 데 사용했다는 공통점이 있었다. 그럴 때마다 내가 해준 조언은 그 집에 대출을 일으키라는 것이었다. 만일 당신도 현재 이런 상황이라면, 아래의 글을 곰곰이 생각해보길 바란다.

당신이 살고 있는 집의 시세가 2억 원이고 현재 대출은 없다. 저축에는 한

계가 있음을 깨닫고 재테크를 하고 싶지만, 집 사느라 전 재산이 투입되어 수중에는 몇 달치 월급이 전부일 뿐이다. 그렇다고 아직 아이가 어려, 누구처럼 집을 팔고 월세로 이사 갈 수는 없다. 이 상황에서 도대체 어떤 선택을 해야 최선의 결과를 얻을 수 있을지 고민이다.

이사할 상황이 아니라면, 살고 있는 집에 계속 거주하면서 그 집으로 담보대출을 받아 대출금을 투자금으로 이용하는 방법이 있다. 아파트담보대출은 보통 시세의 60%가 나오므로, 1억2,000만 원의 투자금을 만들 수 있게 된다. 대출이자는 4% 미만의 저렴한 이율 덕에 대략 한 달 40만 원, 연간 480만 원이 지출될 것이다. 그리고 그렇게 만든 1억2,000만 원으로 연 8% 수익이 나오는 상가를 매입하여, 연간 960만 원의 월세수익금을 추가하면 된다. 이렇게 되면, 이자를 제하고도 연간 480만 원의 현금흐름을 만들 수 있게 되는 것이다.

나는 살던 집을 팔아 월세로 이사하면서 보증금 2,000만 원을 지불하고도 1억 원의 종잣돈을 만들 수 있었다. 당시 한 푼이 아쉬웠기에 이사하기로 결정한 것이고 다행히 아이들이 엄마의 결정을 지지해줬으니 가능한 일이었다. 그러나 만일 이사할 수 없는 상황이었다면 최선책으로 집을 팔지 않고 계속 살면서 담보대출을 일으켜 그 돈을 종잣돈으로 사용하는 방법을 선택했을 것이다.

대출은 안 된다는 편견을 버려라 II

부채도 자산이라는 말이 있다. 현재 내가 보유하고 있는 부동산은 낙찰가로 계산했을 때, 총 합계액이 24억 원 정도 된다. 그중 대출금액이 약 19억 원 정도가 되니 대략 낙찰가의 80%에 해당한다고 볼 수 있다. 실제로 입찰 물건에 대한 투자금은 약 20~25% 정도로 책정하는 편이다. 즉, 빌라를 약 1억 원에 낙찰을 받았을 경우, 내 투자금은 2,000만 원 정도가 필요하고 나머지 금액은 은행에서 돈을 빌려 잔금을 낸다.

이게 가능한 것일까? 결론부터 말하면 충분히 가능하다.

그럼 그 어마어마한 이자는? 당연히 내야하고, 낼 수 있다.

대출 활용을 어떻게 하느냐에 따라 수익률도 좋아지고 여러 물건에 투자도 가능하다.

대출을 받을 경우와 받지 않을 경우를 비교하여 설명해보겠다.

1. 낙찰을 받고 대출을 받은 경우

빌라를 1억 원에 낙찰을 받았다고 가정을 하자.

위에서 말한 대로 80%인 8,000만 원을 은행에서 대출을 받고, 내 돈은 2,000만 원이 투입되었다고 가정을 해 보자(취득세 등 필요경비는 일단 제외하고 계산하겠다).

그럼 말 그대로 2,000만 원을 가지고 1억 원의 빌라를 구매한 셈이다.

당연히 대출금액인 8,000만 원의 이자는 매월 내야한다. 지금의 금리로 대략 4%에 계산을 해보면, 80,000,000 * 4% = 3,200,000원/12개월 = 266,666원의 이자가 매월 지출된다.

그런데 이 물건을 낙찰을 받고 도배와 장판 등을 간단하게 수리한 후, 보증금 2,000만 원에 50만 원 월세로 놓았다 가정해보자.

계산을 해 보았는가?

위 물건을 투자금 2,000만 원에 낙찰을 받고 8,000만 원을 대출받아 월 이자를 266,000원을 내야 하는 것이지만, 수리 후 임대를 놓으면 보증금 2,000만 원을 받아 투자금 전부가 회수되고 월 이자도 매월 받는 월세 50만 원에서 이자를 내고도 234,000원의 수입이 생긴다.

즉, 초기에는 대출을 받고 본인 투자금 2,000만 원이 투입됐지만, 결국 내 돈 하나 들이지 않고 집을 사게 된 형태가 되는 것이다(이에 해당하는 사례는 뒤의 4장에 나온다).

2. 낙찰을 받고 대출을 받지 않은 경우

대출을 꺼려하고 매월 이자가 빠져나가는 것을 매우 싫어하는 사람이 있다고 가정하자. 다행히도 이 사람은 통장에 1억 원이 있어 낙찰을 받은 후 대출 없이 잔금을 납부하였다. 역시나 간단히 수리를 한 후 보증금 2,000만 원에 50만 원의 월세로 놓았다.

1번 사람과 무엇이 다를까? 대출을 하나도 받지 않았으니 보증금 2,000만 원을 회수하여 8,000만 원의 투자금으로 월세 50만 원의 수입을 올리게 되었다. 그리고는 무엇이 더 남았을까? 그게 끝이다. 더 이상은 없다.

1번 투자의 경우는 대출을 최대한 활용하여 자기 자본을 줄여서 투자한 후, 임대보증금으로 투자금을 모두 회수할 수 있다. 회수한 투자금으로 또 다른 물건에 투자를 할 수도 있다. 반면, 2번 투자의 경우는 종잣돈이 충분하여 대출을 받지 않아 이자는 나가지 않는다. 하지만 오롯이 8,000만 원이라는 종잣돈이 묶여있다. 단순 비교만 하더라도 1번 투자방식이라면 1억 원의 종잣돈이 있을 경우에는 5번 이상의 투자를 할 수가 있는 것이고, 2번의 투자방식은 같은 1억 원을 가지고 있어도 한 번밖에 투자를 하지 못하게 된다.

그렇다면 당신은 어떤 투자법을 택할 것인가?

내 투자법은 1번 방식이다. 물론 종잣돈이 적어서 어쩔 수 없는 선택이었지만, 이렇게 적은 돈을 가지고 대출을 활용해서 여러 개의 물건에 투자를 하다 보니 생각 외로 많은 장점들이 있었다. 우선 적은 종잣돈으로도 여러 물건을 낙찰받게 되어, 대출이자를 내고도 월 100만 원이 넘는 수입이 생겼다. 그런데 시간이 경과하면서, 또는 지역적으로 개발호재들이 생기면서 보유하고 있던 일부 물건지의 집값이 상승하는 부수적 효과들도 생기는 것이었다. 일부 보유한 부동산은 매매하라는 전화도 여러 번 받았다. 첫 낙찰 빌라의 경우, 개발호재로 인해 2년 만에 낙찰가 대비 3,000만 원이 오르기도 하였다.

이처럼 경매에서도 한 곳에 올인하는 투자보다는 여러 개의 물건에 분산투자하는 것이 위험요소를 줄이는 방법이라고 할 수 있다. 즉 한 곳에 투자하는 방식은 뻔히 보이는 수익이지만, 여러 개의 물건에 투자를 할 경우에는 어디서 대박이 터질지 모르기 때문에 의외의 큰 수익률로 돌아오는 경우가 종종 있다. 처음엔 나도 이자 내는 것에 대한 두려움이 있었지만, 경매를 통해 이자보다 더 큰 수익을 낼 수 있다는 확신이 생긴 후에는 대출을 또 하나의 전략으로 이용하게 되었다.

이 부분은 마치 내가 대출을 장려하는(?) 사람처럼 비쳐질까봐 염려되어 집필을 망설이기도 했지만, 자산을 갖고 있으면서도 활용할 생각을 하지 못하는 이들에게 꼭 해주고 싶었던 말이기도 하다. 대출은 위험하다는 무조건적인 편견을 깨자. 적당한 수준의 대출은 자산증식 속도를 높여줄 수 있는 건강한 자산이다.

결혼생활 10년에 종지부를 찍다

뙤약볕이 내리쬐던 2006년 8월 중순의 어느 날, 나와 남편은 법원 앞에서 마주했다. 커다란 회색 건물과 입구를 지키고 선 보안요원의 근엄함에 쳐진 어깨가 더욱 내려앉는 기분이다.

우리는 1년이란 시간 동안 정말 치열하게 싸웠다. 별거를 하면서까지 합의점을 찾아 보려했지만 이미 서로에게 많은 상처를 줬기에 관계 회복이 쉽지가 않았다. 결국은 마지막 추한 모습까지는 보이지 말자라는 미명하에 협의이혼하기로 했고, 그래서 난생처음 법원에 온 것이다.

키득키득 웃고 있는 철없는 젊은 부부들, 황혼 이혼을 앞두고 있는 연세가 지긋한 노부부들, 우리처럼 멀찍이 떨어져 앉은 어색한 부부들, 그리고 그 자리까지 와서 싸우는 부부들까지.

대기실에서 순번을 기다리고 있자니 여러 가지의 생각들이 교차를 한다.

사랑을 해서 결혼을 했고, 안 된다는 부모의 반대를 오기로 극복을 하고 정복한 내 사랑이었다. 무엇이든 헤쳐 나갈 자신이 있었기에 숟가락 하나로 시작한 신혼살림에도 남부끄럽지 않았다. 우리는 아직 젊기에 충분히 잘 이겨 내리라 믿어 의심치 않았고, 그래서 보란듯이 잘 살고 싶었다.

하지만 지금, 그렇게 시작한 결혼생활의 끝을 앞두고 있다.

판사가 묻는다.

"아이들 양육은 누가 하실 건가요?"

"제가 할 건데요."

"아빠와 협의 하신 건가요?"

"네..."

"그럼, 서로 간에 이의 없으면 이것으로 협의이혼 하는 것으로 결론짓습니다. 다음 분."

아니 이렇게 간단한 거였어?

드라마에서 보던 3개월의 조정 기간도 없이, 몇 마디 묻고는 이것으로 이혼이 성립됐다니 정말 허망하기 짝이 없다. 10년이란 긴 시간의 결혼생활은 단 3분 만에 끝이 났다.

그렇게 나는 이혼을 하고, 싱글 맘이 되었다.

2장

나는 첫 낙찰로 4,800만 원의 투자금을 만들었다

부동산 첫 나들이

카페에서 읽은 경험담들이 나에게 아주 좋은 간접경험이 되었다.

임장하는 글을 읽을 때는 마치 내가 현장에 있는 것처럼 생생하게 상상하며 읽었고, 수익률 계산표를 볼 때면 직접 계산해보면서 감각을 익혔다. 임장과 낙찰 후 물건을 해결하는 일련의 과정들이 자연스레 익혀졌고, 나도 직접 투자를 할 때가 됐다는 막연한 자신감이 생겼다.

우선 서울, 경기 지역부터 물건을 검색하기 시작했다. 그런데 500만 원을 가지고 투자할 수 있는 물건을 도무지 찾기가 힘들었다. 어떻게 해야 할까 잠시 고민하다가 지방을 살펴보기 시작했는데, 조금 아는 지역부터 검색을 하다 보니 대전이 친숙하게 느껴졌다.

이 시절, 나는 회사에서 지역 곳곳에 퍼져있는 의류매장을 관리하는 업무를 맡았다. 대리점 사장님들과 좋은 관계를 맺으면서도 정기적으로 현장점검을 해야 하는 업무였다. 대전은 한때 내 담당지역이었던 곳이어서, 매장점검 차 여러 번 출장을 다닌 경험이 있었고 덕분에 물건 검색을 하면서도 마냥 낯설지만은 않았던 곳이다. 그러나 당시에는 대전이 아닌 다른 지역의 매장관리를 담당하고 있었기에, 업무 중 대전까지 내려가서 물건을 볼 수는 없는 노릇이었다. 잠시 고민하던 나는 대전을 담당하던 직원에게 몇 달 동안만 담당지역을 바꿔 일하자고 부탁을 하였고, 그 직원 역시 흔쾌히 응해 주었다. 그 날 이후로 나는 출장을 빙자(?)하여 대전을 자주 드나들기 시작했고, 회사업무를 빨리 끝내고 난 뒤 본격적으로 임장활동을 시작했다.

그런데 이 임장은 의욕만으로는 힘든 일이었다. 출장으로 여러 번 오며가며 했을 뿐, 대전이라는 도시에 대해 제대로 아는 것이 없었다. 더욱이 아파트, 빌라 같은 주거용 부동산은 어디가 좋은 곳인지 더더욱 막막했다. 벌써 막히면 안 되는데... 어떻게 해야 할까 곰곰이 생각하며 걷는 도중 택시가 눈에 보였다. '그래! 택시 아저씨들은 여기저기 다니니까 잘 알거야!' 나는 무작정 가까운 택시를 잡아탔다.

"아저씨, 제가 인천에서 이사 오려고 하는데, 서민들이 제일 살기 좋은 동네가 어디에요?"

"글쎄...어디가 좋을까? 나는 문화동이 살기 좋던디. 공기도 좋고, 교통도 편하고, 백화점도 가깝고, 물가도 그만하면 됐고, 집세도 그다지 높지 않을 거구만. 근데 언제 이사 올라고?"

"아~ 그냥 좀 먼저 알아보려고요. 집세도 어떤가 싶기도 하고, 아이들 학교도 그렇고 해서요."

"그럼 문화동으로 가 볼껴?"

"네, 그 쪽으로 가 주세요."

택시아저씨의 추천으로 무작정 문화동에 도착했다. 그런데 동네 참 좋다. 공기도 좋고, 아저씨 말대로 시내도 가깝고, 학군도 초 · 중 · 고등학교 모두 인접해 있다. 거기다 대학병원이 근처에 있어 인턴, 레지던트, 간호사들이 자취를 많이 하는 모양이었다. 몇몇 부동산을 다녀보니 방 구하기가 하늘의 별따기라며 혹시 방 내놓으려면 본인에게 내놔 달라고 간곡하게 부탁을 하는 것이다. 다른 부동산에서는 집을 살 것처럼도 해 보았는데, 매물도 없다고 했다.

그 날 밤, 인근 숙소에 짐을 풀고 밤새 물건 검색을 하다가 마침내 딱 맞는 빌라를 발견했다.

회사에 연락하여 이런저런 핑계를 대고 출장을 하루 더 연기하고는 두근거리는 마음을 간신히 누르며 잠을 청했다.

현장조사, 그리고 찌그러진 문

다음 날, 나는 아침이 되자마자 빌라가 있는 현장으로 달려갔다. 겉으로 보았을 땐 참 좋아 보인다. 지은 지 10년 정도 지난 빌라치고는 대단지인 빌라다. 동호수마다 예쁘게 주차라인이 선명하게 그려져 있는 모습이 관리가 잘 되고 있다는 증거로 보였다. 나는 계단을 통해 경매 물건지인 4층을 향해 올라갔다.

그런데 현관문 모양이 이상하다. 무슨 무늬인가 싶어 조심조심 다가가 문을 살펴보니, 무늬가 아니라 마치 누군가 발로 찬 듯 군데군데 찌그러져 있는 모양새였다. 책에서 본 대로 초인종을 누르고 누가 사는지 확인해보고 싶었는데, 왠지 집에서 연장(?)을 든 험악한 남자가 뛰쳐나올 것만 같아 덜컥 겁이 나기 시작했다.

마침 그때 집 안에서 사람 목소리가 새어나왔다. 귀를 쫑긋 세우고 현관문에 귀를 대보았더니, 전화통화 내용이 들린다. 그런데 걸쭉한 아저씨 목소리가 들려오는 것이 아닌가! 허억!!

'낙찰받으면 저 아저씨를 만나는 거겠지?'라는 생각이 들자 가슴이 두근거리기 시작했다.

떨리는 맘을 진정 시키고 숙소로 돌아가는 길에 다시 인근 부동산을 방문했다.

"전셋집을 좀 구하려고 하는데요."

"에구 어쩌지.. 요즘 전세 없어요."

"그럼 매매도 괜찮아요. 좋은 빌라 없을까요?"

"그래요? 그럼 잠깐만 찾아볼게요."

마침 그 경매빌라의 다른 호수가 매매로 나와 있어, 운 좋게도 내부구조를 확인할 수 있었다. 동네가 살기 좋아서 부동산 사장님도 이 동네에 20년째 거주 중이라며, 가격 조정을 좀 해 볼 테니까 꼭 이사 와서 살라고 하신다. 매매는 좀 생각해보고 연락드리겠다 말씀을 드리고 나서야 부동산에서 나올 수 있었다.

500만 원으로 베팅하다

현장조사를 마치고 다시 숙소로 돌아와 잠을 청했지만 쉽사리 잠을 이룰 수 없었다.

바로 다음 날이 입찰일이었기 때문이다. 2~3회 유찰이 기본이라는 지방의 빌라를 1차 신건에 입찰을 들어간다는 것이 마음에 걸려 선뜻 확신이 들지 않았다. 그리고 찌그러진 현관문도 맘에 걸리기도 했다.

'한 번 유찰되면 2차에 입찰을 들어갈까? 혹시 누가 1차에 낙찰받아 가면 어떡하지? 시세가 오르고 있고 전세가 없어서 난리라는데... 그래도 빌라를 누가 1차에 가져가...'

마음속 천사와 악마가 싸우듯, 생각이 꼬리에 꼬리를 물고 이어졌다. 사실 엄청나게 고민을 하면서도 마음속으로는 입찰하겠다는 생각이 더 앞서긴 했다. 일을 마치고 밤늦게까지 임장을 했고, 혹시나 하는 불안한 마음에 낮에도 틈틈이 가서 또 살펴본 터라 물건에 대한 확신이 들었기 때문이다.

마침내 입찰일 아침이 돌아왔다.

떨리는 마음에 밤새 잠을 이루지 못해 몽롱했지만 신중하게 입찰표를 작성했다.

감정가 6,000만 원. 30만 원을 더 적어 6,030만 원에 입찰봉투를 제출했다. 혹시나 0하나 더 붙였을까봐 입찰표를 살피고 또 살피고를 여러 번 반복했다. 이윽고 시간이 흘러 해당 물건의 개찰이 시작되었다.

"사건번호 2008타경○○○호 사건.. 단독응찰 하셨네요. 최고가매수인은 인천에서 오신 이선미씨입니다. 이로써 이 사건 종결합니다."

'우와! 나 정말 낙찰받은 거야?!!'

어안이 벙벙하고 짜릿했다. 낙찰받으면 이런 기분인가보다.

싱글벙글 얼굴에서 미소가 끊이지 않았다.

그런데 2~3회 유찰이 기본인 지방의 빌라를 감정가보다 높게 낙찰받으니, 곧 법정 여기저기서 웅성거리는 소리가 들려오기 시작했다.

소재지	대전광역시 중구 동 , 빌라 시동 4층 호 도로명주소검색 Daum 지도 NAVER 지도						
물건종별	다세대(빌라)	감정가	60,000,000원				
대지권	40.375㎡(12.213평)	최저가	(100%) 60,000,000원	구분	입찰기일	최저매각가격	결과
				1차	2009-08-03	60,000,000원	
건물면적	53㎡(16.033평)	보증금	(10%) 6,000,000원	낙찰 : 60,300,000원 (100.5%)			
매각물건	토지·건물 일괄매각	소유자	홍	(입찰1명,낙찰:이선미)			
개시결정	2008-12-16	채무자	홍	매각결정기일 : 2009.08.10 - 매각허가결정			
				대금납부 2009.08.28 / 배당기일 2009.10.15			
사건명	임의경매	채권자	국민은행	배당종결 2009.10.15			

사진 펼쳐보기

사진 | 건물등기 | 감정평가서 | 현황조사서 | 매각물건명세서 | 기일내역 | 문건/송달내역 | 사건내역
전자지도 | 전자지적도 | 로드뷰 | 온나라지도+

• 매각물건현황 (감정원 : 미래새한감정평가 / 가격시점 : 2008.12.30)

목록	구분	사용승인	면적	이용상태	감정가격	기타
건물	4층중 4층	99.11.30	53㎡ (16.03평)	방3,욕실2,거실등	43,800,000원	* 도시가스
토지	대지권	876㎡ 중 40.375㎡			16,200,000원	
현황 위치	* 아파트 서측 인근에 위치 * 부근은 다세대주택 및 단독주택이 밀집한 중류급 일반주택지대 * 본건까지 제반차량 출입 가능하고, 인근에 시내버스 승강장이 소재 * 시내중심지까지는 버스로 약 20분 정도 소요되는 바, 제반교통사정은 무난 * 대체로 장방형의 남동향 토지로서, 다세대주택부지로 이용중임 * 본건 북동측 및 남동측으로 노폭 약 6미터 정도의 콘크리트 포장도로와 접함					

• 임차인현황 (말소기준권리 : 1999.12.20 / 배당요구종기일 : 2009.03.19)

===== 조사된 임차내역 없음 =====

기타사항	☞ 폐문으로 해당 동사무소에 전입세대 확인한 바 소유자 홍 (1999.5.12)세대 전입 /☞ 점유 및 임대차 관계 미상으로 안내문 부착

"뭐? 누가 빌라를 1차에 받아가? 뭐 잘못 조사한 거 아냐? 초보가 실수했구먼."

"아이고 저게 저렇게 시세가 나와?"

몇몇 사람들은 내가 필시 경매초보 딱지도 못 뗀 사람이라고 비아냥거렸다. 하지만 나는 그런 말들에 흔들리지 않았다. 아니 아예 상관하지 않았다. 그 물건에 대해 충분히 조사했고, 그 정도면 기대를 저버리지 않는 물건으로 보답할 것이라는 확신이 섰기 때문이다. 나는 사람들의 뜨거운 시선을 뒤로 하고 앞으로 나가, 매각보증금 영수증을 받고 당당히 법정에서 나왔다.

첫 명도를 하다

낙찰을 받고 3일 후, 그 집을 다시 찾아 갔다.

책에서 열심히 간접경험 하고 생생한 이야기를 들었건만, 막상 명도를 하려니 가슴은 두근두근, 머리는 쭈뼛, 다리는 천근만근이다. 낯선 이를 만나고 상대해야 하는 것, 또 그에게 집을 비워달라고 말해야 하는 것은 초보 아낙네에게 무척 두려운 것들이다. 더군다나 임장 시 문 밖에서 들었던 그 걸쭉한 목소리가 생각나면서 대체 이 아저씨를 여자인 내가 어떻게 상대해야 하나 마음이 무겁기만 했다. 현관문의 군데군데 찌그러진 모습들이 눈에 선명하게 박힌다. 나는 두 눈을 질끈 감고 길게 한숨을 내쉬었다. 띵동띵동~

"누구요?"

역시 걸쭉한 아저씨의 목소리다.

초인종을 누르면서도 제발 다른 사람이 있어주길, 와이프나 아이들이 문을 열어주길 학수고대 했건만 역시나 그런 작은 희망은 여지없이 빗나갔다.

"누구요?"

"아, 예. 낙찰받은 사람인데요, 채무자씨 집 맞나요?"

"맞소. 혹시 낙찰자슈?"

"네… 실례가 되지 않는다면 뵙고 이야기를 나누고 싶은데요."

말이 떨어지기 무섭게 문이 열렸다. 걸쭉한 목소리에 알맞은 걸쭉한 외모

의 아저씨였다. 빠르게 손을 훑어보았는데, 연장(?)은 없다. 휴우~

"아이고.. 한 번 유찰되면 내가 들어가서 낙찰받으려고 했고만, 뭐가 그렇게 급해서 낙찰을 받으셨소? 뭐 일단 들어오슈."

이렇게 얼떨떨한 상태로 낙찰받은 집 안에 들어갈 수 있었다.

겉으로는 티가 나지 않았지만, 요란한 심장박동 소리가 고스란히 내 귓가에 들려오는 듯했다. 아, 내가 왔구나. 내가 명도를 하러 왔구나하는 생각만 머릿속에서 맴돌았다.

집 내부구조가 보이지만 정신이 없어 뭐가 뭔지 모르겠다. 그래도 정신을 차려야 한다! 혹시 점유자가 이사 나갈 때 해코지 해놓을 수 있으니 잘 살펴보라 했고, 사실 너무 궁금하기도 했다. 그래도 대놓고 보면 좀 그래서 안보는 척 힐끔거리는데,

"아 뭐 이제 들어와 살 거, 그냥 보슈. 집은 깨끗하게 잘 썼소." 하며 허허~ 웃으신다.

그 너털웃음에 온몸에 긴장이 풀리며 맘이 편안해졌다. 아저씨는 험악한 인상과 다르게 보기보다 털털하고 시원스런 성격이었다.

"뭐 나도 애엄마랑 얘기해서 이사 갈 집을 구해야 하니 시간만 좀 주시오. 뭐 구차하게 이사비 몇 푼 받아내려고 들볶고 싶지도 않수다."

결국 나는 처음 경험하는 명도에 좋은 점유자를 만나는 행운을 얻었다. 이사 갈 집을 구하긴 하였는데 이삿날이 두 달 후나 될 것 같다는 말에, 조금 챙겨드리려 했던 이사비 대신 두 달 동안 무상으로 사시는 조건으로 합의를 하였고 점유자 아저씨는 시원시원한 성격처럼 약속한 날짜에 깨끗하게 이삿짐을 빼셨다. 게다가 김치냉장고가 두 개라 하나는 줄 수 있다며 여유 있게 쓰라고 놓고 가시기까지 했다.

명도합의서

수신인 : 김 ○○

주 소 : 대전광역시 중구 ○○동 ○○빌라 ○○호

발신인(소유자) : 이선미

연락처 : 010 -◇○◇○-◇○◇○

해당 부동산의 표시 : 대전광역시 중구 ○○동 ○○빌라 ○○호

1. 김○○ 은 상기 부동산을 2009년 11월 15일까지 미납된 관리비 및 공과금을 모두 정산한 후, 소유자(이선미)에게 명도할 것을 약속한다.

2. 1항에 따른 합의로 이선미의 소유권 이전일로부터 1항의 이사일까지 월세를 받지 않기로 한다.

3. 이에 따른 증거로 명도합의서를 작성하며, 위 1항에 대해 위반할 경우에는 2항에 대한 사항은 무효로 하며, 이로 인해 발생될 법률적 사항들에 책임을 갖고 월세 및 소송비용 전액을 지불하기로 한다. 또한 수신인과 발신인 모두 1항, 2항에 대하여 약속을 이행하지 않을 시, 위약의 의미로 1,000만 원을 지급하기로 한다.

2009년 ○월 ○○일

김 ○○ (인)

주민등록번호 : ○○○○○○-○○○○○○○

휴대폰번호 : 010-◇○◇○-◇○◇○

드디어 이삿날. 나는 기분 좋게 이사비 100만 원을 지급하고, 현관 열쇠를 넘겨받았다.

첫 낙찰을 받고 온전히 내 소유가 된 내 집이었다. 감동이 밀려오며 주책맞게 눈물이 났다. 훌쩍이며 집 구석구석을 살펴보니, 이 집에서만 사용할 수 있는 30평이 넘는 옥상 정원과 바비큐 파티가 가능한 정자가 설치되어 있었다. 보통 빌라의 옥상은 세대 전체가 공용으로 사용하도록 설계되어 있는데, 이 집은 건축 시 4층 세대 단독으로만 사용하도록 설계되어 아래층에서는 누릴 수 없는 혜택을 받을 수 있었던 것이다. 더구나 옥상정원 한 편에는 창고가 설치되어, 빌라의 단점인 수납부족 문제까지 해결되어 있었으니 그야말로 첫 낙찰에 대박물건이 내 품에 안긴 것이다.

집을 사고 오히려 목돈이 생기다

아저씨의 이사 후 도배와 장판을 교체하여 사진을 찍고, 인터넷 카페와 동네 부동산에 전세로 집을 내놓았다. 물론 군데군데 찌그러진 현관 방화문도 꽤 돈을 들여 교체했다.

낙찰가가 6,030만 원인데 당시 전세시세가 호가 6,000만 원을 웃돌고 있었으니, 6,000만 원에 전세를 주면 나는 내 돈을 거의 들이지 않고 집을 보유할 수 있었다. 워낙 전세매물이 귀한 동네이다 보니, 업무에 지장이 생길 정도로 전화가 빗발치기 시작했다. 그중 한 새댁의 전화를 받고 도어락 비밀번호를 알려주고 집을 보도록 했는데, 30분이나 지났을까? 정말 마음에 든다며 꼭 계약을 하고 싶다고 사정을 하는 것이었다. 나도 왠지 많은 사람들에게 비밀번호를 알려주는 것이 꺼림칙하여 그 새댁과 적당한 금액에 계약을 하고 싶었지만, 한 가지 문제가 있었다.

이 빌라를 6,030만 원에 낙찰을 받으면서 낙찰가의 80%인 4,800만 원의 대출을 받았다.

대출금인 4,800만 원과 전세금 5,500만 원을 합치면 1억 원이 넘어, 당시 매매시세인 7,000만 원을 훌쩍 넘어버렸다. 사실 좀 아는 사람이라면 이 집은 아무리 예뻐도 들어가면 안 되는 위험한 집이었던 것이다(만일 또 경매로 진행된다면, 2009년 기준으로 대전은 소액보증금 5,000만 원 이내에서 1,700만 원이 최우선변제가 된다. 그런데 5,500만 원은 소액보증금 기준금액에 초과되어 최우선변제금도 받을 수가 없고, 따라서 1순위 근저당권자의 배당 이후 남은 금액만을 받아갈 수 있기 때문이다).

그러나 동네에 원체 집도 없고 게다가 옥상정원까지 맘에 쏙 들었던 이 새댁은 제발 본인들과 계약을 해달라고 거의 울먹거리며 간절히 사정하기 시작했다. 결국 나는 대출 4,800만 원을 그대로 남겨둔 상태로 전세금은 집 상태보다 좀 더 싼 5,500만 원에 임대차계약을 맺고 그 신혼부부를 입주시켰다.

500만 원 마이너스 대출을 받아 6,030만 원에 낙찰받고, 대출금은 그대로 둔 채 전세금 5,500만 원을 받아 마이너스 대출금 500만 원을 갚고도 5,000만 원가량의 투자금을 만들게 된 것이다.

이 맘씨 좋은 세입자는 재계약 당시 전세가가 올랐음에도 전세금 5,500만 원 그대로 연장계약을 해줘서 고맙다며 장문의 편지 한 장과 화장품 선물세트까지 보내오기도 했다.

사실 임차인이 아니라 오히려 내가 고마워할 일인데...

대출이 잔뜩 있는 빌라에 전세로 들어와 살겠다는 사람이 있었으니 말이다. 요즘 같은 시대에는 바라기 힘든 조건이라는 것을 잘 알고 있다. 하지만 이 또한 내 운이라 여긴다. 그리고 이 빌라가 아니었다면 지금까지의 경매투자가 없었을지도 모를 일이기 때문에 마치 운명처럼 느껴지기도 한다. 이렇게 나는 첫 낙찰을 통해 오히려 투자금을 만들게 되었고, 이 투자금으로 그 이후의 낙찰을 이어갈 수 있었다.

뒷이야기

현재 이곳은 재개발사업이 진행 중이다. 낙찰 이후 전세가가 꾸준히 올라서 지금은 세입자가 8,000만 원 정도에 있으며, 얼마 전 시공사 선정을 마친 상태다. 또한 조합원 분양 신청을 목전에 두고 있는데 위치가 좋고, 사업성이 좋아 시공사도 3대 건설사 중 한 곳이 선정되었다. 주변 84m²(34평) 기준으로 시세가 5억 원 선이다. 대박 물건~

이처럼 입지가 좋은 곳은 언젠가는 기회가 온다.

물론 초보 시절이라 이런 호재가 있을 줄 알고 낙찰받은 것은 아니지만, 느낌적인 느낌과 현장조사를 다니면서 사람들이 선호하는 지역이라는 것을 알게 되었고, 설령 매매가 되지 않더라도 임대는 잘 나갈 것이라는 확신이 나를 그곳으로 이끌었던 것 같다. 정말 부동산은 내가 뛰는 만큼 보이고 아는 만큼 얻어진다.

경매 공부, 쉽게 접근하기

권리분석이 뭔가요?

경매의 가장 기본은 권리분석이라 할 수 있다.

부동산을 매입하기 전에 법률적, 경제적 하자를 미리 파악하는 것으로, 권리분석을 할 줄 알아야만 경매를 해서 수익을 낼 것인지 아님 손해를 볼 수도 있을 것인지를 알 수 있으므로 가장 기본적이면서도 핵심적인 부분이라고 할 수 있다. 처음에는 권리분석이란 용어 자체가 낯설고 괜히 어렵게 느껴질 수 있으나, 책을 통해 차근차근 단계를 따라가다 보면 그리 어렵지 않다는 것을 알게 될 것이다.

등기부등본 살펴보기

등기부등본은 해당 부동산의 역사가 기록되어 있는 문서라 할 수 있다. 언제 지어졌으며, 누구에게 매매가 되었는지, 이 부동산을 담보로 대출을 받은 적이 있는지 등 모든 사항들이 빠짐없이 기록된 문서다. 이는 주민센터에서도 발급이 가능하며, 대법원인터넷등기소(www.iros.go.kr)에서도 1,000원이면 바로 발급이 가능하다.

등기부등본은 크게 표제부, 갑구, 을구로 구성되어 있는데, 우리가 쉽게 접하는 아파트 등기부등본을 통해 자세히 살펴보도록 하겠다.

먼저, 첫 장에는 표제부라고 하여 건물 1동의 소재지, 지번, 지목, 면적 등이 기록되어 있다.

아파트의 경우는 집합건물이기 때문에 그 건물의 1층부터 옥상까지의 면적이 상세히 기재되어 있는 것이다. 그 다음 장에는 전유부분의 표시가 있는데, 말 그대로 해당 호수의 전유부분의 면적과 그 지분에 해당하는 대지권의 면적이 표시되는 곳이다.

등기사항전부증명서(말소사항 포함) - 집합건물

[집합건물] 인천광역시 남동구 구월동 342-1외 2필지 제5동   고유번호 1247-1996-

【 표 제 부 】 (1동의 건물의 표시)

표시번호	접 수	소재지번, 건물명칭 및 번호	건 물 내 역	등기원인 및 기타사항
~~1~~ ~~(전 1)~~	~~1980년5월30일~~	~~인천광역시 남구 구월동~~ ~~342-1, 342-75, 342-81~~ ~~제5동~~	~~철근콩크리트조 슬래브 지붕 14층~~ ~~아파트~~ ~~제5동~~ ~~1층 620.79㎡~~ ~~2층 620.79㎡~~ ~~3층 620.79㎡~~ ~~4층 620.79㎡~~ ~~5층 620.79㎡~~ ~~6층 620.79㎡~~ ~~7층 620.79㎡~~ ~~8층 620.79㎡~~ ~~9층 620.79㎡~~ ~~10층 620.79㎡~~ ~~11층 620.70㎡~~ ~~12층 620.79㎡~~ ~~13층 620.79㎡~~ ~~14층 620.79㎡~~ ~~옥탑 1층 31.6㎡~~ ~~옥탑 2층 31.6㎡~~ ~~지하실 306.14㎡~~ ~~보이라실 108.85㎡~~	부동산등기법시행규칙부칙 제3조 제1항의 규정에 의하여 1998년 07월 18일 전산이기

[집합건물] 인천광역시 남동구 구월동 342-1외 2필지 제5동 　　　　　　　　고유번호 1247-1996-

표시번호	접 수	소재지번,건물명칭 및 번호	건 물 내 역	등기원인 및 기타사항
2		인천광역시 남동구 구월동 342-1, 342-75, 342-81 제5동	철근콩크리트조 슬래브 지붕 14층 아파트 제5동 1층 620.79㎡ 2층 620.79㎡ 3층 620.79㎡ 4층 620.79㎡ 5층 620.79㎡ 6층 620.79㎡ 7층 620.79㎡ 8층 620.79㎡ 9층 620.79㎡ 10층 620.79㎡ 11층 620.79㎡ 12층 620.79㎡ 13층 620.79㎡ 14층 620.79㎡ 옥탑 1층 31.6㎡ 옥탑 2층 31.6㎡ 지하실 306.14㎡ 보이라실 108.85㎡	행정구역명칭변경(으)로 인하여 1998년7월18일 등기

(대지권의 목적인 토지의 표시)

표시번호	소 재 지 번	지 목	면 적	등기원인 및 기타사항
1 (전 3)	1. 인천광역시 남동구 구월동 342-1 2. 인천광역시 남동구 구월동 342-75 3. 인천광역시 남동구 구월동 342-81	대 대 대	17182㎡ 657㎡ 9107㎡	1997년4월10일

[집합건물] 인천광역시 남동구 구월동 342-1외 2필지 제5동 　　　　　　　　고유번호 1247-1996-

표시번호	소 재 지 번	지 목	면 적	등기원인 및 기타사항
				부동산등기법시행규칙부칙 제3조 제1항의 규정에 의하여 1998년 07월 18일 전산이기

【 표 제 부 】 (전유부분의 건물의 표시)

표시번호	접 수	건물번호	건 물 내 역	등기원인 및 기타사항
1 (전 1)	1980년5월30일	제4층 　호	철근콩크리트조 88.68㎡	도면편철장 제1책제4663장 부동산등기법시행규칙부칙 제3조 제1항의 규정에 의하여 1998년 08월 06일 전산이기

(대지권의 표시)

표시번호	대지권종류	대지권비율	등기원인 및 기타사항
1 (전 1)	1, 2, 3 소유권대지권	27002.5분의 39.718	1986년4월21일 대지권 1986년4월21일 부동산등기법시행규칙부칙 제3조 제1항의 규정에 의하여 1998년 08월 06일 전산이기

두 번째로는 갑구라고 하여 소유권에 관련된 사항이 나타난다. 지금 현재 주인이 누구인지도 나타나지만 과거 누가 주인이고 언제 누구한테 매매를 하였는지도 소상히 기재된다(압류, 가압류, 가등기, 가처분 등도 기재가 된다). 이 집의 등기부등본도 순위번호순으로 살펴보면 소유자가 김△춘에서 김△옥으로 소유권이 이전되었다가, 순위번호 14번의 한○희가 최종 소유자인 것을 확인할 수 있다.

[집합건물] 인천광역시 남동구 구월동 342-1외 2필지 제5동 　　　　고유번호 1247-1996-

【 갑 구 】 (소유권에 관한 사항)				
순위번호	등 기 목 적	접 수	등 기 원 인	권 리 자 및 기 타 사 항
1 (전 14)	소유권이전	1987년6월9일 제2046호	1987년6월8일 매매	소유자 김 춘 391024-1****** 인천 남구 구월동 342-1 신세계아파트 5동 호
~~2~~ ~~(전 22)~~	~~가압류~~	~~1998년6월26일~~ ~~제34283호~~	~~1998년6월23일~~ ~~서울지방법원의가압류결정(98카단138)~~	~~청구금액 금2,615,225원~~ ~~채권자 신한리스주식회사~~ ~~안산시 고잔동 526-3~~ ~~(서울지점)~~
				부동산등기법시행규칙부칙 제3조 제1항의 규정에 의하여 1번 내지 2번 등기를 1998년 08월 06일 전산이기

(말소사항 중간생략)

순위번호	등 기 목 적	접 수	등 기 원 인	권 리 자 및 기 타 사 항
12	소유권이전	2001년2월22일 제9261호	2001년1월4일 공매	소유자 김 옥 710315-2****** 인천 남구 학익동 684-4 대동아파트 2동 호
13	2번가압류, 3번가압류, 4번가압류, 5번가압류,	2001년2월22일 제9261호	2001년1월4일 공매	

(말소사항 중간생략)

순위번호	등 기 목 적	접 수	등 기 원 인	권 리 자 및 기 타 사 항
14	소유권이전	2001년5월8일 제33262호	2001년4월2일 매매	소유자 한 희 640509-1****** ~~인천 남동구 구월동 342-1 신세계아파트 5동 호~~
14-1	14번등기명의인표시변경		2011년10월31일 도로명주소	한 희의 주소 인천광역시 남동구 호구포로 858, 5동 호(구월동, 신세계아파트) 2013년8월19일 부기
~~15~~	~~가압류~~	~~2009년5월26일~~ ~~제37056호~~	~~2009년5월25일~~ ~~인천지방법원의가압류결정(2009카단839)~~	~~청구금액 금32,400,000 원~~ ~~채권자 서울보증보험주식회사~~ ~~서울 종로구 연지동 136-74~~
16	15번가압류등기말소	2009년7월23일 제51820호	2009년7월8일 해제	
17	임의경매개시결정	2013년6월19일 제46536호	2013년6월19일 인천지방법원의 임의경매개시결정(2013타경)	채권자 신용보증기금 114271-0001636 서울 마포구 공덕동 254-5 (남동지점)
18	가압류	2013년7월12일 제58702호	2013년7월11일 인천지방법원의 가압류결정(2013카단107)	청구금액 금10,678,390 원 채권자 한국전력공사 114671-0001456 서울 강남구 삼성동 167 (인천지역본부)

세 번째 을구에는, 쉽게 말해 누구에게서 돈을 언제 얼마나 빌렸는지가 기재되어 있다. 그래서 이곳에는 주로 대출을 해 준 은행의 이름이 많으며, 개인에게 돈을 빌린 경우 그 사람의 이름이 근저당권자로 기재되어 있다.

이 집은 중소기업은행의 근저당권이 채권최고액 1억2,360만 원으로 설정되어 있음을 확인할 수 있다. 여기서 채권최고액은 근저당을 설정할 때(=대출을 해줄 때) 은행에서 설정하는 금액이다. 보통 은행은 실 대출금의 120~130%를 채권최고액으로 설정하는데, 이 집의 경우에도 중소기업은행의 채권최고액을 역으로 계산하면 실 대출금액은 1억300만 원이 되는 것을 알 수 있다. 근저당권자가 개인이면 보통 사채인 경우가 많은데, 이런 경

[을 구] (소유권 이외의 권리에 관한 사항)				
순위번호	등 기 목 적	접 수	등 기 원 인	권 리 자 및 기 타 사 항
~~1~~	~~근저당권설정~~	~~1980년6월28일~~ ~~제43247호~~	~~1980년6월20일~~ ~~설정계약~~	~~채권최고액 금사백만원정~~ ~~채무자 임ㅇ렬~~ ~~인천시 남구 구월동 342-1 아파트 5동 ㅇ호~~ ~~근저당권자 한국주택은행~~ ~~서울 중구 태평로1가 61-1 (본점영업2부)~~
(중 간 생 략)				
11	근저당권설정	2009년1월12일 제2219호	2009년1월12일 설정계약	채권최고액 금123,600,000원 채무자 한ㅇ희 인천광역시 남동구 구월동 34201 신세계아파트 5동 ㅇ호 근저당권자 중소기업은행 110135-0000903 서울특별시 중구 을지로2가 50 (남동2단지지점)
~~12~~	~~근저당권설정~~	~~2009년1월12일~~ ~~제2221호~~	~~2009년1월12일~~ ~~설정계약~~	~~채권최고액 금60,000,000원~~ ~~채무자 ㅇㅇ주식회사~~ ~~인천광역시 남동구 고잔동 737-12 남동공단 ㅇㅇ~~ ~~근저당권자 중소기업은행 110135-0000903~~ ~~서울특별시 중구 을지로2가 50 (남동2단지지점)~~
13	12번근저당권설정등기말소	2011년4월8일 제32274호	2011년4월8일 해지	
14	근저당권설정	2012년3월23일 제17234호	2012년3월23일 설정계약	채권최고액 금106,000,000원 채무자 최ㅇ영 인천광역시 남동구 호구포로 858, 5동 ㅇ호 (구월동, 신세계아파트) 근저당권자 신용보증기금 114271-0001636 서울특별시 마포구 공덕동 254-5 (남동지점)

우에는 채권최고액을 200% 이상 설정한다.

권리분석표 작성해보기

만약 앞선 글로도 이해가 잘 되지 않는다면, 다음의 표에 등기부등본에 나와 있는 갑구와 을구의 사항을 접수날짜순으로 빠른 것부터 적어보자. 갑구를 접수날짜순으로 먼저 기재한 다음, 을구의 날짜들을 갑구 날짜 사이에 순서대로 삽입하면 쉽다. 참고로, 임차내역은 대한민국 법원 법원경매정보 사이트(https://www.courtauction.go.kr)에서 매각물건명세서를 확인하여 정리한 것이다.

소재지	인천 남동구 구월동 342-1 외 2필지, 신세계아파트 5동 4층 ○호				
감정가 / 시세	160,000,000원 / 145,000,000원				
종 류	대지(m^3/평)	전용(m^3/평)	건축년도	구 조	거주형태
아파트	39.63 / 11.98평	88.68 / 26.8평	1980	방3, 화1	임차인 (소유자 추정)
순 위	일 자	권리내용	금액(원)	권리자	비 고
1	01.5.8	소유권이전		한○희	매매
2	09.1.12	근저당	123,600,000	중소기업은행	말소기준권리
3	12.3.23	근저당	106,000,000	신용보증기금	
4	13.5.9	임차인	21,000,000	김○민	소액보증금
5	13.6.19	임의경매		신용보증기금	
6	13.7.12	가압류	10,678,390	한국전력공사	

말소기준권리 찾기

말소기준권리란 경매사건에 있어 인수와 소멸을 구분 짓는 권리로서, 경매인들이 권리분석 시 편하게 통칭하여 사용하는 용어일 뿐이다. 어쨌든 이 말소기준권리를 찾는 것이 무척이나 중요한데, 이를 포함하여 그 아래에 있는 근저당과 압류 등은 소유권 이전 후 모두 말소가 되어 깨끗한 등기부등본이 된다.

말소기준권리가 될 수 있는 것은 다음의 네 가지 경우이다.

첫 번째, (근)저당

두 번째, (가)압류

세 번째, 담보가등기

네 번째, 경매기입등기

담보가등기가 말소기준권리가 되는 경우는 거의 드물다. (근)저당과 (가)압류가 말소기준권리인 경우가 대부분이지만, 반드시 네 가지 경우는 알아두도록 하자.

한편, 앞서 권리분석표에서는 가장 처음에 나오는 중소기업은행의 근저당이 말소기준권리가 되는 것이다. 추가로 만약 소유자가 아닌 세입자가 사는 경우, 권리분석표에 그 세입자가 전입한 날짜를 기입해 보면 좋다. 만약 말소기준권리보다 앞선 순위에 있게 되면, 인수를 해야 하는 부담이 생기니 신중해야 한다. 물론 전입일자와 확정일자 모두 말소기준권리보다 빠르고, 배당기일 이내에 배당신청을 했다면 우선 배당이 될 것이기에 인수할 부분은 없을 것이다. 반대로 전입일자가 말소권리보다 아래에 있다면, 인수하지 않아도 되니 걱정하지 않아도 된다.

사실 이러한 권리분석은 웬만한 유료사이트에서는 모두 분석하여 제공해주고 있다. 따라서 별도로 연습을 하고 외울 필요는 없지만, 유료사이트에서 권리분석이 틀리는 경우도 종종 발생하므로 맹신은 금물이다. 돌다리도 두드려보고 건너라 했다. 본인 스스로 자꾸 연습하고 볼 줄 알아야, 차후 실수로 인해 손실을 보는 상황을 피할 수 있다.

대항력

대항력이란 임차주택이 매매나 경매 등의 이유로 임대인이 변경될지라도 임차주택에 관하여 임대차 내용을 주장 할 수 있는 법률상의 권리를 말한다. 즉 대항력이 있는 임차인은 주택을 사용·수익할 수 있는 권리와 보증금반환청구권 등의 권리를 가지게 된다.

따라서 대항력이 있는 임차인이 법원에서 보증금을 전액 배당받지 못할 경우, 임차인은 낙찰자가 나머지 금액을 변제할 때까지 해당 부동산을 비워주지 않아도 된다. 이는 배당요구신청을 하지 않은 경우에도 마찬가지이다. 또한 대항력을 구비한 임차인의 경우 확정일자를 구비하게 되면 우선변제권리를 취득하게 된다.

대항력의 요건

대항력 있는 임차인이 되기 위해서는 저당권, 근저당권, 가압류, 가등기 등 최선순위권리가 될 수 있는 권리보다 앞서 임대차 계약을 하고, 주택의 인도를 받고, 해당 부동산에 주민등록 전입을 해야만 한다. 그러면 전입을 한 다음 날 오전 0시부터 대항력이 생긴다.

Q. 다음 임차인은 대항력이 있을까요?	
사례 ①	사례 ②
2019.9.1. 소유권 이전 홍길동 2019.9.1. 근저당 설정 1억 2019.9.1. 임차인 전입 1억(전세)	2019.8.31. 임차인 전입 1억(전세) 2019.9.1. 소유권 이전 홍길동 2019.9.1. 근저당 설정 1억
X (대항력 없음)	O (대항력 있음)

우선변제권

한편 주택임차인이 낙찰대금에서 우선변제를 받으려면 아래와 같은 요건을 갖추어야 한다.

첫째, 대항력을 갖추고,
둘째, 임대차계약서에 확정일자를 받고,
셋째, 배당요구종기일 이내에 배당요구신청을 하고,
넷째, 배당요구종기일까지 전입 및 점유(존속요건)를 하고 있어야 한다.

주택임대차의 경우 확정일자를 해당 주민센터에서 받을 수 있고, 상가임대차의 경우 관할 세무서에서 받을 수 있다.

최우선변제권

최우선변제권이란 경매 또는 공매 시에 해당 주택의 낙찰대금에서 근저당 등 다른 권리보다 일정 금액을 우선하여 변제받을 수 있는 권리를 말하는데, 임대차보호법으로 보증금의 일부를 먼저 받아갈 수 있도록 법제화한 제도이다. 최우선변제권이 인정되려면 아래와 같은 요건이 필요하다.

첫째, 경매기입등기 이전에 대항력을 갖추고,

둘째, 보증금의 액수가 소액보증금에 해당해야 하고,

셋째, 배당요구종기일 이내에 배당요구신청을 하고,

넷째, 배당요구종기일까지 대항요건을 유지하고 있어야 한다.
(확정일자는 최우선변제 요건에 포함되지 않는다)

소액임차인의 범위와 최우선변제금액 표

다음은 소액임차인의 범위와 최우선변제금액을 나타낸 표이다.

담보물권설정일	지역	보증금 범위	최우선변제액
2010.7.26 ~2013.12.31	서울특별시	7,500만 원 이하	2,500만 원까지
	과밀억제권역	6,500만 원 이하	2,200만 원까지
	광역시(과밀억제권역, 군지역 外), 안산시, 용인시, 김포시, 광주시	5,500만 원 이하	1,900만 원까지
	기타지역	4,000만 원 이하	1,400만 원까지
2014.1.1 ~2016.3.30	서울특별시	9,500만 원 이하	3,200만 원까지
	과밀억제권역	8,000만 원 이하	2,700만 원까지
	광역시(과밀억제권역, 군지역 外), 안산시, 용인시, 김포시, 광주시	6,000만 원 이하	2,000만 원까지
	기타지역	4,500만 원 이하	1,500만 원까지
2016.3.31 ~2018.9.17	서울특별시	1억 원 이하	3,400만 원까지
	과밀억제권역	8,000만 원 이하	2,700만 원까지
	광역시(과밀억제권역, 군지역 外), 안산시, 용인시, 김포시, 광주시	6,000만 원 이하	2,000만 원까지
	세종시	6,000만 원 이하	2,000만 원까지
	기타지역	5,000만 원 이하	1,700만 원까지
2018.9.18 ~2021.05.10	서울특별시	1억 1천만 원 이하	3,700만 원까지
	과밀억제권역 용인시, 화성시, 세종시	1억 원 이하	3,400만 원까지
	광역시(과밀억제권역, 군지역 外), 안산시, 김포시, 광주시, 파주시	6,000만 원 이하	2,000만 원까지
	기타지역	5,000만 원 이하	1,700만 원까지
2021.05.11~	서울특별시	1억 5천만 원 이하	5,000만 원까지
	과밀억제권역 용인시, 화성시, 세종시, 김포시	1억 3천만 원 이하	4,300만 원까지
	광역시(과밀억제권역, 군지역 外), 안산시, 광주시, 파주시, 이천시, 평택시	7,000만 원 이하	2,300만 원까지
	기타지역	6,000만 원 이하	2,000만 원까지
2023.02.14~	서울특별시	1억 6,500만 원 이하	5,500만 원까지
	과밀억제권역, 세종시, 용인시, 화성시, 김포시	1억 4,500만 원 이하	4,800만 원까지
	광역시(군지역 外), 안산시, 광주시, 파주시, 이천시, 평택시	8,500만 원 이하	2,800만 원까지
	그 밖의 지역	7,500만 원 이하	2,500만 원까지

표에서 담보물권설정일은 말 그대로 최우선담보물권(근저당권, 담보가등기, 전세권 등)의 설정일을 뜻한다. 임대차 계약일이 기준이 아니므로 헷갈리지 않도록 주의하자.

앞서 권리분석표 작성의 예시로 든 물건의 경우, 최선순위근저당의 설정일자가 2009년 1월 12일이다. 이 날짜를 기준으로 표를 살펴보면, 인천 구월동은 수도권 과밀억제권역에 해당하며 그 금액은 보증금 범위 6,000만 원 이하, 최우선변제금액 2,000만 원임을 확인할 수 있다. 따라서 임차인 김○민은 보증금 2,100만 원 중 2,000만 원은 최우선으로 배당을 받게 된다. 그러나 나머지 100만 원에 대하여는 배당받을 수 없으며, 대항력이 없으므로 낙찰자에게 요구할 수 없다(낙찰가가 1억 2,000만 원대이므로 앞선 순위의 근저당금액도 전부 배당받을 수 없는 금액이기 때문이다).

소재지	인천 남동구 구월동 342-1 외 2필지, 신세계아파트 5동 4층 ○호				
감정가/시세	160,000,000원 / 145,000,000원				
종 류	대 지 (m³/평)	전 용 (m³/평)	건축년도	구 조	거주형태
아파트	39.63 / 11.98평	88.68 / 26.8평	1980	방3, 화1	임차인 (소유자 추정)
순 위	일 자	권리내용	금액(원)	권리자	비 고
1	01.5.8	소유권이전		한○희	매매
2	09.1.12	근저당	123,600,000	중소기업은행	말소기준권리
3	12.3.23	근저당	106,000,000	신용보증기금	
4	13.5.9	임차인	21,000,000	김○민	소액보증금
5	13.6.19	임의경매		신용보증기금	
6	13.7.12	가압류	10,678,390	한국전력공사	

3장

경매로 내 집을 마련하다

옆집과 창문으로 손을 내밀어 빈대떡 접시라도 주고받을 수 있을 정도의 열악한 월세 빌라에서 거주한지 벌써 1년이 넘어가고 있었다. 아파트를 팔아 마련한 종잣돈으로 몇 건의 투자수익도 올렸고, 그동안 부족한 환경에서도 잘 참고 따라준 아이들에게 보답하기 위해서라도 이제 이사를 해야만 했다. 직접 살 집이다보니 맘에 쏙 드는 집으로 이사하고 싶은 마음에, 급매물 위주로 집을 보러 다녔다.

그런데 마음에 드는 집이 나타나질 않았다. 맘에 들면 너무 비쌌고, 금액이 좀 괜찮다 싶으면 집 상태가 영 아니었다. 그렇게 몇 개월이 흘러갔고, 그러던 도중 급작스러운 암 선고를 받아 곧바로 수술 후 항암치료를 시작했다.

항암치료로 몸이 많이 약해지고 나니, 비로소 건강이 우선이라는 옛말이 실감이 났다. 퇴원 후 당분간 통원치료를 받으며 집에 콕 박혀 요양생활만 하다 보니 공기 좋은 곳으로 가고픈 마음이 간절해졌다. 건강할 때는 몰랐는데 몸이 약해지니 공기가 탁한 곳에 가면 어질어질하고 머리가 아팠다. 하지만 나 혼자 좋다고 도시를 벗어나 시골로 들어갈 수도 없는 노릇이었다. 아이들 교육 문제도 있으니 말이다.

건강과 이사, 두 마리 토끼를 잡아라

더 이상은 미룰 수가 없다. 아이들 학교에서 멀지 않으면서도 공기 좋은 동네를 찾아 이사를 해야만 했다. 워낙 전후사정을 볼 상황이 아니었기에 마음에 드는 집이 나타나면 웃돈을 얹어서라도 얻을 계획이었다. 그만큼 몸 상태가 좋지 않았고, 담당 의사도 퇴원하는 내게 충분한 휴식을 취하고 꾸준히 운동해야 하며 좋은 공기를 쐬고 좋은 음식을 먹으라고 신신당부하기도 했기 때문이다. 하지만 내 간절한 바람에도 불구하고 마음에 드는 집이 나타나 주질 않았다.

그러던 중, 마침내 마음에 쏙 드는 동네를 찾아낼 수 있었다. 하지만 그 곳은 일반 매물은 없고 신축 빌라들만 분양 중이었다. 그러나 신축 빌라들은 드넓은 공원과 공기가 좋다는 프리미엄 때문에 내 기준보다 훨씬 비싼 금액에 분양 중이어서 씁쓸한 입맛만 다셔야만 했다. 동네는 참 좋으나 경매 물건으로는 잘 나오지 않는 곳이었다. 그래서 거의 반은 포기하고 물건 검색을 했는데.... 어! 있다! 그 동네 빌라 2곳이 경매가 진행 중인 것이다!

떨리는 마음으로 물건을 클릭해 보았다. 그리고 그중 하나가 내가 딱 원하는 평형대였고, 당시 앞뒤 사정 볼 것 없던 나는 네비게이션에 주소를 입력하고 바로 현장으로 달려갔다.

해당 물건은 5층 중 4층이었다. 1층에는 필로티 주차장이 있는 신축 건물로, 보통 빌라에서 외장재로 많이 사용하는 적색 벽돌이나 노리끼리한 드라이비트로 마감된 건물이 아니었다. 약간은 심플하면서도 모던한 느낌의 회색 페인트로 마감된 건물이었다. 누가 지었는지 몰라도 디자인 감각이 상당해 보였다. 일단 외부 모습은 상당히 마음에 든다. 다만 1층 공동현관에

비밀번호 키를 설치하여 출입통제를 하고 있어, 내부를 보기가 쉽지 않았다.

한참을 그렇게 현관 앞에서 서성였지만 도저히 출입하는 사람들이 나타나지 않았다. 컨디션도 좋지 않고 기약 없이 마냥 기다릴 수 없었기에 계획을 수정해야만 했다.

우연한 행운

어떻게든 오늘 하루에 임장을 끝마쳐야 한다.

나는 근처 부동산을 찾아가, 건강 때문에 이 동네로 이사를 와야 하는데 마침 경매 물건이 있어 왔다고 솔직하게 이야기했다. 체력이 바닥난 상태여서 집을 구하는 사람인 척 연기(?)할 수 없는 상황이었다. 내 상태를 쓱 살펴보던 부동산 사장님은 현재 그 빌라에는 볼 수 있는 집은 없고, 대신 경매물건과 비슷한 빌라가 몇 동 더 있으니 가서 직접 보라며 분양하는 곳들을 알려주었다.

정말 물건지에서 그리 멀리 떨어지지 않은 곳에 같은 외관의 빌라가 보였다. 현관 앞에는 분양을 알리는 현수막이 크게 걸려있었고, 풍선 인형이 바람에 춤을 추고 있었다. 나는 안으로 들어가 내부를 자세히 살펴보기로 했다.

"집이 참 예쁘네요."

"그럼요, 얼마나 신경을 써서 디자인한 집인데요."

"아까 오다보니까 저쪽에 외부가 똑같은 빌라가 있던데... 거기도 분양하시는 건가요?"

"아뇨. 거긴 1년 전에 지은 빌라인데 워낙 반응이 좋았어요. 그래서 이번에 2차, 3차로 다시 분양을 하게 된 거고요. 외부뿐만 아니라 내부자재까지 똑같습니다."

"아 그렇군요. 음... 이 집은 분양가가 얼마나 되나요?"

"네...."

이렇게 빌라 수요가 많은 곳에서는 분양이 성공적으로 이뤄지면, 즉시 추가로 인근의 땅을 매입하여 2차, 3차, 4차에 걸쳐 같은 빌라를 건설, 분양하는 모습을 볼 수 있는데 이 빌라도 마찬가지였던 것이다. 더구나 분양담당자가 알려준 분양가는 경매감정가와 8,000만 원 정도 차이가 났다. 연식은 1년밖에 차이나지 않는데 금액차이가 상당하니, 절로 기운이 났다. 그런 내 모습이 당장 계약할 것으로 보였는지 분양담당자는 신이 나서 열심히 설명하기 시작했고 나는 나대로 상상의 나래를 펼치느라 신이 났다. 담당자가 침을 튀어가며 강조하는 전통적인 디자인의 서까래가 거실 천정에서 더욱 예쁘게 보이기 시작한다. 아~ 꼭 낙찰받아야지.

고민되는 입찰가 선정

며칠이 흘렀을까. 드디어 기다리던 입찰기일이 다가왔다.

그런데 그 전날부터 유독 컨디션이 좋지 않았다. 그동안의 항암치료 후유증으로 몸이 퉁퉁 부어버린 것이다. 몸이 좋지 않아 그런 것인지 아니면 막상 내가 직접 살 집이어서 그런 것인지 알 수 없지만, 도저히 헷갈려 입찰금액을 정할 수가 없었다.

실거주용 부동산은 투자용으로 매입할 때의 기준보다 조금 더 금액을 올리면 된다 하던데 그게 어느 정도인지는 도통 감이 오지 않으니 말이다. 게다가 집을 직접 보고 온 후에는 온통 그 집을 낙찰받아야겠다는 생각만 나는 바람에 어느 정도가 적정가일지에 대한 판단이 흐려져 버렸다. 이러다 설령 떨어지기라도 하면 이사를 하려던 내 수개월 간의 노력이 물거품이 되어버릴 수도 있는 상황이라 반드시 받아야하는데, 정신이 차려지지가 않는다.

결국 법원에 도착해서야 겨우 금액을 정할 수 있었다.

최저가에서 2,000만 원을 더 썼다. 좀 더 낮출까 싶었지만 건강을 위해서 이 정도도 못하나 싶은 맘에 통 크게 질렀다. 혹시나 단독으로 낙찰되어도 후회하지 말자고 다짐을 하고 입찰표를 제출했다(물론 단독이었으면 살짝 속이 쓰렸겠지만...).

드디어 발표. 많은 사람들이 몰려 경쟁률이 높았다.

결과는? 간절한 나의 마음을 알았는지, 2등과 약 750만 원의 차이로 낙찰을 받았다. 막상 또 낙찰을 받고나니, 내가 너무 간절했나 싶어 살짝 아쉽기도 하였지만 공기 좋고 깨끗한 집에서 새롭게 시작할 생각을 하니 벌써부터 설레었다.

소재지: 인천광역시 남동구 　동 778- , 　2차 비동 4층 401호 도로명주소검색 Daum 지도 NAVER 지도

물건종별	다세대(빌라)	감정가	140,000,000원
대지권	36.1㎡(10.92평)	최저가	(70%) 98,000,000원
건물면적	63.37㎡(19.169평)	보증금	(10%) 9,800,000원
매각물건	토지·건물 일괄매각	소유자	김
개시결정	2011-05-20	채무자	김
사건명	임의경매	채권자	보령수협

구분	입찰기일	최저매각가격	결과
1차	2011-10-28	140,000,000원	유찰
2차	**2011-11-28**	**98,000,000원**	

낙찰 : 125,110,000원 (89.36%)
(입찰14명,낙찰: 　/ 차순위금액 117,570,000원)
매각결정기일 : 2011.12.05 - 매각허가결정
대금지급기한 : 2012.01.09
대금납부 2011.12.29 / 배당기일 2012.02.23
배당종결 2012.02.23

사진	건물등기	감정평가서	현황조사서	매각물건명세서	세대열람내역서	부동산표시목록	기일내역
문건/송달내역	사건내역	전자지도	전자지적도	로드뷰	온나라지도+		

매각물건현황 (감정원 : 도원감정평가 / 가격시점 : 2011.06.02 / 보존등기일 : 2010.03.26)

목록	구분	사용승인	면적	이용상태	감정가격	기타
건물	5층중 4층	10.03.00	63.37㎡ (19.17평)	방3,거실,주방등	84,000,000원	* 도시가스에 의한 난방
토지	대지권		255.7㎡ 중 36.1㎡		56,000,000원	
현황 위치	* 인천광역시청 　남동측 인근에 위치, 주위는 중.소규모의 공동주택 및 근린생활시설 등이 소재하는 일반주택가 지대임 * 본건까지 차량출입 가능하며 인근에 버스정류장이 소재하여 대중교통편은 보통임 * 중로의 포장도로를 이용중임					

임차인현황 (말소기준권리 : 2010.05.12 / 배당요구종기일 : 2011.08.05)

===== 조사된 임차내역 없음 =====

기타사항	☞본건 현황조사차 현장에 임한 바, 폐문부재로 이해관계인을 만날 수 없어 상세한 점유 및 임대차관계는 알 수 없으나, 전입세대열람결과 임대차관계는 없는 것으로 추정됨

우리 집은요~

점잖은 소유자가 살고 있던 집이어서 명도도 원만히 마무리했고, 하루라도 빨리 내 집에 오고 싶은 마음에 소유자가 이사 나가는 날에 맞춰 바로 이사를 했다.

안방의 침대를 버리고 거실 바닥에서 잠을 자고 깰 만큼, 거실의 큰 창으로 들어오는 햇살과 풍경이 너무 좋은 집이었다. 눈을 뜨면 파란 하늘이 바로 펼쳐지고, 창밖의 풍경은 계절이 바뀔 때마다 마치 그림 같은 모습으로 형형색색의 옷을 갈아입는다. 새벽녘 창을 통해 불어오는 바람을 느끼고 있노라면 계절이 바뀌는 향기를 맡을 수 있었는데, 겨울이면 하얗게 눈이 쌓인 모습

집에서 보이는 공원 풍경

도 장관이고, 탁 트인 조망 덕분에 마음까지 정화되는 기분이었다.

의사 선생님이 당부한 대로 거의 매일 근처 공원에서 운동도 많이 했고, 날씨가 좋을 때면 아이들과 김밥과 돗자리를 가지고 공원에 나가 피크닉을 즐기며 환경을 마음껏 누리고 살았다. 덕분에 공기 좋은 이 집에 사는 동안 정상인 수준으로 건강을 회복할 수 있었다.

투자 결과

낙찰가	125,110,000원
(–) 대출액(80%)	100,000,000원
(+) 취득세, 법무비	3,200,000원
(+) 수리비	없음(신축)
총 투자비용	28,310,000원

어떤 물건을 골라야할까?

잘 아는 지역부터 시작하자

경매를 처음 시작하는 사람이라면 내가 사는 지역 또는 이전에 살았거나 익히 그 지역에 대해 알고 있는 곳을 선택하는 것이 좋다. 그만큼 새로운 곳을 찾는 것보다는 익숙한 곳이 더 많은 정보를 알고 있기에 접근하기가 좋은 것이다.

지금부터라도 귀를 열고 집 근처 부동산을 이웃 삼아 자주 다녀보자. 그리고 내가 살고 있는 도시의 홈페이지와 지역 신문도 관심을 가지고 살펴보면 이제껏 내가 알지 못했던 우리 동네, 우리 지역에 대해 많은 것을 알게 될 것이다.

과거엔 우리 동네에 다리가 놓여지고, 도로 확장 공사를 하던 것들이 나하고는 무관했다고 생각했다면 이제부터라도 그런 정보들을 통해 우리 지역이 어떻게

> **잠깐만요!**
>
> 각 시군구청 홈페이지의 공고를 통해 도로건설, 공원조성, 재개발 등 개발계획들의 진행현황을 확인할 수 있어요. 우리 동네가 어떻게 변화할지 예상해 볼 수 있고, 잘 살펴보면 이 가운데 돈이 되는 정보도 있답니다!

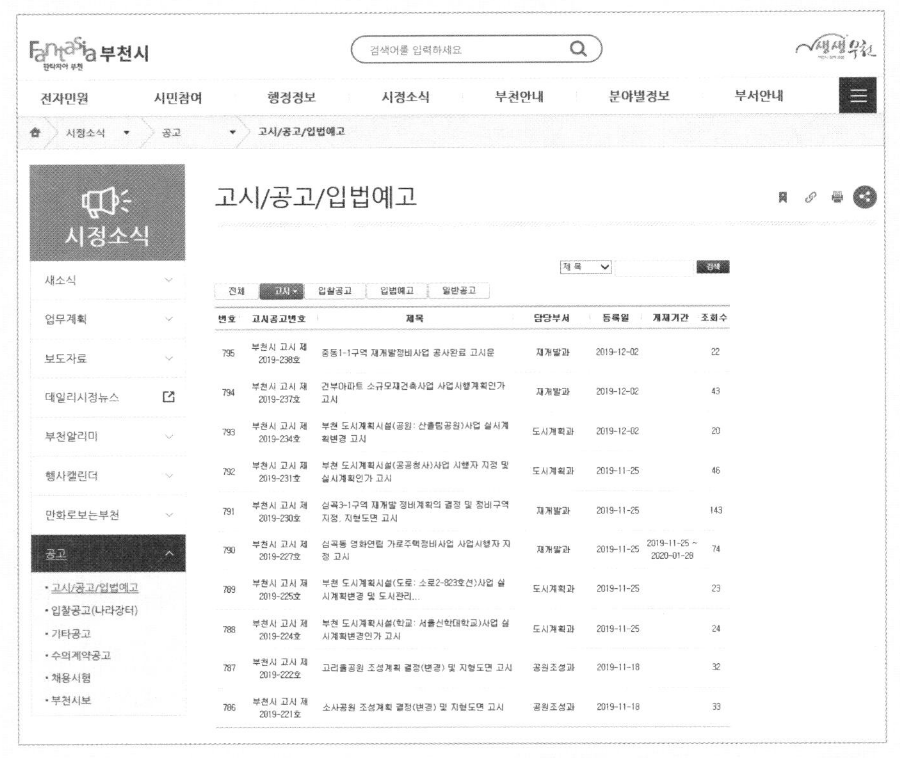

부천시청 홈페이지에 공개된 자료들

움직여지고 변화되는지에 관심을 가져보고 상상을 해보는 것이다. 이런 끊임없는 관심과 정보를 통한 상상이 수익의 밑바탕이 된다.

감정가가 낮은 물건

통상 경매로 나오는 부동산의 감정평가액은 채권회수가 목적이기 때문에 일반적인 시세보다 조금 높게 책정된다. 경매는 신건에 낙찰을 받기보다는 1, 2회 유찰이 된 후 가격이 하락한 상태에서 매각되는 경우가 많기 때문에 그 점이 반영되는 것이다.

그런데 간혹 시세보다도 낮은 가격에 감정이 되는 부동산들이 있다. 가령, 사건번호가 2016타경1234호인 서울의 아파트 경매물건이 있다고 가정을 하자. 그런데 경매가 이루어지는 매각기일은 2018년이다. 이는 경매 개시는 2016년도에 시작이 되었지만 채권자와 채무자 사이의 이해관계나 여러 가지 변수들로 인해 매각의 변경, 중지, 연기 등으로 사건이 멈춰있다가 다시 나온 경우이다. 경매개시일과 매각기일 사이 2년의 기간 동안 부동산의 가격은 상승했다.

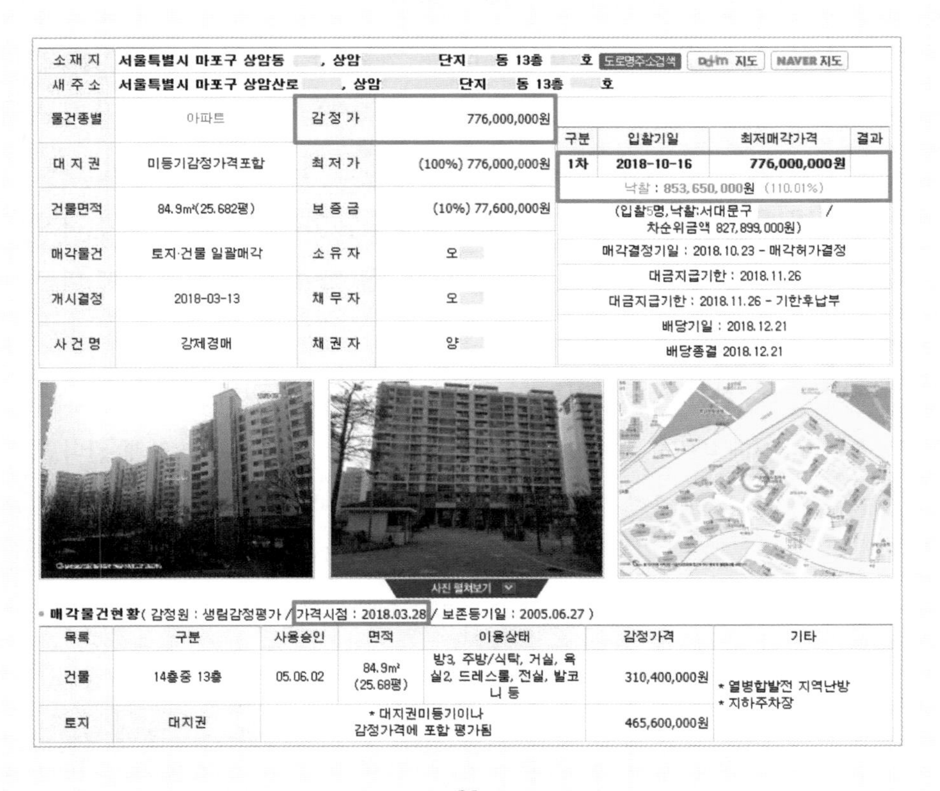

소재지	서울특별시 마포구 상암동 , 상암 단지 동 13층 호		
새주소	서울특별시 마포구 상암산로 , 상암 단지 동 13층 호		
물건종별	아파트	감정가	776,000,000원
대지권	미등기감정가격포함	최저가	(100%) 776,000,000원
건물면적	84.9m²(25.682평)	보증금	(10%) 77,600,000원
매각물건	토지·건물 일괄매각	소유자	오
개시결정	2018-03-13	채무자	오
사건명	강제경매	채권자	양

구분	입찰기일	최저매각가격	결과
1차	2018-10-16	776,000,000원	
낙찰 : 853,650,000원 (110.01%)			
(입찰5명, 낙찰:서대문구 / 차순위금액 827,899,000원)			
매각결정기일 : 2018.10.23 - 매각허가결정			
대금지급기한 : 2018.11.26			
대금지급기한 : 2018.11.26 - 기한후납부			
배당기일 : 2018.12.21			
배당종결 2018.12.21			

• 매각물건현황(감정원 : 생림감정평가 / 가격시점 : 2018.03.28 / 보존등기일 : 2005.06.27)

목록	구분	사용승인	면적	이용상태	감정가격	기타
건물	14층중 13층	05.06.02	84.9m² (25.68평)	방3, 주방/식탁, 거실, 욕실2, 드레스룸, 전실, 발코니 등	310,400,000원	* 열병합발전 지역난방 * 지하주차장
토지	대지권	* 대지권미등기이나 감정가격에 포함 평가됨			465,600,000원	

충분히 있을 수 있는 일이고 지금도 이런 물건들이 계속해서 나오고 있는데, 최근 몇 년 사이에 수도권에서 이러한 현상이 두드러지게 나타났다. 분명 감정가에는 3억 원이라고 기재되어 있는데, 낙찰가를 보면 그보다도 훨씬 높은 3억 5,000만 원이 나오기도 하고 4억 원이 넘기도 한다.

앞의 사건으로 설명해보면, 감정 가격시점은 2018년 3월 28일이었다. 아마 통상적으로 감정을 했다면 시세보다는 높은 가격으로 산정했을 것이다(경매는 채권회수가 목적이므로 넉넉하게 감정하는 편이다). 감정평가할 당시의 대략적인 시세는 7억 5,000만 원 정도였으며, 경매로 매각되는 날짜는 10월 16일이었다. 감정 가격시점으로부터 약 7개월이 지난 상황. 그런데 낙찰가가 8억 5,000만 원이라니... 이게 말이 돼?

결론부터 말하자면, 그래 말이 된다. 그 7개월 사이에 부동산 가격이 폭등한 것이다(개발 호재 및 경기 영향으로). 시세 조사를 하고 현장에 직접 가본 사람들은 현재 나온 감정가보다 시세가 더 높다는 사실을 알았을 것이고, 이것을 반영하여 가격 입찰을 한 것이다. 그러나 현장조사나 시세조사를 하지 않고 서류만 쳐다본 사람들은 위와 같은 가격을 적어낸 낙찰자를 향해 미쳤다고 쓴소리를 해댄다.

그만큼 부동산의 흐름을 읽는다는 것과 그 지역을 잘 안다는 것은 매우 큰 장점이다. 경매정보지를 보는 순간 물건이 튀어나오는 경험을 하게 된다면 그만큼 경쟁자를 물리칠 수 있는 확률이 높다는 뜻이다.

매매가와 임대가가 비슷한 물건

처음 낙찰받은 빌라가 그랬다. 매매시세는 6,000만 원, 전세가가 5,000~6,000만 원이었던 것이다. 해당 지역은 수요가 많은데 공급이 부족한 상태였고, 전월세 매물은 없어서 못 나가는 곳이었다. 철저한 현장조사를 통해 확신을 갖고 신건, 6,030만 원에 낙찰을 받았다. 낙찰 후 현장조사 시 들렀던 부동산에 다시 찾아가니 매매가 7,500만 원 정도면 일주일 내에도 바로 매매할 수 있다고 했고, 결국 명도 3일 만에 전세 5,500만 원에 임대를 놓을 수 있었다. 현재는 1억 원 이상 매매가가 형성되어 있고, 전세가 역시 7,000만 원을 호가하고 있다.

보통 매매가 대비 전세가가 높은 곳들은 생활여건이 좋아 임차인들이 선호하는 지역이다. 이 지역들은 특히 전세투자 시 많은 금액이 투입되지 않아 소액으로 투자하기에 좋으므로 초보자에게 추천한다.

너무 먼 곳은 NO!

경매 투자 초기, 회사 업무와 병행하던 시절에는 지방 매장관리를 핑계로 먼 곳도 수시로 임장을 다녔다. 그 당시는 잘 몰랐는데 회사를 그만두고 나니, 지역이 너무 먼 곳은 한 군데만 다녀와도 꼬박 하루가 걸려 효율성이 떨어지고 몸도 힘들었다. 낙찰이라도 받으면 모를까 낙찰도 못 받고 오는 날에는 온몸의 기운이 다 빠지는 기분이었다. 부동산 관리도 마찬가지였다. 초반에는 작은 금액으로 낙찰받을 수 있는 물건에 집중하다보니, 낙찰받은 아파트와 빌라들이 여기저기 뿔뿔이 흩어져 있었다. 그래도 수익이 발생하니까 괜찮다고 여겼는데, 임대기간이 만료되거나 매매를 진행하면서 생각보다 여러 번 현장에 가야하는 수고가 크다는 것을 알게 되었다. 이런 경험을 통해 이제는 너무 먼 지역이거나 기대수익이 크지 않으면 웬만하면 움직이지 않고, 운전해서 2시간 내로 도착할 수 있는 곳까지 물건을 찾고 임장을 다니고 있다. 경험이 늘어갈수록 보유 부동산의 개수를 늘리는 것보다 우량물건, 효율적인 관리가 가능한 물건을 찾게 된다.

쉬운 물건으로 시작하자

특수물건은 말 그대로 유치권, 법정지상권, 지분 등 법리적인 부분을 이해해야 접근할 수 있는 것들이다. 나는 초보 딱지를 제대로 떼지도 않은 시절, 몇 번의 경험으로 자신감을 얻고 겁도 없이 유치권 물건에 도전했었다. 정황상 가짜 유치권이라는 확신이 들었기 때문이었다. 그렇게 낙찰을 받고 잔금을 치르기 위해 대출조건을 알아보는데 유치권 물건은 대출이 되지 않는다는 대답이 돌아왔다. 당시 나는 낙찰을 받으면 무조건 대출이 되는 줄로 알고 있었기에 대출이 안 된다는 말에 매우 당황했다. 결국 이 물건은 6개월 소송을 거쳐 승소를 하고 난 뒤에야 대출을 받을 수가 있었다.

결과적으로 보았을 때 이 물건은 쉬운 물건들보다는 수익률이 높긴 하였으나, 6개월이란 기간 동안 소송을 거치며 엄청난 스트레스를 받아야만 했다. 변호사를 수임하기엔 그 비용도 만만치 않아 직접 소송을 해야 했기에 어려움이 많았다. 게다가 승소하기까지 대출 없이 현금으로 잔금을 치러야 했고, 예상치 않은 자금을 구하느라 애를 먹었다. 따라서 처음 경매를 하는 분들에게는 쉬운 물건을 경험하시라고 추천하고 싶다. 특수물건은 수익이 좀 더 높을지 모르지만 긴 시간이 소요되고 정신적인 스트레스가 크다. 차라리 쉬운 물건으로 여러 개를 낙찰받아 빠르게 자금회전을 시키는 것이, 특수물건 한 건보다 더 나은 수익으로 돌아오기도 한다(즐겁게 투자해야 오래 할 수 있다!).

my story 2

암 진단을 받다

앞만 보고 살았다.

어린 나이부터 객지에 나와 공장을 다니며 야간 고등학교와 대학교를 다녔다. 뒤를 돌아 볼 여유 따윈 없었다. 오로지 성공하고 싶다는 열망만이 가득했고, 돈을 많이 벌어 이 지긋지긋한 가난에서 탈출하고픈 생각에 사로잡혀 있었다.

졸업 후 취직을 해서도 새벽에는 끊임없이 자격증을 따러 다녔고, 출근을 하고 퇴근 후에는 아르바이트를 다녔다. 몸은 고등학교 시절부터 시작된 공장생활과 학교생활의 병행으로 많이 지쳐있었다. 그럼에도 불구하고 나는 '조금만 더, 조금만 더'를 외치며 그 생활을 견뎌냈고, 그 견뎌냄의 결과로는 무지갯빛 세상이 올 것이라고 믿어 의심치 않았다.

하지만 사회는 녹록치 않았다.

한 발짝 다가섰다 싶으면 또 저만치 달아나 '조금만 더, 조금만 더'를 끊임없이 외치며 더 나은 스펙을 만들라고 주문했다. 지쳐 포기할까 싶으면 어느새 월급날이 다가왔고, 월급을 받고 좀 더 힘을 내다가 또 지치는 상황이 반복되기만 할 뿐이었다.

결국 도피하다시피 결혼을 했다.

그러나 궁색한 살림은 여전히 변화가 없었고, 오히려 챙겨야하는 식구는 더 늘어났다. 시댁을 살펴야하고, 친정을 살펴야하고, 아이들을 키워야하는 슈퍼우먼이 되어야만 했다. 나를 둘러싼 새로운 환경은 나에게 더욱 혹독한 희생을 요구하고 있었다.

마치 본능처럼 몸에 밴 '열심히, 더 열심히'는 나의 트레이드 마크가 되었다. 언제나 열심히 사는 엄마, 언제나 열심히 하는 팀장님, 언제나 열심인 아내.

그 '열심히'가 올가미인 줄 모르고 나는 더욱 죽으라고 열심히 뛰었다. 하지만 그 결과로 나는 남편을 외롭게 만들어 이혼을 하게 되었고, 약간은 직장에서 대접을 받는 위치가 되었으나 엄마로서는 빵점인 엄마가 되었고, 15년을 우리 아이들과 내 수발을 들어주신 친정 엄마의 임종도 지키지 못한 불효막심한 딸이 되었으며, 암이라는 청천벽력 같은 병을 얻게 되었다.

하필이면 왜 내게. 열심히 산 죄 밖에 없는데, 왜 하필이면 나에게 이런 시련을 주는지.

억울한 맘에 하늘을 원망했다.

회사에 휴직계를 제출하고 수술을 받았다.

다행히 초기라서 수술 후 항암치료를 받으면 완치율도 높다고 하였다.

늘 씩씩한 척을 하며 살았던 나는 수술실에 들어가는 날까지도 아이들에게 파이팅을 외쳤다.

5시간의 수술과 한 달의 회복기를 거친 후에야 나는 퇴원을 했다.

의사 선생님은 비록 초기지만 예후가 좋지 않은 암세포라 당분간 일을 하지 말 것을 당부하며, 항암치료도 7개월 동안 받아야 한다고 했다. 그때까지만 해도 그러려니 했다.

수술 후 통증이 있긴 했지만 몸만 약간 부었을 뿐, 예전과 그대로의 모습이었다.

그러나 1차 항암치료를 받고 며칠 후, 욕실에서 샤워를 하는데 물줄기를 따라서 머리카락이 흘러내리기 시작하였다. 혹시나 하여 머리에 손바닥을 펴 비비자, 머리카락이 힘없이 뽑혀져 나왔다. 금세 머털도사처럼 민머리에 몇 가닥만 붙어 있는 형상이 되어 버렸다.

그때 태어나 처음으로 펑펑 울었다. 거울에 비친 흉측해진 모습을 보며 하염없이 울었다.

미용실에 가서 삭발을 하였다. 그리고 딸아이가 선물해 준 두건을 머리에 썼다.

딸아이는 그래도 제 엄마라고, 두건이 너무 잘 어울린다고, 엄마가 예쁘다고 했다.

퇴원 후, 경매를 통해서 공기가 좋은 곳으로 이사를 했다.

죽음의 문턱까지 갔다 오니 모든 것이 부질없고 내 건강과 아이들의 행복이 우선이라는 생각이 들었다. 갈등했지만 회사의 휴직계를 철회하고 사직서를 제출하였다.

그리고 매일같이 암세포와 싸워가며 다시 내 삶을 만들어가리라 다짐했다.

4장

공짜로 집 사기? 무피투자

한때 각종 부동산 카페에서 무피투자가 각광을 받았다.

무피투자란 낙찰가에 근접한 금액으로 전세를 놓거나, 월세로 회수하는 보증금과 대출금의 합이 낙찰가와 비슷하여 결과적으로는 내 돈을 들이지 않고 부동산을 보유하는 투자법을 일컫는다. 투자금이 넉넉지 못할 때에는 바로 이 무피투자를 통해 자산을 늘려가는 것도 좋은 방법이다.

좋은 물건은 가까운 곳에도 많다

수술 후 몸 상태가 100% 회복되지 않은 상태에서 활동범위를 넓게 잡을 수가 없다보니 집 주변이나 금방 다녀올 수 있는 가까운 지역으로 한정짓고 물건을 검색했다. 검색 중 왠지 모르게 낯이 익은 물건이 눈에 띄어 위치를 살펴보니, 엄마가 살아계실 때 부지런히 다니셨던 성당 근처였다. 당시 엄마를 모시고 성당에 오며가며 하던 중, 분양빌라를 구경한 기억이 어렴풋이 났다. 초등학교 바로 앞에 있어 위치도 좋고 외벽마감도 잘 되어 눈길을 끌었

소재지	인천광역시 남동구 동 , 숲예찬 에이동 2층 호 도로명주소검색 Daum 지도 NAVER 지도		
물건종별	다세대(빌라)	감정가	160,000,000원
대지권	31.61㎡(9.562평)	최저가	(70%) 112,000,000원
건물면적	58.6㎡(17.727평)	보증금	(10%) 11,200,000원
매각물건	토지·건물 일괄매각	소유자	박
개시결정	2011-12-28	채무자	박
사건명	임의경매	채권자	고창신협

구분	입찰기일	최저매각가격	결과
	2012-04-30	160,000,000원	변경
1차	2012-08-30	160,000,000원	유찰
2차	**2012-09-28**	**112,000,000원**	
낙찰 : 121,756,000원 (76.1%)			
(입찰7명,낙찰: / 차순위금액 121,660,000원)			
매각결정기일 : 2012.10.05 - 매각허가결정			
대금지급기한 : 2012.11.01			
대금납부 2012.10.25 / 배당기일 2012.12.07			
배당종결 2012.12.07			

사진 펼쳐보기

사진 | 건물등기 | 감정평가서 | 현황조사서 | 매각물건명세서 | 세대열람내역서 | 부동산표시목록 | 기일내역
문건/송달내역 | 사건내역 | 전자지도 | 전자지적도 | 로드뷰 | 온나라지도+

매각물건현황(감정원 : 아름감정평가 / 가격시점 : 2012.01.03 / 보존등기일 : 2010.05.20)

목록	구분	사용승인	면적	이용상태	감정가격	기타
건물	5층중 2층	10.05.12	58.6㎡ (17.73평)	주거용	96,000,000원	
토지	대지권	530㎡ 중 31.61㎡			64,000,000원	
현황 위치	* 중학교 서측 인근에 위치하며, 주위는 다세대주택 및 아파트 등이 혼재함 * 본건까지 차량 진입 가능하고 인근에 버스정류장이 소재하여 제반 교통상황 보통시됨 * 장방형의 토지로서 다세대주택 부지로 이용중임 * 본건 남측 및 북측, 동측으로 포장도로에 접함					

임차인현황 (말소기준권리 : 2010.09.03 / 배당요구종기일 : 2012.03.05)

임차인	점유부분	전입/확정/배당	보증금/차임	대항력	배당예상금액	기타
강길묵	주거용 202호	전 입 일: 2010.11.25 확 정 일: 미상 배당요구일: 없음	미상	없음	배당금 없음	
박소연	주거용 전부	전 입 일: 2010.11.25 확 정 일: 2010.11.25 배당요구일: 2012.01.10	보27,000,000원 월450,000원	없음	소액임차인	
기타사항	임차인수: 2명 , 임차보증금합계: 27,000,000원, 월세합계: 450,000원 ☞ 본건 현황조사차 현장에 임하였으나 폐문부재로 이해관계인을 만날수없어 상세한 점유.임대관계는 미상임.경매시 참고바랍니다					

던 집이었는데, 바로 그 집이 경매로 진행 중인 것이었다.

이 근방에서 몇 년을 살았기에 누구보다도 동네에 대한 세세한 정보를 가지고 있었다. 물건지에서 도보로 불과 5분 거리에는 지하철 공사가 막바지 진행 중이었고, 서울로 나가는 광역버스 정류장이 있었다. 이곳은 서울로 출퇴근하는 직장인들이 많아서 이른 아침에는 항상 버스를 기다리는 사람들로 붐비는 곳이다. 게다가 영동고속도로, 서울외곽순환도로, 서해안고속도로가 10분 내에 진입이 가능하여 사통팔달 교통여건이 매우 좋다.

임대용 물건은요~!

교통여건이 좋아 출퇴근이 편리하거나 초등학교가 가까운 곳이 좋아요. 아이가 우선인 엄마들은 통학거리가 짧은 곳을 선호하고, 웬만하면 전학도 시키지 않으려 하거든요. '초등학교 1학년 아이를 둔 임차인을 들이면 6년 임대는 보장된다.'는 우스갯소리는 괜히 나온 게 아니랍니다.

간단히 권리분석을 마치고 바로 현장으로 달려갔다.

내 기억 속 모습 그대로 외관도 깔끔했고 입구에는 공동현관 시스템이 있어 외부인이 함부로 드나들 수 없도록 관리가 되고 있었다. 비밀번호도 모르고 어차피 이전에 내부도 봤으니 그냥 돌아설까 했지만, 혹시나 하는 마음에 1234를 눌러 보았다.

그런데... 어머 이게 뭔 일이래? 띠리릭 소리와 함께 현관문이 스르륵 열린다(아니 이렇게 쉬운 번호를 쓰다니... 어쨌든 땡큐).

당당히 입성하여 2층에 올라가니 깔끔한 방화문이 눈에 들어온다. 불현듯 현관문이 상하게 찌그러져 있던 첫 낙찰 빌라가 생각나며 피식 웃음이 나왔다. 집 내부에서 인기척이 났지만 별 신경 쓰지 않고 계단 벽을 꼼꼼히 살폈고, 옥상에 올라가 방수처리가 잘 되어있는지 확인해 보았다. 외부나 계단 벽면에 크랙(갈라진 틈)이 많거나 옥상방수처리가 되어있지 않은 경우, 내부의 하자도 어느 정도 가늠할 수 있다. 1층 현관에 내려와서는 해당 호수의 우편물도 살펴보고 쌩쌩 돌아가는 전기계량기도 확인한 후 현장조사를 마쳤다.

일부 배당받지 못하는 임차인

집으로 돌아와서 다시 권리분석을 해보았다. 임차인은 보증금 2,700만 원에 월세 45만 원을 내고 살고 있다. 경매 낙찰 시 임차인은 최우선변제로 2,200만 원을 배당받고 나머지 500만 원은 손해를 볼 것이다. 하지만 집이 경매로 넘어가고 8개월이 지나고 있다. 이 상황에서도 아직도 월세를 주인

• **임차인현황** (말소기준권리 : 2010.09.03 / 배당요구종기일 : 2012.03.05)

임차인	점유부분	전입/확정/배당	보증금/차임	대항력	배당예상금액	기타
강	주거용 202호	전 입 일: 2010.11.25 확 정 일: 미상 배당요구일: 없음	미상		배당금 없음	
박	주거용 전부	전 입 일: 2010.11.25 확 정 일: 2010.11.25 배당요구일: 2012.01.10	보27,000,000원 월450,000원	없음	소액임차인	
기타사항	임차인수: 2명 , 임차보증금합계: 27,000,000원, 월세합계: 450,000원 ☞ 본건 현황조사차 현장에 임하였으나 폐문부재로 이해관계인을 만날수없어 상세한 점유.임대관계는 미상임.경매시 참고바랍니다					

• **등기부현황** (채권액합계 : 319,000,000원)

No	접수	권리종류	권리자	채권금액	비고	소멸여부
1	2010.09.03	소유권이전(매매)			거래가액 금193,000,000원	
2	2010.09.03	근저당	고창신협	169,000,000원	말소기준등기	소멸
3	2011.12.28	임의경매	고창신협	청구금액: 130,000,000원	2011타경	소멸
4	2012.02.23	가압류	경기저축은행	150,000,000원		소멸
5	2012.06.18	압류	서인천세무서			소멸

에게 꼬박꼬박 내고 있었을까?

보통 집이 경매에 붙여지면 법원에서는 그 물건에 관련된 채무자와 채권자, 점유자에게 경매가 개시된다는 서면을 보낸다. 경매가 진행될 예정이니까 기일 내에 배당요구를 하라는 내용이다. 이 서류를 받으면 보통 임차인들은 월세를 내지 않는다. 당장 사는 집에서 쫓겨나야 될 판국에 월세는 무슨 월세냐는 것인데, 특히 전액 배당을 받는 임차인보다 일부만 배당받는 임차인들은 더더욱 그렇다(간혹 일부 배당받지 못하는 상황에서도 꼬박꼬박 월세를 지불하는 정말 착한 임차인들도 있다).

그렇다면 이 임차인도 적어도 8개월 동안은 월세를 내지 않았을 터이고, 계산해보면 45만 원(월세)*8개월= 360만 원이나 된다. 즉, 임차인이 실제 손해보

임장하면서 내부가 궁금한데, 벨 누르기가 두려워요.

임장 중 점유자를 만나게 되면 채무자는 물론이고 대부분의 임차인들도 굉장히 적대적인 반응을 보여요. 그래서 저는 특수물건을 제외하고는 굳이 만나려 하지 않아요. 내부 구조가 궁금하시면 윗집에 가서, '아랫집에 이사 오려 하는데 사람이 없어 구조를 볼 수 없네요.' 하고 보는 방법이 더 수월하답니다.

는 금액은 배당 못 받는 500만 원이 아니라 8개월 동안 내지 않은 월세 360만 원을 제한 140만 원이 되는데, 낙찰 이후에도 잔금 납부까지 보통 한 달이 소요되니 사실상 손해는 없는 것이다. 게다가 나처럼(?) 착한 낙찰자들은 이사비까지 얹어주지 않는가.

권리상 문제점이 없고 명도도 부담 없는 물건이다. 입찰 결정!

잔금 납부도 안하고 이러시면 안 되죠

입찰 당일. 낙찰가 121,756,000원. 7명을 제치고 낙찰이다.

나중에서야 2등 입찰가가 121,666,000원인 사실을 알았다.

아 그때 날 째려보던 사람이 2등이었나 보다.

매각허가가 결정된 다음 날, 집에서도 가까우니 가볍게 산책 나가는 기분으로(?) 현장에 방문하였다. 이사계획도 궁금하고, 그리고 집 내부 상태도 궁금하기도 하고... 현관 앞에 다다라서 비밀번호를 누르자 문이 열린다(또 열리네. 번호 바꾸라고 해야겠다). 떳떳한 낙찰자로 들어오니 감회가 새롭다.

가볍게 심호흡을 하고 초인종을 눌렀다. 임차인은 갑작스런 방문에 놀란 눈치다.

"안녕하세요. 낙찰자에요. 박○○님이신가요?"

"네 그런데요. 벌써 오셨네요?"

"네. 혹시 이사 계획은 잡으셨는지 궁금해서요."

"아니 낙찰된 지 며칠이나 지났다고 이러세요? 벌써 나가라는 거예요?"

"아니요. 언제쯤 이사 계획이 있는지, 이사 가실 집은 알아보고 계시는지 확인하려고요. 경매 진행된 지도 벌써 수개월 지나기도 했고요."

"아직 안 알아봤고요, 잔금 납부도 안하고 이러시면 안 되죠~"

"제가 잔금 납부를 하면 그 날부터 저한테 월세를 내셔야 해요. 그래서 현재 준비상황이 어떤지 사정을 고려해서 납부기일을 조정하려고 온 거예요. 혹시 바로 이사하실 계획이시면 내일이라도 바로 잔금을 납부하죠."

"아니... 그게 아니고요... 일단 아이 아빠하고 상의하고 전화 드릴게요."

낙찰받고 방문하면 잔금은 내고 온 거냐고 큰소리(?) 치는 점유자들이 있다. 대부분 잘 몰라서 그러는 거다. 이럴 때는 '당장 내일이라도 잔금 납부는 할 수 있는데 그 이후에는 저에게 임료를 납부하셔야 한다, 그래서 상의하러 왔다'고 대응하면 대부분의 점유자들은 곧 차분(?)해진다.

백 마디 말보다 나은 내용증명 한 통

점유자를 만나고 온 다음 날, 그 집의 남편에게서 전화가 왔다.

"뭐 어제 와서 언제 이사갈지 물어보셨다면서요? 그럼 이사는 한 달 내에 갈 테니까, 대신 이사비를 주세요."

"이사비요?"

"보증금 2,700만 원 중에 500만 원은 손해를 보잖아요. 그러니까 대신 물어줘야죠. 이사비로 500만 원 주시면 한 달 내로 나가드리죠."

"음.. 한 가지만 여쭤보죠. 경매 넘어가고 전소유자에게 월세 내셨나요?"

"아 경매 넘어가서 보증금 뜯기게 생겼는데 월세를 왜 냅니까? 그리고 블라블라~"

"… 일단 알겠습니다. 다시 연락드리죠."

경매 넘어간 후 월세는 내지 않았지만 못 받은 보증금은 받아야겠다고?

의무는 이행하지 않았지만 권리는 있다? 이게 뭐여. 말이여 방구여.

흥분하느라 상대가 무슨 얘기를 하는지 듣지 않는 사람들이 있는데, 이 집 남편이 그런 유형이었다. 이런 경우 전화로 이야기해봤자 괜히 감정만 상하고 별 소득이 없다. 친절한(?) 나는, 다음 날 한통의 내용증명을 보냈다(말보다 문서가 효과가 좋다. 말은 듣고도 흘려버리지만 문서는 곱씹어 읽으면 읽을수록 내용이 이해되니까).

내용증명

발신인 : 이선미

주　소 : 인천 남동구 ○○동 △△빌라 401호

연락처 : 010-△6△6-○1○1

수신인 : 강○○

주　소 : 인천 남동구 ○○동 숲예찬 A동 △호

해당 부동산의 표시 : 인천 남동구 ○○동 숲예찬 A동 ○호

발신인은 해당 부동산에 관하여 인천지방법원 본원 2012타경○○○05사건을 통해 2012. △. △. 낙찰을 받고 법률사무소를 통해 소유권 이전을 준비 중

인 최고가매수인이며, 수신인은 해당 부동산을 점유하고 있는 대항력 없는 임차인입니다. 발신인 본인은 명도에 따른 절차를 아래와 같이 밟아가고자 하며, 따라서 본 내용증명을 서면으로 보내오니 현명한 판단을 하시기 바랍니다.

1. 본인은 귀하와 원만하게 명도가 협의되길 바랍니다. 따라서 본 내용증명을 수신 후, 7일 이내에 연락을 주시기 바라며 만일 연락이 없을 경우 협의할 의사가 없는 것으로 간주하고 소유권 이전 즉시 귀하를 상대로 부동산인도명령에 따른 강제집행을 신청할 것입니다. 또한 강제집행에 따른 비용 일체를 귀하에게 청구할 것이므로 참고하시기 바랍니다.

2. 법적으로 대항력이 없는 임차인은 소유권 이전일부터 보증금 없는 임료 상당의 금액을 지급할 의무가 있습니다. 따라서 본인은 소유권 이전일부터 해당 부동산을 인도받을 때까지 귀하에게 매월 160만 원(감정가 1억 6천만*1%)의 임료를 청구할 것이며, 지급하지 않을 시 부당이득반환 소송을 제기할 것입니다.

3. 귀하가 법원에서 배당금을 지급받으려면 낙찰자의 명도확인서 및 인감증명서가 반드시 필요하며, 본인에게 해당 부동산의 인도가 이루어지지 않을 경우에는 위 서류를 발급해 줄 수가 없고 귀하는 배당금을 수령할 수 없게 됩니다.

4. 1항에 기재된 법적절차는 원만한 합의가 이루어지지 않았을 경우를 가정 한 것이오니 오해 없으시기 바라며, 내용증명 수신 후 합의가 이루어지면 모든 절차는 원만하게 마무리될 것입니다. 따라서 발송된 내용증명에 기분 상하지 마시고 연락주시기 바랍니다.

2012년 ○월○일

발신인 : 이선미 (인)

역시 내용증명의 효과는 놀라웠다.

"그때 뵌 A동 ○호에요. 내용증명 받았어요. 저희 남편이 초면에 실례가 많았는데, 죄송합니다. 이사는 보증금 배당받으면 바로 나가도록 할게요."

"혹시 배당기일 이전에 이사를 가실 계획은 없으신가요."

"배당받기 전에도 이사할 수 있나요?"

"네 그럼요. 이사할 때 명도확인서랑 인감증명서를 드리니까 이사 후에 서류 가지고 가셔서 배당받으시면 돼요. 그리고 만약 배당기일 이전에 이사를 가시면 제가 이사비도 좀 챙겨드릴 수 있는데, 배당기일 이후에는 못 드립니다."

"왜요? 원래 이사비는 주시는 거 아니에요?"

"아니에요. 법적으로 낙찰자가 이사비를 지급해야 하는 의무는 없어요. 다만 서로 좋은 게 좋은 거라고 일찍 가시면 이사비도 좀 드리겠다는 겁니다. 그리고 경매 넘어간 이후로 월세 지급도 안하셨으니 사실상 손해보는 건

없으시잖아요."

"...네 알겠습니다. 남편이랑 상의하고 최대한 빨리 이사 가도록 알아볼게요."

그날 저녁, 다시 연락이 왔다. 우리는 배당기일 이전에 이사하는 조건으로 50만 원의 이사비를 지급하기로 합의를 하고, 바로 다음 날 집 근처에서 만나 합의서를 작성했다.

잔금 납부 전에 이뤄진 명도

그로부터 3주 후, 약속한 이삿날이 다가왔다.

점유자는 이미 이삿짐을 두 대의 차에 나누어 실어놓고, 나를 기다리고 있었다. 약간은 어색하게 인사를 나누고 함께 집으로 올라가 혹시 놓고 가는 짐은 없는지, 파손된 기물은 없는지 확인했다. 다행히도 집은 분양 당시 내가 보았던 상태와 별 차이가 없었다.

이상이 없음을 서로 확인한 뒤 임차인이 준비한 도시가스, 전기세 등의 공과금 완납영수증과 내가 준비한 명도확인서와 인감증명서를 교환했다. 서류를 받자 이제야 안도한 눈치다. 나는 이사비가 든 봉투를 내밀었다.

"이사 가시는 집에서 더 잘 사시라고 좀 더 넣었어요."

"어머, 고맙습니다. 정말 고맙습니다."

"배당기일에 제가 드린 서류랑 신분증, 통장사본 가지고 출석하시고요. 아셨죠?"

"네, 정말 고맙습니다."

약속한 금액보다 많은 70만 원을 받아든 여자는 연신 고맙다는 인사를 했고, 잘 모르고 날 훈계하던(?) 남자는 멋쩍은 듯이 한 발 뒤에서 고갯짓으로 인사를 하고 돌아섰다.

수익 및 수익률 계산은 입찰 전에

낙찰 당시 목표는 1억5,000만 원에 단기매도 하는 것이었다. 그런데 경기 불황의 여파로 매매시세가 지속적으로 하락하여 낙찰 후 명도 중에는 1억 3,000만 원까지 떨어져 있었다. 그렇게 매도하게 되면 세후 수익금은 400만 원도 채 되지 않는다. 더구나 대출이자도 월 40만 원 정도 지출해야 했기에, 바로 매도가 되지 않으면 그나마 수익도 줄어들 터였다.

대출을 진행하며 매도뿐만 아니라 임대 수익률도 계산해 보았는데, 월세 수익률이 나쁘지 않아 혹여나 매도가 바로 되지 않으면 월세로 놓고 보유하는 것도 고려했었다. 그런데 때마침 상황이 변해 매도가 별다른 매력이 없게 되어버린 것이다. 다행히 전월세 모두 물건이 턱없이 부족하여 임대도 수월한 상황이었기에 별다른 장고 없이 매매에서 월세로 계획을 변경했다. 나는 기본적으로 미래수익을 기대하며 투자하는 스타일이 아니다. 그래서 매매가가 오를 것을 기대하고 보유하는 전세투자는 그리 선호하지 않는다. 낙찰가가 시세보다 저렴해서 매도 후 바로 수익을 거둘 수

시세조사는 철저하게!

낙찰받고 오면 무조건 팔아주겠다는 부동산도 있어요.
이런 이야기는 그저 흘려들으세요. 안도하기에는 이릅니다. 시장은 유동적이라 어떻게 변화할지 모르거든요.
매도가 목표라 하여도 전월세 임대가까지 철저히 조사하셔서 임대를 놓아도 수익이 날 것인가를 고려해야 합니다.

있거나, 보유 중에도 수익을 내는 물건이 좋다.

워낙 매물이 귀했기에 부동산과 인터넷 사이트에 사진을 찍어 올린 지 일주일쯤 지나자 연락이 왔고, 수월하게 계약을 마칠 수 있었다. 임대는 보증금 2,200만 원에 월 60만 원으로 놓았는데, 낙찰가의 85% 대출을 받았기 때문에 내 돈은 하나도 묶이지 않았다. 게다가 월세에서 대출이자를 내고도 약 18만 원 정도가 남아 쏠쏠한 용돈벌이(?)가 되는 이른바 무피투자 물건이 되었다.

수익 계산

낙찰가	121,000,000원
(−) 대출액	102,850,000원
(+) 취득세, 법무비	1,815,000원
(+) 월이자	200,000원
(+) 수리비	1,500,000원
총 투자비용	21,665,000원

초기투자비용	21,665,000원
(−) 월세보증금	22,000,000원
최종투자비용	−335,000원

월세	600,000원
(−) 대출이자	411,400원
월 순수익	188,600원

임장, 여자라서 더 잘해요

나는 물건 검색을 하고, 마음에 들면 바로 움직이는 편이다. 일단 눈으로 확인을 해야 그 궁금증을 해결할 수 있기에 무조건 현장으로 간다. 그러나 물건 검색을 주로 늦은 저녁시간에 하다 보니, 발견 즉시 가도 자정이 넘은 새벽시간대에 도착을 한다(오전이나 점심시간쯤 검색하면 될 것을 꼭 늦은 시간에 검색하는 나도 참 한결같다).

하지만 늦은 시간대의 현장조사에는 이점도 있다. 첫 번째는 차가 막히지 않아 한 번에 여러 개의 물건을 보고 올 수가 있다는 것이고, 두 번째로는 상가의 경우 주로 저녁시간에 영업하는데, 저녁시간에 가야 그 상권이 활발한지 파악하기가 유용하다는 것이다. 이러한 방법을 통해 1차 현장조사를 마치고, 그중 마음에 드는 물건이 있는 경우 낮에 다시 한번 찾아가 꼼꼼히 조사하는 방법을 취하고 있다.

이렇게 경매 물건을 현장에서 직접 보고, 시세조사를 하는 것들을 통틀어 '임장'이라고 한다.

임장을 할 때, 맘에 드는 물건이 보이면 경매정보지 달랑 한 장 출력하여 현장으로 바로 나가는 분들도 있다. 하지만 이렇게 되면 효율적인 현장조사가 이루어지지 않고 금방 지치게 되므로 특히 초보자의 경우, 처음부터 영리하게 임장하는 습관을 들이는 것이 중요하다.

자, 그렇다면 임장을 갈 때 무엇을 준비하고 어떻게, 어떤 마음으로 나가는 것이 좋을까?

임장 준비물을 챙기세요!

1. 경매정보지 복사본

요즘은 경매인구의 증가로 그에 따른 정보를 제공하는 유료사이트들이 많이 생겨났다. 이용료 또한 전국이 아닌 관심지역만 이용을 한다면 그다지 비싼 편은 아니다. 물론 법원경매정보 사이트에서 무료로 프린트를 하거나 열람을 할 수도 있지만 그 속에 담겨져 있는 내용은 당연히 유료사이트와 차이가 나기에 자신이 보기 편한 사이트에 가입하여 이용하길 권한다(유료사이트의 전국이용료는 사이트마다 가격차가 있다. 전국 경매정보를 보는 조건으로 적게는 30만 원부터 비싸게는 100만 원이 넘는 곳도 있으니 각 장 · 단점을 파악한 후 선정하기 바란다. 그런데 그조차도 아까워 머뭇거리고 있다면, 당신의 투자 마인드를 다시 진단해보길 바란다. 100만 원을 투자해서 수십 배, 수천 배 이상의 큰 이익을 얻을 수 있는데 그것을 갈등하고 있는 모습은... 앞으로 투자를 이어나가기엔 부족하다고 느껴진다).

또한 유료사이트에서는 법원경매정보 사이트에서 담고 있는 기본 내용과 더불어 권리분석, 배당관계, 전입세대 열람 등을 추가로 제공하고 있기에 이런 사이트에 가입되어 있다면, 손쉽게 권리분석부터 배당여부까지 많은 것들을 파악할 수가 있다. 내가 해야 할 일들을 대신해서 해주는 것이니 편리함을 넘어 가끔 고맙기까지 하다(단, 유료사이트들도 권리분석이 틀린 경우가 있으니 기본적인 지식은 있어야 이런 오류를 피할 수 있다).

2. 스마트폰

예전에는 임장 시 디지털 카메라 또는 녹음기 지참이 필수였다. 그러나 요즘은 스마트폰 하나면 준비가 끝났다고 해도 과언이 아니다.

그만큼 휴대폰 하나에 모든 기능들이 담겨져 있기 때문이다. 주소를 찾는 네비게이션 기능부터 사진촬영, 녹음 기능, 심지어는 앞서 언급한 유료사이트의 정보지까지도 어플을 설치하면 그때그때 확인해 볼 수 있어 프린트가 필요 없을 정도다. 정말 이것 하나면 무엇 하나 무서울 것 없는 초강력 필수품인 것이다.

이제 이 강력한 휴대폰으로 할 수 있는 것들을 세세히 살펴보자.

1) 사진촬영 기능

나는 복잡한 것을 싫어한다. 그런데 일은 복잡한 일을 좋아하니 그 모든 정보를 기억하기란 쉽지가 않다. 그래서 웬만하면 기록을 하거나 사진을 통해 이미지화 시켜 놓는다. 아마 사진을 통해 어린 시절의 추억들을 다시 떠올리던 경험은 누구나 있을 것이다. 이처럼 경매에서도 현장사진을 많이 찍어놓고 살펴보게 되면 미처 현장에서 보지 못했던 모습들이 발견되기도 한다. 중점적으로는 건물의 누수여부를 파악할 수 있는 외벽의 모습(균열 등의 흔적), 옥상의 모습(그냥 시멘트인지, 방수공사를 했는지 여부), 해당 호수의 우편물이 누구 앞으로 왔는지, 수도계량기나 전기계량기를 촬영하여 관련 기관에 미납요금을 조회해 볼 수도 있다.

단, 현장에는 나 이외의 다른 경쟁자가 있을 수 있는 법! 전문가가 사진을 찍는 것처럼 유난스레 할 필요 없이 자연스럽게 본인이 궁금한 부분을 사진으로 남기면 된다.

2) 녹음 기능

녹음 기능은 위장임차인을 가려낼 때 주로 사용하는데 마치 탐정놀이를 방불케 하는 스릴이 있다. 예전에 선순위 위장임차인이 있는 빌라를 낙찰받은 적이 있다. 낙찰받기 전 서류상으로 권리분석을 해보니 전입도 빠르고 배당요구 신청도 하지 않은 선순위임차인이 있었는데, 직감적으로 이 선순위 임차인이 채무자의 어머니로서 가족관계의 허위임대차 같다는 느낌이 들었다. 하지만 심증만으로 입찰할 수는 없는 법! 서류상으로는 전입이 빠르고 배당요구도 하지 않더라도 허위임대차라는 증거를 확보하지 못하면, 자칫 잘못하다가 낙찰 후 고스란히 임대차보증금을 떠안아야 할 수도 있기 때문이다.

결국 나는 고민을 하다가 현장에서 단서를 찾기로 하였다.

주변을 서성거리며 잠복근무(?)를 하던 어느 날, 가방을 메고 빌라로 들어가는 남자아이를 발견하게 되었다.

"혹시 너희 할머니 성함이 ○○○이시니?"

"네, 그런데요?"

"그렇구나. 그럼 혹시 아버지 성함이 △△△이시고?"

"네, 왜요?"

"응, 아니. 아버지한테 볼 일이 있어서... 할머니는 집에 계시니?"

"네..."

미리 녹음기를 켜서 가방 앞주머니에 넣어두었기에 물증이 확보가 되었다. 채무자와 선순위임차인은 가족관계로, 낙찰을 받고 인도명령신청서를 잘 작성하면 보증금을 전혀 물어줄 필요 없는 안전한 물건이라 확신했다. 당연히 나는 최저가 근처에서 입찰을 하였고 단독입찰일 것이라 미리 기뻐했으나 뛰는 자 위에 나는 자가 있듯 누군가 나보다 1만 원을 더 적어 그 1만 원의 차이로 패찰을 하고 말았다.

나는 이 경험 이후 종종 물증을 확보해야 하는 물건들의 당사자들을 만날 때는 자연스럽게 휴대폰의 녹음기능을 켜놓고 녹취를 한다. 녹취한 내용을 증거물로 사용해야 할 경우에는 공인된 속기사 사무실(주로 법원 앞에 있음)에 찾아가 녹취록을 작성하여 법원에 제출하면 된다.

3) 감정평가서 / 등기부등본 / 매각명세서 살펴보기

유료사이트에서 간단하게 권리분석 된 정보지만을 프린트 했다면 이제는 스마트폰으로 유료사이트의 어플을 다운받아 현장에서도 감정평가서나 등기부등본을 열람할 수도 있다. 감정평가서는 내부구조나 주변 환경에 대해 평가를 하는데 현장에서 직접 살펴보면서 나의 의견과 비교하여 다시금 평가해 볼 수도 있고, 등기부등본을 통해서 물건에 대한 역사를 가늠해 볼 수도 있다. 또한 법원에서 제공하는 정보가 그대로 제공되므로 법원 문서 및 매각물건명세서 등도 열람해 볼 수 있으니, 스마트폰 하나면 현장조사 오케이다.

사진 순서대로 굿옥션의 모바일 어플리케이션 메인화면①. 로그인 후 사건번호 또는 주소로 검색하면②. 물건상세내역이 검색 가능하다③.

3. 임장활동 현장조사서

특히 초보의 경우는 처음 부동산을 볼 때 어떤 부분들을 살펴봐야 할지 감이 오지 않는다.

따라서 임장활동 현장조사서를 지참하여 현장에서 확인하면서 그때그때 작성해 두는 것이 좋다. 확인해야 할 부분과 작성요령은 다음의 표를 참고하면 된다.

<table>
<tr><th colspan="3">임장활동 현장조사서</th><th>APT □ 빌라 □ 상가 □</th></tr>
<tr><td>사건번호</td><td></td><td>입찰일</td><td></td></tr>
<tr><td>주소</td><td colspan="3"></td></tr>
<tr><td>면적</td><td>대지 : 건물 :</td><td>감정가</td><td></td></tr>
<tr><td colspan="4">물건조사</td></tr>
<tr><td>보존등기</td><td></td><td>노후도</td><td>상 중 하</td></tr>
<tr><td>전기 /
수도계량기</td><td></td><td>우편물</td><td></td></tr>
<tr><td>경사도</td><td></td><td>채광 / 방향</td><td></td></tr>
<tr><td>구조 / 층</td><td></td><td>주차장</td><td></td></tr>
<tr><td>방수 /
누수여부</td><td></td><td>미납공과금</td><td></td></tr>
<tr><td>도시가스</td><td></td><td>전입세대열람</td><td></td></tr>
<tr><td>관리비(체납)</td><td></td><td>현 거주자</td><td>임차인 □/ 소유자 □</td></tr>
<tr><td colspan="4">주변조사</td></tr>
<tr><td>버스노선</td><td></td><td>지하철</td><td></td></tr>
<tr><td>마트 / 백화점</td><td></td><td>학교</td><td></td></tr>
<tr><td colspan="4">시세조사</td></tr>
<tr><td>국토교통부</td><td></td><td>네이버매물</td><td></td></tr>
<tr><td>KB시세</td><td></td><td>현장실사</td><td>(전 / 월 / 매매)</td></tr>
<tr><td colspan="4">기타 특이사항 및 의견</td></tr>
<tr><td colspan="4"></td></tr>
<tr><td>최종점수</td><td></td><td>임장일</td><td></td></tr>
</table>

임장을 마친 후 자료를 정리하는 일도 중요한데, 이때 나는 PC나 핸드폰을 적극 활용한다. 사진이나 서류를 뽑아서 보관해도 좋지만 이것도 두어 번 하다가 보면 정리가 쉽지 않다.

요즘 같이 스마트한 시대에는 현장의 사진과 기록들을 한 곳에 보기 좋게 저장해 두는 방법도 여러 가지인데, 나는 그중 밴드를 잘 활용하는 편이다. 어차피 용량 제한이 있는 것도 아니고 별도의 비용을 내야 하는 것도 아니니, 이곳에 관련 자료들을 차곡차곡 저장해 두면 추후 비슷한 지역을 임장할 때 예전 시세나 지역 분위기 등을 한눈에 파악할 수 있다는 것이 큰 장점이다. 블로그를 활용하는 것도 좋다.

자료를 한 곳에 저장해 두면 내 나름대로 지역분석을 해볼 수도 있기에 이런 방법을 적극적으로 추천한다. 또한, 원노트나 에버노트 등을 잘 활용하면 핸드폰 하나만으로도 언제 어디서든 원하는 자료를 꺼내어 볼 수 있기에 이는 활용성이 더욱 크다고 할 수 있다.

잠깐만요!

현장조사서는 어떻게 작성하나요?

기본적으로 사건번호와 해당 물건지의 주소와 면적, 감정가, 입찰일 등을 기재한다.

1) 물건조사

- 보존등기 : 등기부등본상에 나타난 보존등기를 기재
- 노후도 : 건물의 노후를 상 · 중 · 하로 표기
- 계량기 : 가스, 전기, 수도 계량기를 찾아 사용량 기록
- 우편물 : 현재 누구 앞으로 우편물이 오고 있는지 체크 (거주자 확인)
- 경사도 : 평지인지, 약간 높은 고지대인지 여부
- 채광 · 방향 : 채광이 좋은지 여부와 집 방향(남향, 북향 등)
- 구조/층 : 총 몇 층 중 몇 층인지 (3/5F)
- 주차장 : 주차장 여부와 세대당 몇 대 주차가능한지, 주변 주차시설 여부도 확인
- 방수/누수 : 외벽 및 옥상에 올라가 균열(크랙)이 있는지 여부 확인
- 미납공과금 : 아파트는 관리사무소에서, 빌라는 총무가 누구인지 확인 후 체크
- 도시가스 : 도시가스 or LPG, 미납 여부 확인
- 전입세대열람 : 해당 동사무소에 경매정보지 제출하면 열람 가능(300원)
  (누가 사는지, 전입신고 날짜는 어떻게 되는지 확인 체크)
- 현 거주자 : 소유자가 사는지, 세입자가 사는지 확인

2) 주변조사

– 버스노선 및 배차시간 확인

– 지하철 : 가까운 역과 도보 및 버스 소요시간 확인

– 마트/백화점 : 가장 가까운 마트나 백화점이 있는지 여부 체크, 소요시간 체크

– 초 · 중 · 고 : 주변에 초 · 중 · 고가 있는지 여부, 도보 및 버스 소요시간 체크

3) 시세조사

– 국토교통부 : 국토교통부 실거래가 자료 확인(http://rt.molit.go.kr/)

– 네이버 : 네이버 부동산 매물 시세 확인

– kb시세 : 아파트의 경우 대출 시 kb시세 기준임

– 현장실사 : 임장 시 부동산에서 실제 매매가와 전월세가 조사

4) 기타 특이사항 및 의견

본인의 개인적 소견이나 호재가 있는 경우 등 종합적 의견을 기록

– 최종점수 : 본인이 생각하는 100점 만점을 기준으로 스스로 내는 평가 점수 기록

– 임장일 : 현장조사를 한 날짜의 기록

주거용 임장 시 유용한 TIP!

보통 남자보다 여자가 생활반경이 더 넓다. 남자의 경우는 출장을 제외하고는 직장 그리고 집, 이렇게 간단한 경우가 많지만 여자는 아이들 학교, 학원을 보내고 마트에서 장도 보고 은행업무도 봐야한다. 그뿐인가? 동네 친구들을 만나 커피숍에서 수다도 떨어야하고 헬스클럽에 가서 운동도 하고 쇼핑도 해야 한다. 그만큼 같은 집에 살아도 남자보다 여자의 생활동선이 더 다양화 되어있기 때문에 임장 시 더 유리한 부분이 많다. 특히 주거용 임장의 경우가 그러한데, 주부의 하루일과를 생각하면 다음의 팁이 더 이해가 쉬울 것이다.

1. 학교를 찾아라!

네이버나 다음 등 포털 사이트에서 지번을 입력하고 지도를 살피면 한눈에 학교와 주요 관공서들이 있는 곳들이 파악된다. 그중 소형아파트와 빌라가 밀집된 곳들은 자녀가 학생인 가정이 많아 집에서 학교가 가까운 곳을 선호하며, 특히 아직 보호가 필요한 초등학생 자녀를 둔 부모들이 더욱 선호하는 경향이 있다.

2. 마트와 문화공간(극장, 예술회관 등)을 찾아라!

마트가 가까우면 쇼핑하기 편리해서 좋고, 극장이나 예술회관이 가까이에 있다면 주말에 아이들을 데리고 문화체험을 할 수 있어서 좋다. '나라면 어디에서 살고 싶을까?'를 생각해보면 답이 나온다. 임장은 특별히 어려운 무언가를 찾는 과정이 아니다. 그래서 임장은 다양한 생활반경을 갖고 있는 주부들이 더 잘 할 수 있다.

3. 교통환경이 좋은가?

대부분 출퇴근 시 대중교통을 많이 이용한다. 내가 직장생활을 했던 시절을 떠올려보아도 지하철역이나 버스정류장이 가까워야 내 몸이 덜 피곤했었다. 그래서 항상 지하철 역세권 주변의 집들은 부동산 경기침체에도 큰 영향 없이 굳건히 자리를 지키고 있는 것이다. 낙찰받으려는 부동산이 지하철역이나 버스 정류장에서 도보 5-10분 내외면 아주 좋다고 할 수 있고, 지하철이든 버스든 둘 중의 하나라도 만족할 만한 근접한 거리에 있다면 그 또한 괜찮은 물건이라고 할 수 있다.

4. 웰빙 & 조망권이 좋은 곳을 찾아라!

요즘은 웰빙과 힐링이 대세다. 옛날 배고프던 시절에는 질보다 양이었다면 이제는 양보다 질을 추구한다. 현대인들은 제대로 된 먹거리를 통해 건강을 챙기고, 자연을 통해 몸과 마음을 치유받고자 한다. 집을 선택함에 있어서도 적용되는데, 공원이나 산이 보이는 전망, 자연환경을 쉽게 접할 수 있는 곳들이 점차 주목을 받고 있다. 또한 조망권도 중요하게 고려되므로 채광과 전망이 좋은 집들이 가격적인 면에서도 우위를 차지하는 것은 당연한 현상이다.

5. 선호되는 평형과 주차장을 찾아라!

나는 주거용 물건을 볼 때 내가 살 것을 상상하고 입찰을 한다. 그러면 더욱 꼼꼼히 살피게 되는데, 평수도 우리나라에서 가장 많은 1세대 구성인원인 4인 기준으로 많이 본다. 즉, 한 가족이 살 수 있는 평수의 집을 우선적으로 고른다고 보면 맞겠다. 그래서 가장 좋아하는 구조가 방3, 화장실2, 베란다가 있는 구조다. 아마 주부들은 공감할 것이다. 이러한 구조는 보통의 아파트 구조와 같은데, 요즘 신축 빌라들을 보면 거실은 넓은데 막상 베란다가 없어진 곳들이 많다. 아파트 살림을 하던 사람들이 빌라로 이사를 가려면 베란다 창고에 보관했던 다량의 짐들을 버리거나 방 한 곳에 창고처럼 쌓아두어야 하는 불편함이 있다. 따라서 빌라라면 이왕이면 베란다가 있는 곳이 추후 임대나 매매를 진행하기에 더 수월하다는 점을 기억하자.

그렇다면 남편들은 무엇에 가장 민감할까?

아무래도 남자들은 집은 단순히 휴식처라고 생각하기에 다른 부분보다는 퇴근 후 주차를 할 곳이 있는지 없는지에 더 관심을 가진다. 빌라가 많은 지역들은 대부분 주차공간이 매우 협소하다. 따라서 특히 빌라 물건의 경우에는 별도의 주차장 시설이 되어 있거나 주변에 거주자 우선 주차지역이 지정되어 세대당 1대의 주차공간이 확보된 곳이 다른 곳보다 더 인기가 있다.

6. 세대수가 많은 곳이 좋다

아파트는 몇 세대 되지 않는 나홀로 아파트보다는 세대수가 500세대 이상이 되는 대단지 아파트가 건물 노후 관리 등 전반적인 관리가 좋다. 매매가 역시 같은 지역의 비슷한 환경이어도 대단지가 나홀로 아파트보다 몇 천만 원 가까이 더 높게 형성된 경우를 쉽게 볼 수 있다. 그만큼 사람들의 선호도가 높다는 것인데 반대로 생각한다면 남들이 관심을 갖지 않는 나홀로 아파트는 비교적 저렴하게 낙찰을 받을 수 있다는 뜻으로 해석할 수도 있겠다.

마찬가지로 빌라도 여러 개의 동으로 구성된 빌라가 단독 한 동짜리 빌라보다 더 선호된다.

이러한 군집된 빌라촌은 아파트처럼 관리비를 걷어 정기적인 청소를 하거나 용역업체에 의뢰해 빌라 자체의 하자보수 계약을 맺기에 관리가 잘 되기 때문이다.

7. 혐오시설을 찾아라!

아무리 교통이 좋고, 살기가 편하다 한들 집 근처에 유흥업소나 공장들이 많다면 그것은 심사숙고해야 할 부분이다. 아이들을 키워야 하는 집에 창밖으로 술 취한 사람의 소리나 공장 기계 소음이 난다면 좋은 집이라 말하기 힘들다.

따라서 가까운 곳에 유흥업소가 많거나 오래되고 혐오스런 공장들이 있다면 피하는 것이 좋다.

부동산을 통해 효과적으로 시세 파악하기

1. 부동산을 몇 군데 가야할까?

나는 물건을 조사할 때 부동산 중개업소를 4-5곳 정도 방문한다.

해당 물건지에서 가장 가까운 부동산 3곳, 한 두 블록 떨어진 곳에 있는 부동산 2곳 정도이다. 물건지에 가장 가까운 부동산이 정확히 알고 있다 생각할 수 있지만, 때로는 많이 알고 있기에 정확한 정보를 주지 않는 경우도 있다. 한 번은 물건지에서 가까운 부동산이 유독 부정적으로 평가하여 갈등을 하다가 다른 여러 부동산들의 브리핑을 믿고 입찰한 적이 있었다. 그런데 법원에서 부정적으로 평가하시던 부동산 사장님을 만났다. 같은 물건의 입찰자로.

그래서 현장조사를 할 때, 해당 물건에 대해 너무 부정적으로 이야기하는 부동산에 대해서는 한 번쯤은 의심을 해 볼 필요가 있고, 다른 인근 부동산을 더 돌아 볼 필요가 있다.

또한, 부동산 중개인들은 프로들도 많이 있으나 내 블록의 시세만 아는 분들도 있다(폄하하려는 의도는 아니다. 현장 경험을 통해 여러 번 느낀 부분이다). 그래서 오히려 한 두 블록 떨어진 옆 동네에서는 후한 평가를 내리기도 한다. 예를 들어 옆 동네에서는 같은 평수여도 물건지보다 훨씬 비싼 금액으로 매매나 임대가가 형성되어 있다면, 얼마 떨어지지 않은 물건지도 충분한 매력이 있다는 것이다. 실제 매매나 임대를 진행할 때도 오히려 두어 블록 떨어진 부동산에서 거래를 성사해 준 경험이 더 많았다.

2. 아파트/빌라 시세 파악 요령

현장에 나가기 전에 인터넷에 올라온 매물들과 국토교통부 실거래가를 확인하는 습관을 기르면 좋다. 미리 확인하면 수익이 날 만한 물건과 아닌 물건을 판가름할 수 있어, 시간을 절약할 수 있다. 관심물건의 시세를 모두 현장에서만 조사한다면 임장하다가 지쳐버릴지도 모른다!

함께 해볼까요?

① 먼저, 굿옥션에서 인천 구월동의 한 아파트를 검색해보았어요.

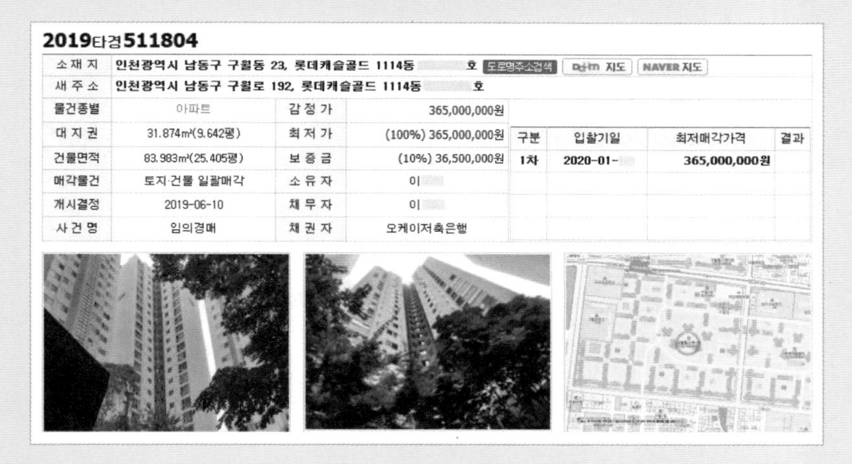

2019타경511804

소재지	인천광역시 남동구 구월동 23, 롯데캐슬골드 1114동 호 도로명주소검색 Daum 지도 NAVER 지도		
새주소	인천광역시 남동구 구월로 192, 롯데캐슬골드 1114동 호		
물건종별	아파트	감정가	365,000,000원
대지권	31.874m²(9.642평)	최저가	(100%) 365,000,000원
건물면적	83.983m²(25.405평)	보증금	(10%) 36,500,000원
매각물건	토지·건물 일괄매각	소유자	이
개시결정	2019-06-10	채무자	이
사건명	임의경매	채권자	오케이저축은행

구분	입찰기일	최저매각가격	결과
1차	2020-01-	365,000,000원	

화면 하단의 ②를 클릭하면,

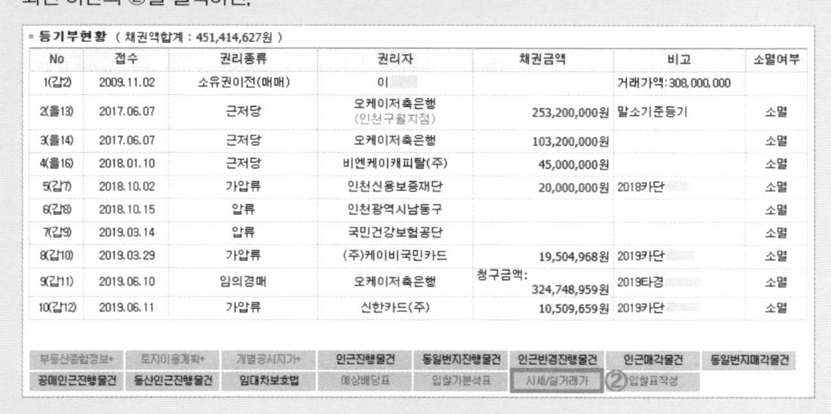

• 등기부현황 (채권액합계 : 451,414,627원)

No	접수	권리종류	권리자	채권금액	비고	소멸여부
1(갑2)	2009.11.02	소유권이전(매매)	이		거래가액:308,000,000	
2(을13)	2017.06.07	근저당	오케이저축은행 (인천구월지점)	253,200,000원	말소기준등기	소멸
3(을14)	2017.06.07	근저당	오케이저축은행	103,200,000원		소멸
4(을16)	2018.01.10	근저당	비엔케이캐피탈(주)	45,000,000원		소멸
5(갑7)	2018.10.02	가압류	인천신용보증재단	20,000,000원	2018카단	소멸
6(갑8)	2018.10.15	압류	인천광역시남동구			소멸
7(갑9)	2019.03.14	압류	국민건강보험공단			소멸
8(갑10)	2019.03.29	가압류	(주)케이비국민카드	19,504,968원	2019카단	소멸
9(갑11)	2019.06.10	임의경매	오케이저축은행	청구금액: 324,748,959원	2019타경	소멸
10(갑12)	2019.06.11	가압류	신한카드(주)	10,509,659원	2019카단	소멸

같은 아파트의 국토교통부 실거래가로 바로 연동되어 아래 화면이 나타납니다.
여기서 거래종류③와 전용면적을④ 선택하면, 편리하게 실거래가 확인이 가능하죠!

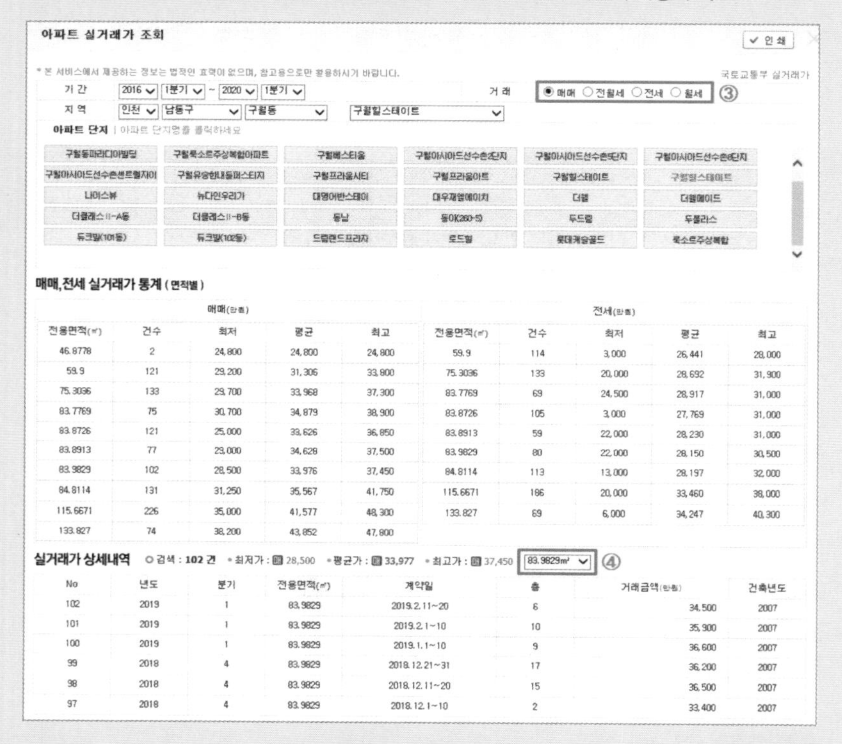

매매(만원)					전세(만원)				
전용면적(㎡)	건수	최저	평균	최고	전용면적(㎡)	건수	최저	평균	최고
46.8778	2	24,800	24,800	24,800	59.9	114	3,000	26,441	28,000
59.9	121	29,200	31,306	33,800	75.3036	133	20,000	28,692	31,900
75.3036	133	29,700	33,968	37,300	83.7769	69	24,500	28,917	31,000
83.7769	75	30,700	34,879	38,900	83.8726	105	3,000	27,769	31,000
83.8726	121	25,000	33,626	36,850	83.8913	59	22,000	28,230	31,000
83.8913	77	29,000	34,628	37,500	83.9829	80	22,000	28,150	30,500
83.9829	102	28,500	33,976	37,450	84.8114	113	13,000	28,197	32,000
84.8114	131	31,250	35,567	41,750	115.6671	186	20,000	33,460	38,000
115.6671	226	35,000	41,577	48,300	133.827	69	6,000	34,247	40,300
133.827	74	38,200	43,852	47,800					

실거래가 상세내역 ○ 검색 : 102 건 • 최저가 : 28,500 • 평균가 : 33,977 • 최고가 : 37,450 83.9829㎡ ④

No	년도	분기	전용면적(㎡)	계약일	층	거래금액(만원)	건축년도
102	2019	1	83.9829	2019.2.11~20	6	34,500	2007
101	2019	1	83.9829	2019.2.1~10	10	35,900	2007
100	2019	1	83.9829	2019.1.1~10	9	36,600	2007
99	2018	4	83.9829	2018.12.21~31	17	36,200	2007
98	2018	4	83.9829	2018.12.11~20	15	36,500	2007
97	2018	4	83.9829	2018.12.1~10	2	33,400	2007

인터넷 매물을 검색할 때는 주로 네이버 부동산을 이용하는데요.
검색창⑤에 아파트 단지명을 직접 입력하거나, 주소 검색⑥을 통해 해당 단지를 클릭하면 됩니다.
(⑦의 창은 구월동에 있는 모든 아파트가 나오는 곳이에요.)

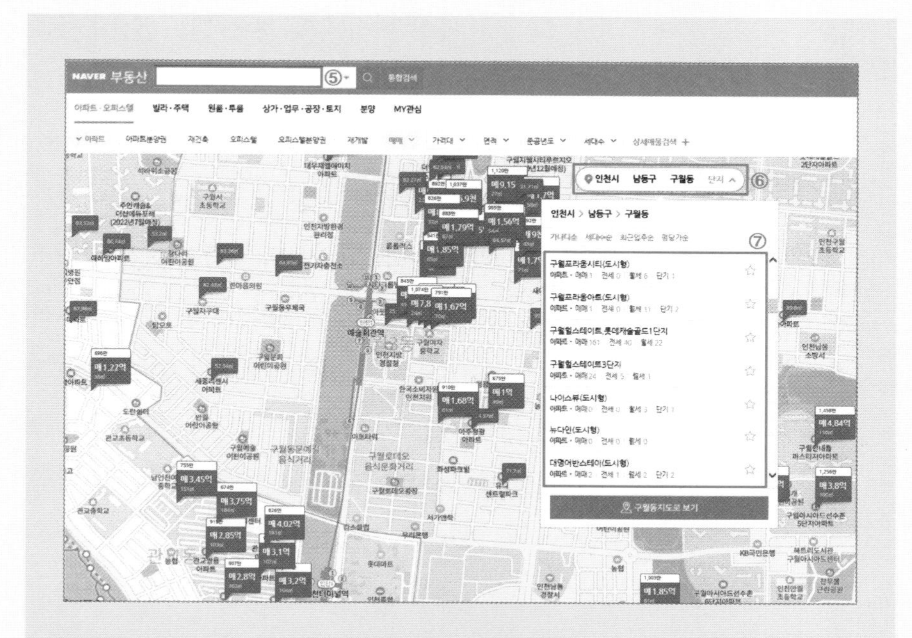

⑧에서 거래 종류와 해당 면적 및 동(해당 동에 매물이 없는 경우에는 검색되지 않을 수 있어요)을 찾으면, 경매 물건과 같은 단지와 평형의 시세를 알 수 있어요. 간단하죠?

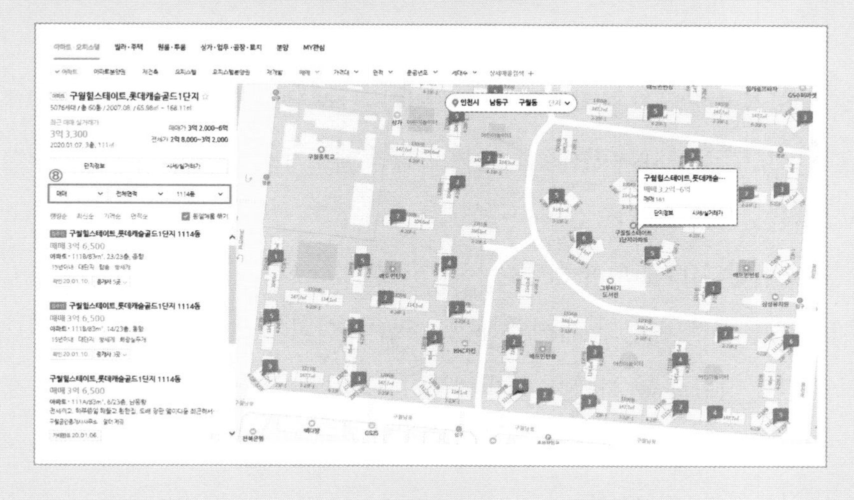

이것만은 주의하세요!

아파트의 경우 1,2층과 탑층은 중간층에 비해 매매가가 낮습니다. 따라서 해당 층의 물건이 경매 진행 중이라면, 더욱 보수적으로 시세를 산정해야 한다는 것을 잊지 마세요! 그리고 중간층에서도 너무 높은 금액과 너무 낮은 금액의 실거래가는 제외하세요. 정상적인(?) 거래가 아닐 수 있으니까요. 또한 아파트는 방향도 중요해요. 대부분 남향을 가장 선호해서 동향 · 서향보다 먼저 팔리고, 매매가도 더 높은 경향이 있습니다.

특히 아파트의 경우에는 현장조사를 가기 전에 유선상으로 다시 한번 매도가를 확인하는데, 경매 물건과 같은 평수, 같은 방향을 가진 곳을 가지고 물어보는 방법이다. 만약 102동 503호가 경매가 나왔다면 102동 602호라고 하며 물어본다. 사정상 집을 내놓아야 하는데, 요즘 매매는 어떤지 얼마 정도면 금방 거래가 가능할지 질문하면 일반적인 매매가와 바로 팔 수 있는 급매가를 제시해준다.

처음엔 경매 책에서 본 대로 현장에서 매수할 것처럼 또는 매도할 것처럼 하며 모두 확인했지만 돌아오는 답변들이 헷갈렸다. 집을 산다고 하면 화색을 띄고 친절하게 설명을 해주긴 하나 금액이 높았고, 팔 것처럼 해보니 요즘 경기가 안 좋아 매매가 되지 않는다며 너무 저렴한 가격을 제시했기 때문이다. 그래서 나는 아파트의 매수자와 매도자 모두로 조사를 하되, 좀 더 보수적인 매도가를 정확한 시세라 판단하고 입찰가를 선정한다.

그러나 빌라(다세대)의 경우는, 좀 더 세밀한 조사가 요구된다. 아파트는 KB시세를 통해 최근의 시세와 변동 추이를 살피기에 편리하지만, 빌라는 이렇다 할 정형화 된 시세가 없기 때문이다. 다만 국토교통부 실거래가를 통해 해당 물건과 가장 비슷한 조건의 빌라가 얼마에 매도가 되었는지 최근 사례를 참고할 수 있는 정도일 뿐이다.

빌라의 임대시세를 조사할 때는 내가 원하는 정보를 자세하게 요구하는 것이 노하우다. 이를테면 "방 3개짜리 빌라 전세 구하는데요, 얼마 정도나 하나요?"라고 질문을 하는 것보다 "아들딸이 있어서 방 3개짜리 빌라가 필요하고요, 화장실도 2개가 있어야 해요. 그리고 차가 있어서 주차장이 있었으면 하고, 너무 오래된 빌라도 아니었으면 해요. 전세가 얼마나 할까요?"라고 묻는 것이 더 정확한 시세를 얻을 수 있는 방법이다.

빌라는 지어진 지 몇 년이 되었느냐(연식)에 따라 시세 차이가 크기 때문이다. 물론 이때 내가 원하는 조건은, 경매 물건의 조건과 비슷한 것이어야 한다. 구체적인 내용을 곁들어 이야기를 하면, 아이들 전학 올 학교는 어디가 가까운지 시장은 어디에 있는지 등 자연스럽게 주변 환경도 확인할 수 있어 좋다.

그렇다면 빌라의 매도 금액은 어떻게 확인할까?

"사장님, 아이 아빠가 갑자기 발령이 나서 그러는데, 방 3개에 화장실 2개이고 실평수 18평 정도 되는데 급하게 내 놓으면 가격이 어떻게 돼요?" 이렇게 말을 하면 몇 가지 돌아오는 대답이 있다.

① "빌라 이름이(주소가) 뭔데요?"
② "몇 년 된 건데요?"
③ "글쎄요, 요즘 매수 손님이 없어서. 연락처나 주세요."
④ "얼마 받고 싶은데요?"

거의 대부분 위 4개의 답변이 돌아오는데, 첫 번째로 빌라 이름이나 주소를 댈 경우 대부분 인근의 부동산은 경매로 나온 것을 알고 있어 어떤 경우엔 "경매 때문에 왔어요?"라고 반문을 하기도 한다. 내 경우엔 부동산 사장님의 성향을 파악한 후 때로는 솔직히 경매 때문에 왔다고 이야기를 하고, 영 귀찮아하는 모습을 보이면 약간의 거짓말을 섞어 그 옆의 빌라 이름을 대며 시세를 조사하기도 한다.

3번 같은 경우에도 전화번호를 남겨 주는 편인데, 간혹 임장 시에는 흐지부지했던 부동산에서 전화가 걸려와 매수 손님이 있다고 알려주기도 한다. 그럼 참고삼아 매매시세를 좀 더 정확히 파악할 수도 있고, 실제 낙찰 후 기간을 조정하여 손님을 기다리게 했다가 매매를 성사시킨 경우도 있다.

임장, 1차에 가라!

흔히 경매 물건을 검색할 때, 1회 이상 유찰이 된 것을 검색하고 그중에서 마음에 드는 물건을 골라 임장을 다닌다. 당연히 신건에 입찰을 할 것이 아니니 1회, 2회 이상 유찰이 된, 그래서 최저가격이 낮은 물건을 검색해서 임장을 가는데 이는 대부분의 사람들의 패턴이다.

관심 있는 지역이고, 입찰하고자 하는 물건이라면 1차 신건일 때부터 움직여라.

이때가 경쟁자도 덜하고 부동산도 경매 물건인지 잘 모를 때이기에 돌아

집 안을 꼭 봐야 하나요?

기회가 된다면 내부를 보는 것이 좋지만, 상대방의 입장을 생각해 보면 경매로 인해 예민해져 있는 상태에서 집안을 보여준다는 것이 쉽지 않습니다. 그래서 되도록 1차에 가면 의외로 내부를 볼 기회가 생기기도 해요. 하지만 이렇게 자연스레 기회가 생기는 경우가 아니라면 굳이 꼭 내부를 볼 필요는 없다고 생각합니다. 만약 빌라의 누수 등이 걱정된다면, 외벽의 크랙이나 외벽에 회색빛의 석회석 눈물 등을 보고 추측해 볼 수도 있는데요. 누수가 있다고 추측되지만 입찰을 하고자 한다면, 공사비용을 가늠하여 수리에 대한 견적비 등을 첨가하여 입찰가를 산정하는 것이 좋습니다.

오는 답변이 부드럽고, 정확한 시세를 파악할 가능성이 높다. 점유자 특히 세입자의 경우에는, 처음 방문하는 자에게 되레 앞으로의 진행상황에 대해 질문하는 경우가 많다. 따라서 이런 경우에는 자연스레 그 집에 대한 정보도 얻을 수 있으며 낙찰자가 되어 재방문할 때에도 그다지 불편한 관계가 되지 않는다.

일찍 일어나는 새가 벌레를 잡는다 했다.

1차에 움직이는 자가 고급정보를 얻는다. 이제 1차에 부지런히 움직이는 습관을 들이자!

5장

385만 원으로 200평 전원주택을 꿈꾸다

전원생활을 꿈꾸다

내 나이 사십이 넘어가니 도심에서 벗어나 공기 좋은 곳에서 전원생활을 하고픈 동경이 생긴다. 더구나 언제부터인가 몇몇 친구들이 시골에 내려가 전원생활을 하고 있는데, 그렇게 좋을 수가 없다며 어찌나 자랑을 해대는지 부러움에 배가 아파질 지경이다.

문득 힘이 들 적마다 어머니를, 또 유년시절의 뛰어 놀던 고향을 떠올리며 잠시나마 도시에서의 시름을 잊는 것이 내 나이쯤 보통 사람의 삶일 것이다. 그래서 정년이 다가오고 삶의 깊이를 알아갈 나이가 되면 복잡한 도시생활을 벗어나 시골에서의 유유자적한 삶을 꿈꾸게 된다.

그러나 현실은 생각만큼 그리 쉽지가 않다. 우리나라는 땅덩어리가 작아 이미 물 좋고 산새 좋은 곳은 돈 있는 사람들이 선점을 해 놓았고, 좀 괜찮다 싶은 시골의 땅값도 웬만한 월급쟁이에게는 버거운 것이 사실이다. 그럼에도 어릴 적 뛰놀던, 그렇게 맘 편히 있을 작은 땅이라도 있으면 참 좋겠다는 생각이 몽글몽글 피어올랐다.

토지경매에 도전하다

그러던 중, 조금 아는 지역의 토지가 검색되었다.

지목은 대지이고 평수는 약 200평에 미등기 건물이 있지만 법정지상권이 성립되어 보이는 물건.

금액은 최저 858만 원이다.

> **법정지상권의 개념**
>
> 우리나라는 기본적으로 토지와 건물을 구분지어서 보는데요.
> 법정지상권은 간단히 얘기하자면, 토지 위 건물소유자의 재산권을 보장하는 것이라 생각하면 돼요.

나는 토지에 대해서는 지식이 전무하다. 하지만 낮은 최저가와 대지가 200평이라는 것은 내 눈길을 끌기에 충분했다. 단순하게 생각했다. '200평이 1,000만 원도 안 된다? 평당 5만 원도 안 하잖아.'

게다가 토지에는 전, 답, 과수원, 대지 등이 있는데 대지를 제외한 다른 토지들은 '농지취득자격증명'이라는 것이 몰수된다는 복잡하고(?) 어마어마한(?) 소리를 들었기에, 일단 다른 것은 모두 접어두고 대지에만 관심을 가진 것이다.

> **농지취득자격증명은요.**
>
> 농민이 아닌 자가 투기적으로 농지를 소유하는 것을 방지하고 경자유전을 실현하기 위한 제도로, 농취증 발급대상 농지는 전, 답, 과수원이고, 농지를 취득한 자는 7일 이내에 농지를 관할하는 시·군·구·읍·면장으로부터 농취증을 발급받아야 합니다. 또한, 농취증을 발급받기 위해서는 신청자는 영농계획서를 제출해야 하며 해당 관할청은 신청자가 농사를 지을 만한 능력과 조건을 갖추고 있는지에 대해 평가한 후 농취증을 발급해 줍니다.

그리고 무엇보다도 마음에 든 것은, 감정평가서에 나타난 사진이었다. 시골이라 하면 딱 떠올려지는 산과 들로 둘러싸여 있었고, 바로 앞 도로는 아스팔트 포장이 되어 있어 가는 길도 편해 보였다. 임장을 가 보기로 결정했다.

여행 같은 임장

토지는 처음이고 잘 알지도 못하는 분야였기에 아직 토지를 보기엔 한참 멀었거늘, 그래도 괜스레 욕심이 났다. '나도 내 땅에 전원주택을 짓고 살고 싶다.'

당시 항암치료를 받고 일주일이 채 지나지 않아 회복 중인 상태였기에 장시간의 운전이 버거운 상황이었지만, 내 땅이 될지도 모른다는 기대감에 무작정 집을 나섰다. 그렇게 두려움 반, 설렘 반으로 운전한지 얼마나 지났을까? 창밖으로 보이는 푸르른 초록물결에 눈과 마음이 탁 트였다.

여행처럼 떠나온 도착지는 경남 합천이었다. 출발을 늦게 한 탓에 벌써 어둠이 내려앉기 시작했지만 더 어두워지기 전에 도착하는 것이 낫다고 판단하여 서둘러 물건지가 있는 곳으로 차를 몰았다.

이 땅은 고속도로 IC에서 5분 거리, 대구 도심에서는 약 30분 거리에 있었다. 근처에 팔만대장경으로 유명한 해인사가 있고, 드라이브하면서 감상할 수 있는 백운산도 있다. 주말에는 해인사와 백운산에 몰리는 인파로 발 디딜 틈도 없는 곳이다.

드디어! 네비게이션에서 목적지에 도착했다는 안내음이 들려왔다.

차에서 내려 내 땅(?)으로 추정되는 곳을 보니, 할머니 한 분이 텃밭에서 상추를 따고 계신다.

"할머니, 뭐하세요?"

"......"

아무 반응이 없으시다. 안 들리시나 싶어 가까이 가서 다시 한번 말을 건넸다.

"할머니, 상추 따세요?"

"……"

"할머니~~~"

제법 큰 소리로 할머니를 불렀지만 요지부동이다. 정말 안 들리시나?

나는 할머니 앞에 바짝 다가가 손으로 할머니의 등을 살짝 건드렸다.

"누구요?"

"여기 사세요? 아드님이나 따님 안 계세요?"

"……"

"할머니, 안 들리세요~~~?"

"나 귀 먹어서 안 들려요. 누구요?"

그 이후로도 몇 마디 더 큰소리로 이야기를 했으나 전혀 들리시지 않는 눈치였다. 대략 상대방의 입모양을 보고 답을 하는 것 같긴 했지만 그조차도 힘들어 하셨다. 할머니의 이야기로는 혼자 살고 계시고, 대구에 사는 딸은 아주 가끔 다녀가기만 한다고 하셨다. 꾸벅 인사를 드리고 수소문을 하여 동네 이장님을 찾아가 할머님 댁의 형편을 여쭤보니, 혼자 기거하신지 오래되셨고 올해 96세라고 하셨다. 그리고 귀가 안 들리신다는 말을 덧붙였다.

이장님 댁에서 나오니 이미 주변은 어둑어둑하다. 돌아가기에는 시간이 늦어 해인사 근처 모텔에 숙박하기로 했는데, 산사 밑이라 그런지 조용하다 못해 처연하기까지 하다.

고민이 시작됐다. 입찰을 해야 하나, 말아야 하나?

토지 소유자는 할머니의 손자였고, 토지등기부의 내용은 간단했다.

구로세무서의 압류, 그리고 신용보증재단의 300만 원대의 가압류가 전부였다. 사업을 했다가 잘못된 모양인지 정확히는 알 수 없지만, 300만 원대의

가압류로 보아서는 정말 돈이 없는 상황으로 판단됐다.

며칠 후, 나는 두 명 중 최고가를 적어 낙찰을 받았다.

나름 크게 욕심 내지 않고 최저가 858만 원에서 조금(?) 더 적어 10,156,000원에 입찰했는데, 2등은 861만 원에 입찰을 했다. 아마 2등한 사람에게는 내가 엄청난 욕심쟁이라 비쳐졌을지도 모른다. 뭐 아무렴 어떤가, 가진 사람이 임자인걸. 나는 이렇게 첫 토지 낙찰을 받았다.

2010- -001 입찰시간 : 2012-04-23 10:00~ 2012-04-25 17:00

소재지	경남 합천군 면 리 도로명주소검색				
물건용도	대지	위임기관	구로세무서	감정기관	가람감정평가법인(주)
세부용도		집행기관	한국자산관리공사	감정일자	2011-01-04
물건상태	낙찰	담당부서	경남지역본부	감정금액	17,160,000
공고일자	2012-01-11	재산종류	압류재산	배분요구종기	0000-00-00
면적	대지 572㎡			처분방식	매각
명도책임	매수자	부대조건			
유의사항					

• 입찰 정보(인터넷 입찰)

회/차	대금납부(납부기한)	입찰시작 일시~입찰마감 일시	개찰일시 / 매각결정일시	최저입찰가	결과
010/001	일시불(낙찰금액별 구분)	12.03.19 10:00 ~ 12.03.21 17:00	12.03.22 11:00 / 12.03.23 14:00	17,160,000	유찰
011/001	일시불(낙찰금액별 구분)	12.03.26 10:00 ~ 12.03.28 17:00	12.03.29 11:00 / 12.03.30 14:00	15,444,000	유찰
012/001	일시불(낙찰금액별 구분)	12.04.02 10:00 ~ 12.04.04 17:00	12.04.05 11:00 / 12.04.06 14:00	13,728,000	유찰
013/001	일시불(낙찰금액별 구분)	12.04.09 10:00 ~ 12.04.11 17:00	12.04.12 11:00 / 12.04.13 14:00	12,012,000	유찰
014/001	일시불(낙찰금액별 구분)	12.04.16 10:00 ~ 12.04.18 17:00	12.04.19 11:00 / 12.04.23 10:00	10,296,000	유찰
015/001	일시불(낙찰금액별 구분)	12.04.23 10:00 ~ 12.04.25 17:00	12.04.26 11:00 / 12.04.30 10:00	8,580,000	낙찰

낙찰 결과

낙찰금액	10,156,000	낙찰가율 (감정가격 대비)	59.18%	낙찰가율 (최저입찰 대비)	118.37%
유효입찰자수	2명	입찰금액	10,156,000원, 8,610,000원		

토지대출은 단위농협에서

적금했다 셈치고 대출 없이 1,000만 원을 납부할 계획이었다. 그런데 소액 토지대출은 해당 지역의 농협이 그 땅의 가치를 가장 잘 알고 있으니 해당 지역 농협에 찾아가라는, 어디선가 읽은 글이 생각났다(어디서 읽었지?). 그래서 낙찰 후 다시 합천에 내려가 대출 직원의 상담을 받았고, 700만 원의 대출을 받았다. 약 1,000만 원 중 700만 원을 대출받았으니 70% 대출이 이뤄진 것이고 나는 취득세와 법무비용을 포함한 385만 원만 들여 토지를 취득할 수 있었다.

할머니, 건강하세요

성하지 못한 몸으로 지방까지 내려가 낙찰받은 내 생애 첫 땅.

낙찰받고 1년 후, 아이들과 함께 부산여행 가는 길에 겸사겸사 합천에 들렀다. 가는 길 내내 마음 한 구석이 불안했다. 당시 정정하시긴 했지만, 워낙 노령이시라 그동안 어떠셨을지 장담할 수 없다. 더구나 자식들도 잘 찾지 않는 시골에 혼자 사시니 걱정이 더 앞섰다. 그러나 그것은 나의 기우에 불과했다. 1년 만에 찾은 할머니는 텃밭에서 부추와 상추를 따고, 부지런히 몸을 놀려 호미질까지 하고 계셨다. '할머니~' 하고 크게 불러도 듣지 못하시는 것도 여전했다.

갑자기 피식 웃음이 나왔다. 도대체 뭘 바라고 여길 온 거지?

할머니! 건강하게 오래오래 사세요. 나는 인사를 정중히 하고 아이들과 다시 여행길에 올랐다.

뒷이야기

낙찰 후 할머니의 자녀들과 어렵게 연락이 닿았지만, 노인네 쫓아내고 잘 살아 보라는 악담만 잔뜩 할 뿐 무대책이다. 고령의 어머니를 방치한 채 신경조차 쓰지 않는 자식들. 할머니가 가엽기도 했고, 애초부터 당장 그 땅으로 어떻게 해 볼 욕심은 없었기에 할머니 사시는 동안까지는 밀어붙이지 않을 생각이다.

그 후로 몇 년의 세월이 흘러 지금은 어느새 할머니의 연세는 100세가 넘었고, 여전히 정정하시다.

이곳은 고속도로와 가깝고 도시와도 멀지 않아서 땅을 팔라는 연락이 자주 온다. 하지만 여기에 작고 예쁜 집을 지어 볼 생각이므로 아직 팔 생각은 없다. 지금은 평당 30만 원이 넘고, 시간이 갈수록 땅 가격은 더 올라갈 것이기에 급할 이유가 없다.

할머니, 정말 오래오래 건강하세요~

투자 결과

낙찰가	10,156,000원
(−) 대출액	7,000,000원
(+) 취득세, 법무비	694,000원
총 투자금	3,850,000원

현재 시세 평당 30만 원×172평	
현재 매도 가능가	51,600,000원

임대수익률과 매도수익 따져보기

경매를 하면서 처음으로 부딪힌 문제가 수익률 계산이었다. 도대체 얼마에 낙찰을 받아야 내가 생각하는 수익률이 나올까? 낙찰을 받으면 세금부터 이사비, 수리비, 이자 등이 지출된다고 하는데, 이런 추가적인 지출을 하고도 과연 남는 것이 있을까 의문이었다. 그래서 초창기에는 매매를 염두에 둔 물건의 낙찰가를 선정할 때, 매매가 대비 2,000만 원 정도 싸게 받자고 단순하게 생각하기도 했다. 지금에 와서 평가해보면 그다지 어리석은 방법은 아니지만, 특별히 신뢰할 만한 낙찰가 선정방법도 아닌 듯 싶다.

경매를 하는 사람이라면 누구나 입찰가를 산정하는데 있어 많은 고민이 될 것이다. 나 역시도 수십 건의 낙찰을 받았음에도 불구하고 입찰가를 산정할 때마다 항상 고민이 되는 것은 어쩔 수 없다. 그래서 이번 장에서는 입찰가를 산정하는데 있어 반드시 고려해 보아야 할 수익률 계산을 임대와 매매 두 가지 전략의 차원으로 설명해보았다. 입찰 전에 이런 계산이 선행되어야 그 물건에 대한 투자 전략이 생긴다고 할 수 있을 것이다.

2,000만 원짜리 반지하 빌라를 살 때 필요한 비용은?

임장 편에서도 말했듯이 자기가 사는 곳이나 아는 동네만큼 만만한 곳이 없다. 그만큼 시세나 임대에 대해서 다른 투자자들보다 훨씬 많은 정보를 가지고 있기 때문이다. 이 물건도 그랬다. 집에서 5분 거리에 있는 재래시장을 가려면 그 집의 길목을 지나다녀야 했으므로 눈을 감고도 집의 외관이나 벽돌 색깔까지도 떠올릴 정도였다. 그런데 그 익숙했던 집의 반지하가 경매로 나온 것이다.

경매정보지에 나온 사진을 클릭하니 여지없이 오래된 빌라의 모습이 나타났다. 새시는 삐딱하게 기울어져 있고 유리창은 군데군데 깨져 있어 그 누가 보아도 별 매력이 없을 물건이었다. 그러나 바로 앞에 재래시장이 있고, 걸어서 3분 거리에 내년 개통 예정인 지하철이 공사 중에 있으며, 또 걸어서 2분 거리에는 강남역까지 1시간 내에 도착하는 광역버스 정류장이 있다. 어디 그뿐인가. 걸어서 5~10분 거리면 시내 백화점과 대형 마트 그리고 웬만한 상점과 학원, 은행들이 위치해 있어서 생활하기에는 더할 나위 없는 동네이다. 그리고 잠시 주춤하긴 하지만, 차후에 재건축 예정 가능성이 높은 지역이라 임대하면서 보유하고 있어도 괜찮을 물건이라 생각되었다.

소재지	인천광역시 남동구 동 -18, 빌라 지층 101호 도로명주소검색		
물건종별	다세대(빌라)	감정가	45,000,000원
대지권	26.34m²(7.968평)	최저가	(34%) 15,435,000원
건물면적	34.14m²(10.327평)	보증금	(10%) 1,550,000원
매각물건	토지·건물 일괄매각	소유자	이
개시결정	2012-10-16	채무자	이
사건명	임의경매	채권자	북부농협

구분	입찰기일	최저매각가격	결과
1차	2013-03-12	45,000,000원	유찰
2차	2013-04-09	31,500,000원	유찰
3차	2013-05-09	22,050,000원	유찰
4차	**2013-06-**	**15,435,000원**	
낙찰 : 21,240,000원 (47.2%)			
(입찰7명,낙찰:인천 이선미)			
매각결정기일 : 2013.06. - 매각허가결정			
대금지급기한 : 2013.07.18			
대금납부 2013.06. / 배당기일 2013.08.06			
배당종결 2013.08.06			

그래서 3회 유찰이 되어 최저가 1,500만 원 정도로 내려간 금액에 600만 원을 더 적어 2,100만 원에 입찰을 하게 되었다. 반지하 빌라임에도 불구하고 예상외로 7명이 입찰을 하였고, 2등과 120만 원 차이로 낙찰을 받았다.

다행히 세입자가 일부 배당을 받을 수 있었고, 이사비로 70만 원을 지급하며 명도도 쉽게 해결되었다. 또한 이사를 내보낸 후 수리기간 동안 바로 임대(월세)를 놓아, 공실에 대한 이자도 부담하지 않게 되었다. 이 빌라에 대한 실제 투자금 및 해당 비용을 다음의 표에 정리해보았다.

실제 투자 비용 계산

낙찰가	21,240,000원
(−) 경락잔금대출(75%)	16,000,000원
대출 외 잔금	5,240,000원
(+) 취득세 및 법무사비 (당시 2.2%)	1,200,000원
(+) 이사비	700,000원
(+) 수리비(도배 외)	800,000원
초기투자비용	7,940,000원
(−) 임대보증금	7,000,000원
실제 투자 비용 (초기투자−임대보증금)	940,000원

보증금 700만 원, 월 15만 원에 월세를 놓다

앞서 표에 나타난 것처럼 이 빌라는 대출금을 제외한 초기투자비용이 794만 원이었으나, 임대보증금으로 700만 원을 회수하면서 실제투자비용은 94만 원으로 줄었다. 또한 당시에는 다주택자 취득세 2.2%를 적용받아 약간의 세금을 더 내었다. 주변 시세는 보증금 500만 원에 월세 10만 원 정도였지만, 도배장판 외에도 직접 페인트를 칠하고 입구의 비뚤어진 새시를 수리하고 새로 유리창을 끼워 넣어 단정하게 만든 덕분에 다른 반지하 빌라보다 보증금과 월세를 좀 더 높게 받을 수가 있었다.

투자 결과

임대료(월세)	150,000원
(–) 월 대출이자 (4.5% 이율)	60,000원
월 순수입 (월세–이자)	90,000원
년 순수입 (월 순수입*12개월)	1,080,000원

*대출이자 : 16,000,000원(대출금) * 4.5%(이율)
= 720,000원(연이자) / 12개월
= 60,000원(월)

바로 매도를 했다면 어땠을까?

해당 빌라는 1988년도에 지어진 것으로 입지는 좋은 편이나 재개발 재건축이 아닌 이상 매도는 힘들어 보였다. 그래도 당시 조사한 매매가를 대입하여 계산을 해 보았다.

매도 시 수익 계산

예상 매도가	35,000,000원	
(–) 낙찰가	21,240,000원	
(–) 취득세 및 법무비	1,200,000원	필요경비 인정 o
(–) 부동산 중개수수료	약 200,000원	필요경비 인정 o
(–) 기타 경비 (수리, 이사, 대출이자 등)	1,860,000원	필요경비 인정 ×
(–) 양도소득세*	4,930,000원	
(–) 지방세	493,000원	양도세의 10%
최종 수익금액	5,077,000원	

***양도소득세 계산**

매도가	35,000,000원	
(–) 낙찰가	21,240,000원	
(–) 취득세 및 법무비	1,200,000원	필요경비
(–) 부동산 중개수수료	200,000원	필요경비
양도차익	12,360,000원	
(–) 기본공제	2,500,000원	1인당 1년에 한 번
양도소득금액	9,860,000원	과세표준액
양도소득세(2014년 1월 이전)	4,930,000원	1년 미만 50% 세율

(양도소득세와 관련한 자세한 사항은 노하우 11. 부동산 세금 편에서 다루었다.)

선택과 결과

이 물건의 경우에는 임대수요가 풍부하고 향후 재건축 가능성이 농후한 지역이라 처음부터 임대를 목표로 입찰을 하였다. 결과적으로 실 투자비용 94만 원에 연 수익 108만 원을 거두어, 수익률 100%가 넘는 결과를 얻게 되었다.

수익률이 100%가 넘는다는 것은, 1년 이내에 투자비용을 회수하고도 남는다는 뜻이다. 따라서 1년 후에는 투자금을 전액 회수하고도 월 9만 원 가량의 용돈이 생기는 것과 마찬가지다. 이 정도면 아이들과 매달 외식하기에 충분한 금액이지 않을까 싶었다. 물론 매도를 한다 하여도 투자금 대비 수익이 나쁘지 않았다. 그러나 반지하라는 단점 때문에 매매가 쉽게 이루어지기는 어려울 것이며, 공실로 인한 은행이자와 매도를 위해 지출될 추가 수리비까지 포함시킨다면 실제 최종 수익금은 더 적어질 것으로 보였다. 따라서 나는 당분간 임대를 하다가 차후 매도를 하는 방법으로 세금도 줄이고 월세 수익도 내기로 방향을 잡았다.

처음 경매를 접할 때에는 높은 수익을 꿈꾸고 기대에 부풀지만, 낙찰 후 최종 계산 후에는 생각 외의 지출이 만만치 않아 예상보다 적은 수익을 거두거나 외려 마이너스일 수도 있다. 따라서 입찰 전에 반드시 매도 및 임대 시 예상되는 수익을 철저히 계산하고 목표를 정한 뒤(매도인지 임대인지), 입찰에 참가하도록 하자. 그래야 예상했던 수익을 거두는 재미를 맛보게 될 것이다.

좀 더 알아볼까요?

수익률 계산은요!

연간 수익/투자비용 *100 = 수익률(%)

여기서 연간 수익은 (월세-대출이자)*12(개월)로 산출이 되고요.
투자비용은 초기투자금-월세보증금. 즉, 최종투자금이 되겠습니다.

이 물건의 경우, 연간수익은 (150,000 - 60,000)*12=1,080,000원,
투자비용은 7,940,000-7,000,000 = 940,000원
따라서 1,080,000원/940,000원 *100 = 114.89(%)의 수익률을 얻게 되는 것이죠.

나는 내 급한 성격이 좋다

나는 몰입도가 강한 편이다.

하지만 끈기 있게 일을 하는 쪽은 못 되는, 작심삼일의 대표적인 예이기도 하다. 그럼에도 그 몰입도와 집중력은 최고라서 짧은 기간에도 성과는 꽤 내는 편이다.

과거 신혼시절에 이벤트 응모에 흠뻑 빠진 적이 있었다. 당시 남편은 어디에서 오려왔는지 '경품여왕'을 스크랩 해 와서는 나에게 해보라며 건네줬다. 이전에도 퍼즐 맞추기, 번호 맞추기 게임, 퀴즈 엽서 보내기 등을 해본 경험은 있지만 나와는 별 상관없는 이야기로 치부하고 심드렁하게 받아보았다.

그런데 그 '경품여왕'의 이야기 속에는 나름의 노하우가 적혀 있었다.

몇 가지 기억나는 것들로는 남들이 귀찮아하고 어렵다고 생각하는 것을 하라, 경쟁이 덜 한 곳을 찾아라, 그 이벤트에 대해 분석하라 등등...

그렇게 그 경품여왕의 노하우를 읽다보니, 이 정도는 나도 할 수 있겠다는 생각이 들기 시작했다. 추진력 강한 나는 바로 이벤트 검색을 시작했다.

당시 이벤트나 응모 행사가 생기면 이 자료들을 취합하여 제공하는 전문 사이트가 몇 군데 있었다. 나는 매일같이 이들 사이트에 드나들며 할 수 있는 것들을 조사하고 분석하기 시작했다. 그러던 중, 얼마 지나지 않아 여행사에서 주최하는 여행후기 이벤트가 눈에 들어왔다.

'이 정도면 할 만하겠는데?'

머릿속에 과거에 다녀왔던 여행지들이 파노라마처럼 스쳐갔다. 결국 일기장까지 다 뒤져서 여행 중 조금씩 써두었던 에피소드들을 재미있게 각색하여 응모했고, 그 결과 제주도 왕복티켓과 호텔 숙박권을 받게 되었다.

첫 응모에 당첨이 되니 신이 난 나는, 바로 다음 이벤트를 검색하기 시작했다. 그렇게 찾아낸 한 화재보험회사의 보험수기 이벤트. 당시 남편이 교통사고 난 과정을 리얼하게 작성해서 응모했고, 1등 상품으로 다이아몬드 반지를 받았다.

뿐만 아니라 자동차회사에서 신차 출시기념 시승기 작성 이벤트가 진행된 적도 있었다. 신차고 하여 당연히 한 번도 타본 적 없는 차였지만, 1등 상품인 200만 원 어치 주유 상품권이 눈앞에 어른거렸다. 이리저리 궁리하던 중 좋은 아이디어가 떠올랐는데, 그 신차의 사양과 성능을 꼼꼼하게 분석해서 당시 내가 타고 다닌 티코와 비교하여 누가 봐도 기가 막힌 시승기를 써서 응모한 것이다.

그 결과로, 한동안 200만 원 어치 주유 상품권으로 열심히 차를 타고 돌아다닐 수 있었다.

그렇게 나는 석 달도 채 안 되는 기간 동안 1,000만 원이 넘는 현금, 상품권, 비행기 티켓, 주유권, 반지, 그릇세트, 자전거 등 수많은 경품에 당첨되어 집안 살림에 쏠쏠히(?) 도움을 주었다.

이런 내 성격이 오롯이 반영된 우리 집 가훈은 'right now!' 이다.

생각나면 바로 실천하라는 뜻이다. 아이들이 잊었던 숙제로 발을 동동 구르고 있거나, 뭔가를 시켰는데 세월아 네월아 미루는 경향이 보이면 나는 주저 없이 '롸잇나우!'를 외친다.

내가 '롸잇나우!'를 외치면 TV를 보다가도 바로 움직여야 한다. 이를 닦아야 하고, 각자 방을 정리해야 하고, 옷을 입어야 한다. 조금이라도 늦으면 헐크(?)로 변해버리는 엄마를 보기 싫으면, 당장 해야 하기 때문이다. 생각났을 때 바로 실천하지 않으면 금세 처음의 열정이 사라지는 것을 느낄 수 있다.

그럴 때 일을 시작하면 당연히 결과물도 형편없게 달라질 것이다. 그래서 난 아이들이 별로 좋아하지 않는다는 것을 알지만, 생각나면 지체하지 말고 바로 해야 한다는 교훈을 주고 싶어 자주 외친다. '롸잇나우!'

아이들도 언젠간 이런 내 맘을 알아주리라 믿는다.

나의 이런 성격은 당연히 경매에서도 고스란히 드러난다.

야심한 밤에 우연찮게 맘에 쏙 드는 물건을 발견하면 도무지 잠이 오지 않는다. 그냥 바로 뛰어나가야 직성이 풀리는 성격이어서 간혹 새벽에도 현장에 가곤 한다. 애써 잠을 청하며 내일 가보면 된다고 스스로 다독여도, 심장이 두근거려 통 잠이 오지를 않는다. 차라리 현장에 가서 한 번 눈으로 쓱 보고라도 와야 편안하게 잠을 잘 수가 있다.

내가 봐도 못 말리는 부분이 있지만, 늦은 밤이나 새벽에 임장을 가면 차도 막히지 않을뿐더러 특히 상가의 경우는 저녁 상권에 대해서도 파악이 가능한 긍정적인 면도 있다.

경매도 성격에 맞게 하는 것이 좋은 것 같다. 머릿속으로는 안 가 봐도 되는 물건이네 하면서도 어느새 몸은 움직이고 있는, 나 같은 성격이 서류로만 물건을 분석하면 아마 못 견딜 것이다. 반면 나와 반대되는 성향을 지닌 사람들은 이런 식으로 하다가는 병나지 않을까 싶다.

급한 성격 탓에 몸이 고생하기도 하지만 그래도 나는 내 단순하고 급한 성격이 좋다.

6장

우리 동네 빌라 낙찰기

경매를 시작한지 얼마 되지 않아서의 일이다.

물건 검색 중, 예전에 살던 동네의 빌라를 발견했다. 원래 잘 알던 지역이니 자신감도 있었고 단기매매가 아니더라도 임대로서도 충분히 매력이 있는 곳이었다(경매에서는 한 지역을 꿰뚫고 있으면 좋은 물건이 눈에 보이는 행운을 얻을 수 있다).

입찰 당일, 6명의 경쟁자를 물리치고 2등과도 60만 원 근소한 차이로 낙찰을 받았다.

소 재 지	인천광역시 남동구 동 649-4, 레미안 동 3층 301호 도로명주소검색		
물건종별	다세대(빌라)	감 정 가	145,000,000원
대 지 권	31.53m²(9.538평)	최 저 가	(70%) 101,500,000원
건물면적	55.97m²(16.931평)	보 증 금	(10%) 10,150,000원
매각물건	토지·건물 일괄매각	소 유 자	
개시결정	2011-12-30	채 무 자	
사 건 명	임의경매	채 권 자	농협

구분	입찰기일	최저매각가격	결과
1차	2012-05-	145,000,000원	유찰
2차	**2012-06-**	**101,500,000원**	
낙찰 : 119,756,000원 (82.59%)			
(입찰7명,낙찰: / 2등입찰가 119,120,000원)			
매각결정기일 : 2012.06. - 매각허가결정			
대금지급기한 : 2012.07.13			
대금납부 2012.06.25 / 배당기일 2012.08.29			
배당종결 2012.08.29			

하지만 초보인 나에게 낙찰의 기쁨은 찰나의 시간이었다. 이 집에는 채무자가 거주하고 있었는데, 막상 만나러 가려니 두려워지기 시작한 것이다. 꽂히면 바로 해내야 직성이 풀리는 내가 안절부절 못하고 자꾸 딴청을 부렸다.

'오늘은 바빠. 대청소도 해야 하잖아~',

'애들 반찬 해야 하고, 그러려면 시장도 가야하고, 빨래도 해야 하고...'

스스로 급한 일을 만들어서까지 핑계를 대며 낙찰 후 2주를 그냥 흘려보냈다.

사실 지난 몇 번의 명도를 하면서 본의 아니게 마음 아픈 사연의 소유자들을 내보내야 했었는데, 그 각각의 사연들에 좀 힘들어하는 중이었다. 그런 마음이 치유(?)되기도 전에 또 낙찰을 받고는 혼자 발만 동동 구르고 명도를 차일피일 미루고 있었던 것이다. 하지만 더 이상은 안 된다. 낙찰받은 지 2주나 지났다. 시간이 흐르면 흐를수록 내 손해는 커질 것이 분명했다.

"띵동, 띵동"

"누구세요?"

신경이 곤두서있는 듯 날카로운 여자의 목소리가 들려왔다.

"이번에 경매로 낙찰받은 회사인데요, 의논드릴 게 있어서요."

"지금 손님들이 있어서 그러니 나중에 오세요."

나중에 오라고? 지금 겨우겨우 큰맘 먹고 2주나 지나서 왔거늘, 또 다음에 오라니.

그런데 더 이상은 나도 안 된다. 이렇게 물러서면 나는 앞으로 경매를 잘할 자신이 없다.

"잠시면 됩니다. 잠깐 안내 말씀 드릴게요."

"알았어요. 들어오세요."

집안에는 들어서자 동네에서 놀러온 또래의 새댁들이 아이들과 뒤엉켜 한쪽에서는 수다를, 한쪽에서는 블록 놀이를 하고 있는 모습이 눈에 들어왔다. 나는 새댁에게 이 물건의 처리를 담당하는 사람으로서 부동산투자회사의 대리인이라고 설명하였다(명도 할 때는 나는 제 3자라 결정권한을 쥐고 있지 않다고 하는 것이 편하다. 낙찰자로 소개해버리면 이사비 논의 등 서로 민감한 상황에서 핑계 댈 곳이 없어지기 때문이다). 이 정도 소개를 하면 삼삼오오 모인 새댁들이 눈치를 봐가며 자리를 피할 줄 알았다. 그런데 오히려 호기심 가득 찬 얼굴로 내 얼굴을 쳐다보고 있는 것이 아닌가.

이건 뭐지?

나는 눈빛으로 소유자인 새댁에게 계속해도 괜찮은지 물었고, 새댁은 '뭐 이게 대수라고, 그냥 계속하세요.'라는 눈빛을 보낸다.

정말 뭐지?

이런저런 이야기를 하며 앞으로 잔금 지급 이후부터는 소유자가 바뀌니 이사를 나가기 전까지 월세 청구를 할 것이며, 협의가 되지 않을 시에는 그 외에 인도명령을 통해 강제집행을 할 수 밖에 없음을 설명하였다. 법적으로는 집행을 통해서라도 얼마든지 내보낼 수 있으나, 서로에게 좋게 마무리 짓고 싶다는 말을 덧붙였다. 그런데 갑자기 소유자 옆에 앉아있던 새댁 하나가 물었다.

"그럼 이사비는 얼마 주실 건데요?"

"글쎄요, 그건 제가 결정하는 부분이 아닙니다. 법적으로 이사비를 지급할 의무도 없고요."

꼭 이런 사람이 있다. 본인보다 더 나서는 오지랖 넓은 사람.

조금은 냉정하고 단호한 어투로 대답했다. 그런데...

"이사비는 다 주던데 이상하다, 그치?"

"낙찰가는 얼마였는데요?"

"비싼 거 아닌가? 옆집이 얼마에 사서 들어왔다고 하던데?"

"그럼 언제까지 살 수 있어요?"

"경매로 받으려면 돈이 얼마나 있어야 해요?"

천진난만한 건지 개념이 없는 건지, 놀러온 새댁들이 너도나도 한마디씩 물어온다. 그대로 두면 질문이 끝도 없이 이어질 것 같아 소유자를 똑바로 바라보며 더욱 단호하게 말했다.

"제가 의논드리고 싶은 사람은 이 집 소유자 분입니다. 그런데 왜 다른 분들께 답변을 드리고 설명을 해야 하는지 모르겠네요. 이 자리에 진지하게 임하지 않으시면 저는 회사에 가서 협의할 의사가 없는 것으로 보고를 드리겠습니다."

그제야 분위기는 싸악 가라앉았고, 새댁들은 아이들을 데리고 집으로 가겠다며 하나 둘 일어났다.

드디어 소유자와 단독 대면이다. 좀 전에 대수롭지 않다고 대하던 때와는 달리 약간은 누그러진, 조금은 불쌍한 어조로 그동안의 이야기를 마치 하소연하듯 했다. 친정아버지가 사업을 하시는데 아는 사람에게 사기를 당해서 집이 경매에 들어갔다고, 우리도 예전엔 집이 몇 채 있었다고.

이런 이야기를 또 듣고 싶지 않아 미루었건만 지금 또 같은 상황이 펼쳐지고 있다. 그런데 문득 어떤 깨달음 같은 것이 생겨났다. 안타까운 처지이지만 그렇다고 몇 달 동안 무상으로 살게 해줄 수도 없었다. 괜히 어설프게 배려하면 오히려 끝이 좋지 않을 것이기에 최대한 채무자의 이야기는 들어주되, 앞으로의 진행과정과 내가 원하는 바를 정확히 관철시키는 것이 낫다.

나는 회사의 입장을 이야기했고(사실 내 입장이지만), 회사 규정상 무리한 이사비 요구 등으로 협의가 되지 않을 시에는 법적으로 처리할 수밖에 없다고, 그러니 잘 판단하시라고 설명했다.

다행히 대화는 무리 없이 진행이 되었고, 현재 집 상태를 정식으로 회사에 보고를 해야 한다며 사진을 몇 장 찍겠다고 하였다. 소유자인 새댁은 알겠다고 했고, 나는 방과 거실 그리고 주방 사진을 열심히 찍었다. 사진을 찍으며 찬찬히 살펴보니 이 집에 대한 애정이 많아보였다. 기본적인 살림살이 외에도 본인이 직접 디자인한 탁자와 서랍장 그리고 조명들을 통해 주인 새댁의 센스와 감각을 가늠할 수 있었다.

경매를 하면서 △△부동산투자회사라는 가짜 명함을 만들어 가지고 다닌다. 주소 없이 이름과 휴대폰 번호만 기재하고 다니는데 그 이유는 가끔 점유자들이 속상한 마음에 명함의 주소지를 찾아오려하기 때문이다(사실 초기엔 집 주소를 기재해 놓아서 점유자가 찾아와 당황한 경험이~). 여하튼 나는 명함을 주고는 남편과 의논하여 이사 날짜를 잡고 3일 후까지 연락을 달라고 하며 그 집을 나왔다.

이사비, 얼마를 줄까?

약속한 3일이 지나도 연락이 오지 않았다.

분명 그 날의 모습은 모든 것을 체념한 듯, 다음 날이라도 이사를 갈 모양새였는데 역시 사람은 화장실 갈 때와 나올 때의 생각은 다른가보다.

전화를 했다.

받지를 않는다.

몇 번이나 다시 전화를 했지만 역시나 받지를 않았다.

다시 원점인가 하는 허탈한 마음에 낙찰받은 그 집을 다시 찾아갔다.

"띵동, 띵동~"

"누구세요?"

이번엔 투박한 남자의 목소리가 흘러 나왔다.

"네. 경매 낙찰받은 회사인데요, 연락 주시기로 한 기한이 지나서 찾아 왔습니다."

"누구라고? 누구 맘대로 집엘 찾아 와?"

"말씀 좀 나누시죠. 이미 사모님과는 했지만, 사장님하고도 말씀을 나누고 싶었어요."

"필요 없어. 난 내가 살 때까지 살 테니 알아서해!"

"잠시만 밖으로 나와 주세요. 언성이 높아지면 아이가 놀랄 수도 있잖아요."

남자는 아이 이야기가 나오자 멈칫하더니 잠시 후 슬리퍼를 신고 밖으로 나왔다.

나오자마자 나를 위아래로 훑고는 껄렁한 모습으로 담배를 물고,

"아줌마 경매 몇 년이나 했나."라고 반말인지 존댓말인지 모를 말로 물었다.

나름 명도 경력이 몇 번 쌓이며 남자들 상대도 많이 하다 보니 배짱이 생겼다. 이제는 껄렁한 모습이나 문신을 보아도 웬만해서는 가슴이 떨리지 않고, 오히려 협상 테이블로 끌어와야겠다는 생각에 마음이 차분해진다.

나는 경매 경력 10년이 넘었다고 거짓말을 했다. 그뿐인가? 한 건씩 낙찰받고 명도 완료하면 수당을 주는데 그걸로 겨우 먹고 산다며 나도 삶이 팍팍하다고 오히려 하소연을 했다. 여자가 이런 일 하면서 싫은 소리 듣는 것이

오죽하겠냐고 오히려 되물었다. 그리고는 형편이 좋지 않아서 암 수술 후 아직 온전하지도 않는 몸으로 이렇게 다니는 거라며, 당시 짧은 머리를 가렸던 모자를 벗어 보여 주었다(동정심 유발~).

내 카운터펀치를 맞은 남자는 비스듬했던 자세를 고쳐 바르게 섰다.

"그럼 이사비는 얼마 줄 건데요?"

"그건 사모님께 말씀드린 것처럼 제가 임의적으로 결정 할 수 있는 부분이 아닙니다. 회사규정이 있어서 이 정도 평수는 50만 원 정도 드립니다만, 좀 더 빨리 이사를 가실 수 있으면 제가 사장님께 말씀을 드려 조금이라도 더 드릴 수 있도록 노력해 보겠습니다."

"말씀 좀 잘해주세요. 그 정도 가지고는 이사 못 갑니다. 요즘 이사비가 얼마나 비싼데요."

어느 순간부터 남자는 내게 존칭을 쓰고 있었다. 그리고 진심으로 부탁하였다. 최대한 빨리 이사날짜를 잡아볼 테니 이사비를 조금만 더 달라고. 나는 이제 확실히 마무리 지어야겠다는 생각에 남자에게 말하였다.

"그럼 사장님, 이사비는 제가 이 곳 담당자로서 제 수당을 채워서라도 드릴 테니 언제까지 나가겠다는 명도확인서만 작성해 주시죠. 그래야 저도 이 증빙서류를 가지고 저희 사장님께 이사비를 조금 더 받아 낼 수 있으니까요."

"내가 아줌마 수당까지 뺏으면 뭐가 돼요? 알겠으니 사장님께 말씀이나 잘 해주세요."

곧이어 집으로 들어간 남자는 아내와 상의 후, 언제까지 이사를 나가겠다는 명도확인서를 작성하여 주었다. 새댁은 멋쩍은 듯 나와 제대로 눈도 마주치지 못했다.

명도합의서

수신인 : 안 ○○

주 소 : 인천 남동구 ○○동 649-4 ○○레미안 ○○동 301호

발신인 : 이 선 미

연락처 : 010-○6○6-1○1○

해당 부동산 : 인천 남동구 ○○동 649-4 ○○레미안 ○동 301호

1. 본인은 상기 부동산을 2012년 6 월 30 일限으로 미납된 관리비 및 공과금 등을 정산 후 본 건물에서 퇴거하고 소유자에게 명도할 것을 약속하는 바이다.

2. 이에 따른 특약으로는 1항을 준수하는 조건으로, 이사 당일에 이사비 ○○만 원을 소유자로부터 받기로 한다.

3. 또한, 명도 이전에 위 부동산의 임대 및 매매 과정에 있어 세입자는 적극 협조토록 한다.

4. 만약, 1,2,3항을 지키지 못 할 경우에는 이사비는 없는 것으로 하며, 소유권 이전일로부터 공과금 외 월세에 해당하는 금액을 정산하여 소유자에게 지급한다.

5. 이에 따른 증거로 명도합의서를 작성한다.

2012 년 6월 △일

안 ○○ (인)

주민번호 : ○○○○○○ - ○○○○○○○

그로부터 보름 후, 나는 그들의 이사날짜에 맞춰 잔금을 납부했다.

약속한 이삿날에는 내부에 있던 집기를 다 빼냈는지, 공과금 정산을 했는지 꼼꼼히 확인을 하고 이사비 100만 원을 주었다. 젊은 부부는 뜻밖에 많은

놀이터에서 본 빌라 외부 모습과 내부 사진

금액을 받았다는 듯 왜 이렇게 많은지 오히려 내게 물어왔고, 나는 사장님께 사정사정하여 이사비를 조금 더 받아낼 수 있었다고 얘기했다. 그러자 남자는 봉투에서 5만 원을 꺼내어 내게 고기라도 사드시라고 고생했다며 건강한 모습으로 완쾌되셨으면 좋겠다는 말과 함께 이삿짐 차량을 타고 떠나갔다.

대출, 똑똑하게 활용하기

경매에 대한 사전지식이 전혀 없는 사람이라면, '도대체 경매가 아무리 싸다 한들 집 한 채에 몇 천, 몇 억이나 하는데 그 돈이 어디 있어?' 할 것이다. 맞는 말이다. 몇 천만 원으로는 아무리 경매라 하여도 수도권 아파트 한 채 사기 힘들다. 그래서 투자자들이 경락잔금대출을 이용하는 것이다.

아파트 분양 시 중도금과 잔금을 은행에서 대출을 받아 납부하듯이, 경매에도 낙찰가의 70~80% 혹은 그 이상 대출을 해 주는 경락잔금대출이 있다. 이렇게 되면 내 투자금은 낙찰자의 약 20~30%만 있어도 해결이 가능하다.

가령 소형 아파트를 1억 원에 낙찰받았다고 하자. 보통 대출 금액은 낙찰가의 70~80%인 7~8,000만 원까지 가능하다. 내 투자금은 2~3,000만 원 정도 있으면 되고(법무비 및 제반비용은 제외), 대출이자는 낙찰 후 월세를 놓아 그 금액에서 매달 충당하면 되는 것이다.

낙찰을 받고 법정을 빠져 나오면 슬슬 뒤따르며 명함을 주는 대출 중개인들을 경험하게 된다. 아주머니들은 심지어 화장실까지 쫓아오셔서 명함을 주기도 하고, 전화번호를 묻기도 한다. 처음에는 좀 당황스러웠는데, 이제는 법원에 가면 눈인사도 하고 안부도 묻는다. 낙찰 후에는 웬만하면 전화번호를 알려주도록 하자. 다음 날부터 대출 아주머니들에게서 무수한 문자와 전화를 받게 되겠지만 모두 저장해 두면 추후 다른 물건을 낙찰받았을 때, 단체문자를 보내 손쉽게 대출조건을 비교할 수 있다. 대출 중개인들도 경력과 실력에 따라 여러 대출상품들을 가지고 있기 때문에, 그에 따라 대출금리와 대출가능액, 중도상환수수료도 달라지므로 가능한 많은 분들에게 의뢰하는 것이 좋다.

이 밖에도 경락잔금대출 시에는 여러 가지 사항들을 고려하고 비교해보아야 하는데, 다음을 통해 그 사항들을 소개하도록 하겠다.

변동금리? 고정금리?

대출 중개인들이 보내준 문자에는 대출금리의 정보가 있을 것이다. 하지만 고정인지 변동인지를 확인하고 선택을 하자. 고정인 경우에는 이자율이 높은 편이기는 하나 말 그대로 금리가 고정되어 있다는 뜻으로, 기준 금리의 영향을 받지 않고 쭉 그 금리 그대로 이용할 수 있다. 하지만 만약 그 대출시점의 고정금리가 다소 높았다면, 금리가 내려가는 상황에서는 다소 억울하기도 하다.

반대로 변동금리는 정부 정책이나 경기 등을 반영하여 금리가 유동적으로 움직이는 것을 말하는데, 지금은 금리가 높지만 앞으로 금리가 내려갈 것으로 예상될 때는 변동금리를 선택하는 것이 유리하다. 따라서 낙찰받은 물건에 따라 어떤 방식이 적합한지를 먼저 파악한 후 대출 상품을 선택하는 것이 좋다.

근저당설정비와 중도상환수수료

대출 시 은행에서 근저당설정을 한다. 이때 근저당설정비라 하여 그 비용을 낙찰자(대출자)에게 부담을 시켰으나, 2011년 7월부터 은행이 부담하는 것으로 판결이 나왔다. 이후부터는 은행이 설정비 전액을 부담하고 있지만, 일부 금융권에서는 아직도 설정비를 요구하고 있는 곳도 있으니 자세히 알아보고 선택하자.

또한 중도상환수수료가 있다. 만일 낙찰 후 대출 시, 대출기간을 3년으로 설정하였는데 생각보다 빨리 매매가 되어 3년을 못 채우고 2년 만에 매매를 했다고 하자. 이때 중도상환수수료가 있는 상품을 선택했다면, 말 그대로 대출기간 중에(중도) 대출액을 갚게 되니(상환) 그에 대한 수수료를 지불하게 되는 것이다. 만일 2억 원을 대출받으며 중도상환수수료 1% 상품을 선택했다면, 최고 200만 원까지 지불해야 한다(수수료는 기간 내에 일할 계산되기 때문에, 그 식은 좀 복잡하다). 이는 은행과 상품마다 다르기 때문에, 낙찰받기 이전에 해당 물건을 단기매매 할 것인지, 아니면 장기로 보유할 것인지 미리 정하도록 하자. 만약 단기매매가 목표인 물건이라면 이자율이 다소 높더라도 중도상환수수료가 없는 것이 훨씬 유리하고, 장기적으로 보유 후에 매매를 할 것이라면 이자가 낮고 중도상환수수료가 일정기간(1년 또는 2년)이 지나면 없는 상품으로 고르는 것이 현명하다고 하겠다.

대출 승계

보통 매매를 할 경우 이미 내가 받아놓은 대출금을 상환하는 것이 맞지만, 상황에 따라 매수인이 대출을 승계 받기 원하는 경우도 종종 있다. 그런 경우는 기존 대출 조건이 새롭게 대출을 하는 조건보다 더 좋은 조건이라고 생각될 때 매수인이 대출 승계를 원하는 것이다. 이 또한 매매를 함에 있어 큰 장점이 될 수 있으므로, 대출 실행 시 대출 승계가 가능한지 여부도 반드시 확인하자.

잠깐만요!

대출 시 필요한 서류들을 체크하세요.

필요서류는 다음과 같습니다.
주민등록등본 2통, 주민등록초본(전 주소포함) 1통, 인감증명서 2통, 보증금 영수증, 근로소득원천징수 또는 그에 갈음하는 증명서류, 국세, 지방세 완납증명서 각 1통, 신분증, 인감도장

- 인감증명서를 제외한 등본, 초본, 국세, 지방세 완납증명서는 정부24(www.gov.kr)를 통해 인터넷으로도 발급 가능
- 근로소득원천징수는 국세청 홈텍스(www.hometax.go.kr)에서 발급 가능

강제 보험과 강제 적금

일명 꺾기라고 하여, 대출을 해주면서 은행에서 대출자에게 반강제적(?)으로 권유하는 상품이다. 보험이나 적금에 가입하게 하거나, 신용카드를 만

들게 한다.

뉴스에서도 이런 부분에 대해 지적을 많이 하고 있어 예전보다는 많이 나아졌다고는 하지만, 여전히 은행의 수익을 위해 성행하고 있는 것이 사실이다. 낙찰자 입장에선 돈을 빌려주는 것은 고마우나, 이자를 안 내는 것도 아니고 내키지 않는 것을 들자니 거부감이 드는 것이 사실이다. 그렇다면 일단은 한 번 정중하게 사양을 해 보고, 그래도 어렵다면 원금 손실 없는 적금 하나를 가입해 몇 달 후 해약을 하는 것도 방법이다.

부채와 신용도를 관리하자

대출을 실행함에 있어서 신용도는 매우 중요하다. 대출 중개인들도 개인 신용도가 몇 등급인지를 먼저 확인한다. 평소 같으면 자신의 신용도가 몇 등급인지 별 대수롭지 않은 일이지만, 경매를 시작하면서 대출이 필요하다면 반드시 신경 써야할 요소이다. 신용도를 관리하는 몇 가지 잘 알려진 팁들을 살펴보면, 우선 무조건 카드를 안 쓰고 대출을 받지 않는 것만이 신용등급을 높여주는 것은 아니다. 적당히 카드도 쓰고 적당히 대출과 이자를 내는 것이 오히려 신용등급에 유리하게 작용되기도 한

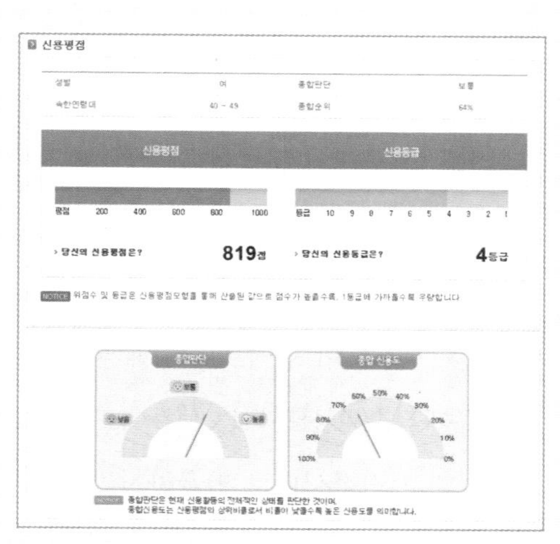

출처: 신용도 관리 사이트(www.siren24.com)

다. 그만큼 경제활동을 잘 하고 있다는 증거이니 말이다. 또 하나, 되도록 현금서비스나 카드론은 사용하지 않도록 하자. 이런 것들은 내 신용등급을 깎는 주요 사항이기 때문에, 차라리 약관 대출이나 직장인 신용대출 등을 사용하는 것이 더 좋다. 그리고 평소 신용도를 관리하는 것이 좋은데, 유료이긴 하지만 1년에 1-2만 원 정도로 신용도를 관리할 수 있는 사이트들이 많다. 그곳에 가입을 하여 내 신용도를 조회해 보면 나의 대출금액, 카드 발급내역, 나의 등급 등이 총망라하여 자세하게 나온다. 은행에서 대출을 잘 받으려면 5등급 이상을 유지해야 하며, 그렇지 못할 경우 대출금액이 적어지거나 금리가 높아지는 방식으로 제한을 두는 경우가 많다.

법무비용 꼼꼼히 따져 보기

대출이 실행되면서 내 명의로 소유권을 이전하려면, 법무사를 이용하게 된다. 간혹 셀프 등기를 하는 분들은 대출 없이 진행하는 분들이다. 어쨌든 법무비용의 경우에도 각 법무사 사무실마다 견적이 천차만별로 산출되므로, 미리 몇 군데의 내역서를 받아 비교하여 선택하는 것이 좋다.

취득세는 국가가 정한 일정한 세율대로 납부를 하는 것이기에 법무사 사무실에서 임의대로 조정할 수는 없는 항목이다. 문제가 되는 부분은 교통비와 여비 등, 보수액이 정액으로 정해져 있지 않은 사항들이다. 이 부분은 사무실에서 주관적으로 산정되는 부분이므로, 잘 협의하면 비용을 줄일 수 있다.

무턱대고 견적서대로 입금하지 말고 밑져야 본전이니 다만 얼마라도 깎는 시도를 하자. 법무사 사무실에서도 어느 정도는 협상이 들어올 것을 알고 있기에 원래 비용보다 조금 더 올려 내역서를 주는 경향이 있다. 비용을 협상할 때에도 무턱대고 조를 것이 아니라, 앞으로 계속 경매를 할 것이고, 이미 많은 경험이 있다고 하며 협상을 해야 상대도 수긍하고 좋은 조건으로 수정해 줄 것이다.

또한, 채무자가 점유하거나 권리상 문제가 없는 후순위임차인이 점유하는 경우는 잔금 납부와 동시에 인도명령도 함께 신청해 줄 것을 부탁해도 된다. 아무리 협의가 잘 된다고 할지라도 인도명령을 신청하는 것은 기본이니 명심하기 바란다. 이 비용은 통상 2만 원 정도로 견적서에 추가되어 있지만, 의뢰를 하면서 인도명령은 서비스(?)로 해달라고 하면 다들 웃으면서 수긍한다. 별것 아니라 생각하여 혹시라도 인도명령을 신청하지 않는다면 차후 점유자들과 길고 긴 싸움을 하게 될 수 있으니 꼭 진행하도록 하자.

이와 관련하여, 얼마 전 개인적으로 경험한 사건이 있다.

토지구획정리가 아직 되지 않은 신축 아파트 물건의 경우, 대지권미등기 상태로 경매에 나오는 것을 많이 볼 수 있다. 신축 아파트는 어느 일정 기간의 도래 후 단체로 대지권 등기를 할 수가 있어 상관없지만, 몇 년 이상 된 아파트가 아직도 대지권 미등기인 경우에는 소유자가 그동안 신경을 쓰지 않아 대지권등기를 하지 않은 것이다. 즉, 토지 지분 없이 건물만 있다는 뜻이다. 하지만 빌라나 아파트의 경우는 집합건물로서 건물과 땅의 소유권을 구분 짓지 않기에(아파트 사면서 당연히 대지 지분까지 사지, 누가 건물만 사는가), 은행에서도 집합건물에 대해서는 무리 없이 대출을 실행시켜 주는 것이 보통이다. 그러나 간혹 일부 은행에서는 완벽히 정리된 등기부등본을 요구하기도 한다. 따라서 만일 대지권미등기인 집합건물을 낙찰받았다면, 추가 비용은 좀 들겠지만 소유권 이전 시 법무사 사무실에 대지권 등기도 해 줄 것을 요청해야 한다. 얼마 전 대지권미등기 상태의 아파트를 매매하려다가, 매수인의 대출 은행 쪽에서 대지권미등기를 이유로 대출이 불가능하다고 하여 곤혹을 치른 적이 있었다. 그래서 뒤늦게 부랴부랴 대지권 등기를 하느라 추가 비용도 들었고, 복잡하기도 하여 진땀을 뺀 적이 있다. 이런 물건은 법무사가 알아서 해주기를 기다리지 말고, 등기 요청도 함께 하도록 하자.

7장

내 집을 돌려주세요!

우리나라에서 '집'에 대한 의미는 어느 정도일까?

요즘은 초등학교 아이들조차도 친구 집이 몇 평이고, 어느 브랜드 아파트가 좋고 나쁘다는 것을 이야기 한단다. 참 씁쓸한 현실이지만, 어쨌든 아직도 집의 크기는 경제적 능력을 판가름하는 요소로 작용하고 있다. 또한 대한민국의 집값은 일반 월급쟁이가 10년 이상을 꼬박 안 쓰고 안 입고 저금을 해야 마련할 수 있는 비싼 금액이다 보니, 더더욱 좋은 집에 집착하는 것 같기도 하다. 그래서 우리나라에서 집을 사고 집들이를 한다는 것은 매우 경사스러운 일이며, 당연히 축하해 줄 일이기도 하지만 부러움을 넘어 시샘을 자극하는 일이기도 하다. 그만큼 '집'이란 나의 위치를 보여주고 평가받을 수 있는 또 하나의 명함이 되어 버렸다.

그런데 집을 마련할 때는 하나하나 계획을 세우고 보금자리론, 모기지론, 청약저축 등 온갖 복잡한 것들을 헤쳐 나가며 해내고는, 막상 집을 마련한 이후에는 집을 지키는 것에는 신경을 쓰지 않는 모양이다. 즉, 집을 장만할 때 대출을 활용했다면 매월 내야하는 대출이자에 신경을 써야 할 것이고, 의료보험이나 국민연금 등 기타 세금 미납으로 인해 내 집에 압류가 들어올 수도 있으니 그 또한 신경을 쓰면서 살아야 하는데 그렇지 않은 사람들이 많다는 뜻이다.

은행은 정말이지 얄밉도록 손해 보는 장사를 하지 않는다.

대부분 서민들은 집을 사면서 은행 대출을 이용한다. 내 집, 내 부동산을 담보로 대출을 받으면서도 얼마나 은행 눈치를 보는지 모르겠다. 혹시나 잘못 되면 최악의 경우에도 은행은 1순위로 자기가 빌려준 돈을 먼저 회수해 간다. 그것도 원금에 120% 이상 되는 채권최고액을 설정해 놓았기에 누구도 은행보다 더 돈을 가져가기란 쉽지 않다. 또한 요즘은 연체가 몇 번 이상이 되면 전산으로 자동 채권 팀으로 넘어가 경매가 진행되는 방법으로 이루어져 여차 하다보면 내 집이 경매로 넘어가는 아찔한 상황이 벌어지기도 하는 것이다. 따라서 정말 돈이 없어 이러지도 저러지도 못하는 상황이 아니라면, 깜빡해서 이자가 빠져나가지 못해 내 집이 경매되는 일이 벌어지지 않도록 예방해야 한다.

재매각 아파트

물건을 검색하던 어느 날, 집에서 가까운 곳에 재매각 아파트를 발견했다.

한 달 전부터 유료사이트에 관심물건으로 스크랩은 해두었지만 입찰은 고려하지 않고 결과만 살펴보려 했던 물건이었다. 그런데 우연히 다시 살펴보니 누군가에게 낙찰이 되었다가 잔금을 미납하여 재매각으로 다시 나타난 것이었다.

소 재 지	인천광역시 중구 아파트 101동 19층 호 도로명주소검색 Daum 지도 NAVER 지도		
물건종별	아파트	감 정 가	260,000,000원
대 지 권	41.658㎡(12.602평)	최 저 가	(49%) 127,400,000원
건물면적	84.931㎡(25.692평)	보 증 금	(20%) 25,480,000원
매각물건	토지·건물 일괄매각	소 유 자	김 ,변
개시결정	2012-06-04	채 무 자	변
사 건 명	임의경매	채 권 자	경기저축은행

구분	입찰기일	최저매각가격	결과
1차	2012-09-27	260,000,000원	유찰
2차	2012-10-31	182,000,000원	유찰
3차	2012-11-30	127,400,000원	낙찰
낙찰 175,000,000원(67.31%) / 10명 / 미납 (차순위금액:156,800,000원)			
4차	2013-01-31	127,400,000원	
낙찰 157,400,000원(60.54%) / 6명 / 불허가 (차순위금액:155,121,000원)			
5차	**2013-03-29**	**127,400,000원**	
낙찰 : 158,526,000원 (60.97%)			
(입찰7명,낙찰: / 차순위금액 157,420,000원)			
매각결정기일 : 2013.04.05 - 매각허가결정			
대금지급기한 : 2013.05.06			
대금납부 2013.04.23 / 배당기일 2013.06.11			
배당종결 2013.06.11			

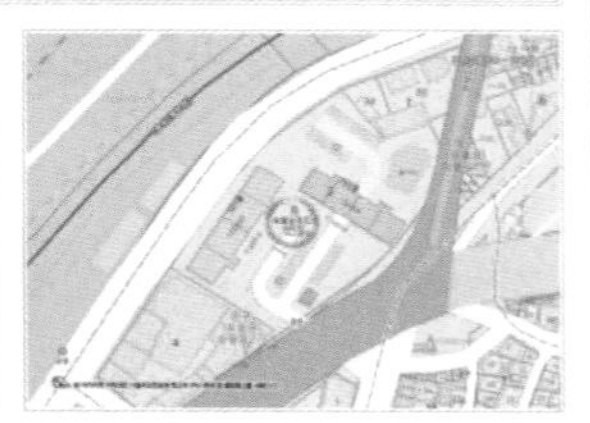

사진 펼쳐보기

사진	건물등기	감정평가서	현황조사서	매각물건명세서	세대열람내역서	부동산표시목록	기일내역
문건/송달내역	사건내역	전자지도	전자지적도	로드뷰	온나라지도+		

• **매각물건현황**(감정원 : 부성감정평가 / 가격시점 : 2012.06.18 / 보존등기일 : 2006.09.19)

목록	구분	사용승인	면적	이용상태	감정가격	기타
건물	20층중 19층	06.09.15	84.931㎡ (25.69평)	주거용	182,000,000원	* 도시가스,개별난방
토지	대지권	5510.4㎡ 중 41.658㎡			78,000,000원	
현황 위치	*" 사거리" 서측 인근에 위치 , 주위는 공동주택 및 단독주택, 각종 근린생활시설, 공업용부동산이 혼재함. * 본건까지 차량접근 가능하고, 전철역(1호선, 인천역) 및 버스정류장이 인근에 소재하여 제반 교통사정은 무난함. *부정형의 토지로서 아파트 부지로 이용중임. *공동주택부지 남동측 및 북서측으로 각각 대로, 중로 포장도로와 접함.					
참고사항	▶본건낙찰 2012.11.30 / 낙찰가 175,000,000원 / 전 / 10명 입찰 / 대금미납 ▶본건낙찰 2013.01.31 / 낙찰가 157,400,000원 / 이선미 / 6명 입찰 / 최고가매각불허가결정					

• **임차인현황** (말소기준권리 : 2010.10.29 / 배당요구종기일 : 2012.08.27)

임차인	점유부분	전입/확정/배당	보증금/차임	대항력	배당예상금액	기타
이	주거용 1902호	전 입 일: 2007.01.24 확 정 일: 미상 배당요구일: 없음	미상		배당금 없음	
기타사항	☞본건 현장에 현황조사코져 임하였던바 폐문부재로 이해관계인을 만나지 못하였으므로 상세한 점유 및 임대관계는 미상임.					

• **등기부현황** (채권액합계 : 520,800,000원)

No	접수	권리종류	권리자	채권금액	비고	소멸여부
1	2007.02.06	소유권이전(매매)	김			
2	2010.10.29	근저당	경기저축은행 (안양지점)	520,800,000원	말소기준등기	소멸
3	2011.11.14	압류	남인천세무서			소멸
4	2012.06.04	임의경매	경기저축은행	청구금액: 401,549,416원	2012타경	소멸
주의사항	☞이 은(는) 전입일상 대항력이 있으므로, 보증금있는 임차인일 경우 인수여지 있어 주의요함.					

> 잠깐만요!
>
> 재매각이란 매수인이 대금지급 기한까지 대금지급 의무를 이행하지 않은 경우, 법원이 직권으로 다시 실시하는 매각을 뜻하는 용어입니다.

이유가 궁금했다. 왜 낙찰받고도 잔금을 내지 않았을까.

서류상으로 살펴봤을 때는 특별한 문제가 있어 보이지는 않았다. 근저당보다 앞선 선순위임차인이 있는 것처럼 보였지만 매각명세서에 분명 '전입세대 없음'이라고 쓰여 있고, 이름을 봐서는 소유자의 친인척 내지 가족으로 보였기 때문이다.

그럼 저 임차인이 진짜 선순위임차인이었나? 그래서 잔금을 내지 않은 건가?

진짜 선순위임차인이라면 낙찰자가 그 금액을 인수해야 한다. 만약 시세가 1억5,000만 원인 아파트를 5,000만 원이나 싼 1억 원에 낙찰을 받았다고 가정하자. 시세보다 5,000만 원이나 싸게 산 만큼 수익금이 확정되는 기분이 들 것이다. 그런데 이 아파트에 진짜 선순위임차인이 7,000만 원에 전세로 거주하고 있다면, 내가 1억 원에 낙찰을 받았다고 해도 선순위임차인의 보증금인 7,000만 원까지 인수해야 한다. 결국 이 아파트를 1억 원이 아닌, 1억7,000만 원에 사는 셈이 되니 시세보다 2,000만 원이나 더 주고 사는 것과 같아지는 것이다.

미납 이유를 찾아라!

일단 정확한 확인을 위해 우선 법원의 해당 경매계로 달려갔다.

"계장님, 이 사건 왜 재경매가 되는 거죠?"

"몰라요, 알아서 판단하세요. 도대체 수십 명이 와서 묻는 통에 일을 못하니...."

"귀찮게 안 할게요. 왜 잔금을 안 낸 건지만 알려주세요."

"아줌마, 나도 잘 모른다니까요. 그런 거 다 입찰자들이 조사하는 거지, 법원에서 하나하나 다 가르쳐 줍니까? 가세요, 가~!"

예상은 했었지만 해당 경매계장의 단호한 거절에 내심 기가 죽었다. 어쩔 수 없이 다음 순으로 채권자인 은행에 전화를 걸었다.

"팀장님, 이 사건 왜 미납된지 아세요?"

"누구시죠?"

"예, 저는 이 물건에 입찰하려고 하는 사람입니다."

"저희는 개인정보 보안상 관계자 외에는 답변을 드릴 수가 없습니다."

"아니요, 잠깐만요. 제가 개인 정보를 가르쳐 달라는 것이 아니라 낙찰된 분이 왜 잔금을 납부하지 않은 것인지 여쭤보는 겁니다. 신상을 묻는 게 아니잖아요?"

"그래도 알려 줄 수 없습니다. 회사의 규정상 그렇습니다. 죄송합니다."

"잠,, 잠시만요, 팀장님. 그럼 이거 하나만 여쭤볼게요. 혹 그럼 이 집에 선순위임차인으로 이△△ 이 있던데 가족 맞죠?"

"죄송합니다. 그런 부분도 말씀 드릴 수 없습니다."

"팀장님, 자꾸 안 된다고만 말씀하지 마시고요. 자꾸 유찰되면 팀장님 은행도 채권회수에 지장이 생기고, 손해 보시는 것 아닌가요? 제가 이 집이 맘에 들어 좀 높은 가격으로 낙찰받으려고 하는 건데 그럼 은행도 크게 손해 보지 않고 좋은 거잖아요."

"그건 그렇지만 규정상...."

"제발 하나만 알려주세요. 임차인이 아니라 가족 맞죠?"

"예...."

"고맙습니다. 제가 꼭 낙찰받아서 팀장님 은행에 손해가지 않도록 노력할게요. 혹시 이런 내용을 전화 온 사람들한테 이야기 하신 적 있나요?"

"없습니다. 처음이에요."

"고맙습니다. 정말 복 받으실 거예요."

확인 사살이 필요했다.

나는 곧장 현장의 아파트로 달려갔다. 출입구에 비밀번호가 있어 아파트 주민들이 출입하기만을 기다려야 했다. 어둠이 내려앉고 퇴근하는 사람들, 학원에서 마치고 귀가하는 학생들이 하나 둘 모여들기 시작했다. 그 틈을 타서 그들과 섞여 자연스레 현관을 통과, 엘리베이터를 타고 해당 호수 앞에 다다랐다. 긴장이 되어 큰 호흡을 하고 초인종을 눌렀다.

띵동, 띵동~

"누구세요?"

"△△△씨 계신가요?"

문이 열리고 50대 중반의 작은 키에 배가 통통 나온 남자가 얼굴을 내밀었다.

"누구세요?"

"네, 경매 때문에 왔습니다. 전○○으로 낙찰되었는데 잔금을 안내서요. 그래서 다시 진행하고 있는데 임차인이 있는 것으로 나타나서 확인 좀 해보려고요. 이△△은 누구시죠?"

단도직입적으로 본론부터 이야기를 꺼내자, 소유자는 당황한 듯 사실관계를 술술 나열하기 시작했다.

"접니다. 제가 지인 이름으로 지난달 낙찰받았다가 대출받으려니까 그 사람 신용등급이 너무 낮아서 대출이 안 된다고 하더라고요. 그래서 하는 수없이 입찰보증금 1,800만 원만 날렸습니다."

"그럼 이△△이 사장님이셨던 거예요?"

"네. 저도 갈 데가 없는지라… 그리고 아들 녀석도 고3이라 이사하기가 힘들어서 아는 형님한테 부탁을 해서 집을 다시 살려고 낙찰을 받은 건데 신용등급이 그렇게 낮은 줄 몰랐네요."

"아, 그러셨군요. 그럼 이번에도 입찰하실 건가요?"

"아뇨, 돈이 없어요. 그나마 쌈짓돈 털어서 보증금 만들어 놓은 건데…"

그동안 사람들이 왔다간 적이 없는지 본인의 사정까지 다 이야기를 한다.

예상치도 못한 수확이었다. 덕분에 나는 확신을 가지고 입찰에 참여했고 누구보다도 가장 많은 정보를 가지고 있었기에 낙찰을 자신했다. 일반 물건보다는 입찰자 수가 적긴 했으나 총 6명이 입찰을 하였고, 아슬아슬하게 낙찰을 받을 수 있었다(나 혼자 알고 있다는 자만심도 금물이다).

시세보다 5,000만 원 이상 싸게 낙찰받은 물건이라 기분이 날아가는 듯했다. 바로 팔아도 몇 천만 원의 수익이 나는 장사였다.

억울한 매각불허가

하루속히 잔금을 납부하고 매도를 위해 매각허가결정을 기다리고 있었다.

통상 매각허가는 낙찰 후 일주일이 되는 날에 결정된다. 그 일주일 동안 매각절차상 하자가 발견되지 않으면 비로소 그때 낙찰자로서의 권한을 갖게 되며 잔금 납부의 의무가 생기는 것이다.

그런데 보통 일주일이면 되는 매각허가결정이 열흘이 지나도록 결정되지 않고 있었다. 뭔가 이상하다 싶어 해당 경매계로 찾아가 상황을 물어보니, 매각절차상 중대한 하자를 발견했다는 대답이 돌아왔다. 경매가 진행이 되면 그 물건에 대한 이해관계자인 채무자와 채권자에게 문서송달을 해야 하는데, 그 부분을 빠뜨리고 진행이 되었다는 설명이 이어졌다. 그래서 절차상 하자로 인해 해당 물건은 매각결정이 될 수 없으며, 서류를 보정하여 재송달을 마치고 재매각을 해야 한단다. 입찰 전 미납 사유를 물으러 찾아갔을 때는 세상 모든 일이 다 귀찮다는 듯 굴더니, 오늘은 미안한 표정을 지으며 설명하고 있다.

'아니, 미안하다면 다야! 돈이 얼마가 왔다 갔다 하는데 이렇게 쉽게 재매각을 해야 한다고 하다니. 다음번에 내가 낙찰된다는 보장도 없잖아? 그리고 수익은? 다음에 내가 떨어지면 지금 바로 팔아도 몇 천만 원 나오는 수익은 어떻게 책임질 건데!!'

내 맘속의 소리 없는 아우성이었다.

화가 머리끝까지 치솟았으나 이미 엎질러진 물이다. 괜히 담당 경매계장에게 짜증을 내봐야 돌아오는 것은 없을 것이다. 대신 그동안 내가 알아낸 정보들을 다른 입찰예정자들에게 발설(?)하지 말아줄 것을 당부하였다. 담당 경매계장은 머리를 긁적거리며 진짜 미안하게 되었다고 다음번에도 낙찰받기를 기원한다고 말했다(병 주고 약 주는 건가요?).

이로써 이 물건은 재매각을 거쳐 또 재매각으로, 유찰 3회를 거쳐 최저가가 49%까지 떨어지게 되었다.

두 번째 낙찰을 받다

드디어 한 달이 지나고 다시 입찰일이 돌아왔다.

아파트가 이렇게까지 유찰되는 경우는 드물고, 한 번 쓱 보아서는 누가 봐도 심각한 물건이다. 낙찰이 두 번 되었음에도 한 번은 대금미납을 했고, 또 한 번은 매각불허가가 결정됐기 때문이다. 정황상 낙찰자들이 임차인의 보증금을 인수해야 해서 눈물을 머금고 입찰보증금을 포기한 모습으로 비쳐질 것이다.

그렇다면 이렇게 위험해 보이는 물건에 누가 입찰을 할까?

모든 정보를 알고 있는 나 외에는 아무도 없지 않을까?

하지만 나 같이 열심히 뛰는 자도 많은 법, 방심은 금물이다.

이번에는 지난번 낙찰받은 금액보다 100만 원을 올려 입찰표를 제출하였고, 결과는 100만 원 차이로 7명 중 1등! 또다시 낙찰 확정이다.

만약 지난 번 경매계장이 송달처리만 잘 했어도 100만 원도 아끼고 빨리 마무리 될 수 있었을 텐데 하는 아쉬운 마음이 살짝 들었지만, 이번엔 확실히 몇천만 원의 수익금이 내 품에 안긴 것 같아 낙찰의 기쁨을 마음껏 느꼈다.

낙찰 후, 바로 소유자를 찾아 갔다. 소유자는 별다르게 놀란 기색도 없이 앞으로 어떻게 되는 것인지 물어왔다. 나는 앞으로의 절차에 대해 설명을 하였고 소유자는 일주일 정도 생각할 시간을 달라고 하였다. 어차피 잔금기일까지는 한 달 정도 여유가 있기에 잘 생각해보시라고 말씀드리고 집으로 돌아왔다.

한 달 만에 소유자에게 되팔다

며칠 후, 소유자에게서 전화가 걸려왔다.

"안녕하세요. ◇◇아파트입니다."

"네, 어떻게 결정은 하셨나요?"

"사실 어차피 이렇게 됐고 해서 이사를 가고 싶은데 아들 녀석이 올해 고3 수험생이라 학교는 마쳐야 해서 이사가 쉽지가 않네요. 제가 어떻게든 자금은 마련해 볼 테니 혹시 낙찰금액에 조금 얹어서 저희한테 다시 파시는 것은 어떨까요?"

"……"

예상치 못한 질문이었다. 웃돈을 조금 얹어서 다시 되팔라니. 일단 핑계를 대며 즉답을 피했다.

"음… 알겠습니다. 저도 혼자 투자한 물건이 아니라서요. 상의해보고 연락드리겠습니다."

"꼭 좀 잘 부탁드립니다."

가끔 그런 물건이 있다. 얽히고설킨 권리관계들만 해결하면 꿈같은 수익이 생길 물건들. 이런 물건들을 볼 때면 일단 낙찰부터 받자는 마음이 앞서지만, 정작 낙찰 후 물건지에 가보면 비로소 흠집들이 보이기 시작한다. 이 물건이 그랬다.

두 동짜리 나홀로 아파트에, 전망은 좋으나 교통편이 불편해 보였고 구 도심지에 자리잡고 있어 젊은 사람들은 되레 빠져나오는 동네였다. 게다가 구도심지들이 으레 그렇듯, 재개발 열풍이 한때 일대를 휩쓸고 떠난 이곳은 낮에도 음산해보였다. 동네에 몇 남아있지 않은 부동산에 들렀더니, 매수자는 눈을 씻고 찾아봐도 없다는 대답뿐이다.

팔린다면 훌륭한 수익을 거둘 수 있지만, 당장 매수자를 찾을 수 없다면 그저 천덕꾸러기가 될 수도 있다. 그런데 때마침 소유자가 매수 의사를 밝혀오니 당연히 내 기분은 날아갈 수밖에. 하지만 급하지 않은 척하면서, 나 또한 생각해 보겠노라고 대답을 한 것이다.

결국 나도 장고(?)를 할 수 없는 상황이었기에, 낙찰비용 및 소유권 이전에 들어간 제반비용을 모두 제외하고 1,000만 원의 수익금을 더해 되팔기로 합의를 보았다.

소유자는 수익금을 보태어 되사가는 입장이었지만, 매매시세보다 훨씬 저렴하다는 사실을 알기에 연신 고맙다는 인사를 했다.

사람인지라 한편으로는 아쉬운 마음도 있었다. 1,000만 원이 아니라 그 이상의 수익이 나는 물건이었으니 말이다. 하지만 사실 예상 수익은 매도가 완료가 되어야 비로소 실제 수익으로 내게 돌아오는 것인데, 매수자를 찾기 힘들다는 사실은 미처 예상하지 못했던 리스크였다. 만일 소유자의 제안을 무시하고 명도한 뒤, 몇 달 동안 매도가 되지 못했다면 어땠을까? 그랬다면 아마 급매물보다도 더 싼 금액에 매물을 내놓았어야 할 것이고, 수익은 더 적게 돌아왔을 것이다. 게다가 매도가 되기까지 하루하루 가슴 졸이는 날들을 보냈을 터였다. 결과적으로는 단기간 내 수익을 내고, 그 수익금을 종잣돈 삼아 또 다른 물건에 투자했으니 잘한 결정이었다. 투자금이 적다면 회전율이 좋은 물건에 투자해야 함을 기억하자.

여자 혼자서도 잘하는 명도의 비밀

점유자를 꼭 만나야 할까?

낙찰 후 점유자를 찾아가 이사해달라고 하는 것은 사실 부담감이 엄청난 일이다. 남한테 싫은 소리하기가 쉽지 않으니 말이다. 그래서 초보자, 특히 여자 분들이 가장 두려워하는 단계가 명도인데, 고수들조차 점유자와의 만남을 즐기는 분은 없을 것이다. 그러나 명도가 어차피 넘어야 할 산이라면, 좀 더 가뿐하게 넘을 수 있는 방법은 있다.

어떤 분들은 낙찰 후 바로 점유자를 만나기도 한다. 그러나 초보의 경우에는, 막상 점유자를 만나도 어떻게 대화를 이끌어가야 할지 익숙하지 않아 괜히 얼굴만 붉히는 일이 생길 수 있으니 섣불리 만나지 않는 것이 낫다. 게다가 낮 시간에는 대부분 직장일로 집이 비어있어 만나기도 쉽지 않다. 낙찰 당일은 그저 낙찰의 기쁨을 맘껏 즐기도록 하자! 이편이 정신건강에도 좋고 시간도 절약하고 여러모로 이득이다.

그동안 명도를 진행하며 전화통화와 서면만으로 해결한 지방 물건도 있지만, 대부분은 평균 세 번 정도 점유자를 만났다. 내용증명 발송 후, 합의서 작성 시 그리고 마지막으로 이사 당일에 말이다.

가급적이면 점유자와의 만남은 최대한 그 횟수를 적게 가지고, 자주 만나는 것이 결코 좋지 않음을 명심하자. 특히나 낙찰자가 여자인 경우, 괜히 찾아가서 얼굴 먼저 보여주는 실수를 하지 말자. 괜히 약발이(?) 떨어지는 결과를 초래할 수 있다.

1단계. 내용증명을 보내자

낙찰 후 일주일이 경과되면 매각허가가 결정되며, 이 날을 기점으로 한 달 후에 잔금기일이 정해진다. 이렇듯 매각허가결정 이후에도 한 달의 여유가 있으니, 너무 조급해 하지 말고 그동안 낙찰자의 입장을 담은 내용증명을 작성하도록 하자.

실제 나는 보통 매각허가가 결정된 후에야 움직이는데, 요즘 점유자들은 대부분 낙찰 당일에 낙찰됐다는 것을 알고 나름 대응을 준비하기 때문이다. 그런데 당연히 올 것이라 생각한 낙찰자의 연락이 일주일이 넘게 오지 않으면, 오히려 점유자가 당황하기 시작한다.

바로 이 타이밍에 내용증명을 발송하여, 점유자에게 낙찰자의 연락이 왔다는 안도감(?)을 주는 것이다. 낙찰자를 전혀 모르는 상태에서 내용증명을 받으면, 그 내용 자체에 집중하게 되어 자신이 처한 상황을 냉정하게 뒤돌아보도록 도울 수 있다. 그러나 미리 대면한 상태에서 첫 번째 내용증명을 받게 되면, 인상 좋은(?) 내 얼굴을 떠올리며 설마 이렇게까지 하겠나 싶어 효과가 반감될 수 있다. 그래서 특히 여자의 경우, 급한 맘에 괜히 먼저 찾아가지 말라고 한 것이다.

내용증명 작성에는 특별히 정해진 양식은 없이 몇 가지 사항에 유의하여 작성하면 되는데, 실제 내용증명을 토대로 설명하겠다.

내용증명

제목 : 명도촉구서

발신 : 인천시 남동구 ○○동 △△

발신인 : 이 선 미

수신 : 서울시 강남구 도곡동 ○○번지 쿵쿵빌라 △호

수신인 : 나점유

해당 부동산의 표시 : 서울시 강남구 도곡동 ○○번지 쿵쿵빌라 △호

발신인은 해당 부동산에 관하여 서울중앙지법 본원 2018타경○○호 사건을 통해 2019.8.△.에 낙찰을 받고 법률사무소를 통해 소유권 이전을 준비 중인 최고가매수인이며, 수신인은 해당 부동산을 점유하고 있는 대항력 없는 임차인입니다. 발신인 본인은 명도에 따른 절차를 아래와 같이 밟아가고자 하며, 따라서 본 내용증명을 보내드리오니 현명한 판단하시기 바랍니다.

-아 래-

1. 귀하는 대항력이 없는 임차인으로서 소유권 이전일부터 보증금 없는 임료 상당의 금액을 지급할 법적의무가 있습니다. 따라서 본인은 소유권 이전일부터 해당 부동산을 인도받을 때까지 귀하에게 매월 300만 원(감정가 3억 원*1%)의 임료를 청구할 것이며, 지급하지 않을 시 부당이득반환 소송을 제기할 것입니다.

2. 귀하가 법원에서 배당금을 지급받으려면 낙찰자의 명도확인서 및 인감증명서가 반드시 필요하며, 본인에게 해당 부동산의 인도가 이루어지지 않을 경우에는 위 서류를 발급해 줄 수가 없고 귀하는 배당금을 수령할 수 없게 됩니다.

3. 본인은 귀하와 원만하게 명도 협의가 되기를 바랍니다. 본 내용증명 수신 후, 7일 이내에 연락이 없을 시 협의 의사 없음으로 간주하고 소유권 이전 즉시 귀하를 상대로 부동산인도명령에 따른 강제집행을 신청할 것이며, 강제집행에 따른 비용 일체 역시 귀하에게 청구할 것입니다. 그러나 이 부분은 원만한 합의가 이루어지지 않았을 경우를 가정한 것이오니 오해 없으시기 바라며, 내용증명 수신 후 합의가 이루어지면 모든 절차는 마무리 될 것입니다. 따라서 발송된 내용증명에 기분 상하지 마시고 연락주시기 바랍니다.

2019년 ○월 ○○일

발신인 : 이선미 (인)

연락처 : 010 - ◇○◇○-◇○◇○

① 상황에 맞는 제목을 작성한다. 딱히 정해진 제목은 없고, 주제를 잘 드러내면 된다.

② 발신인과 수신인의 주소와 성명, 해당 부동산의 주소를 기재한다.

③ 발신인과 수신인의 현재 상황을 간략하게 기술한다.

④ 앞으로 진행될 절차를 일목요연하게 정리하여 작성하도록 한다.

이렇게 작성한 내용증명은 우체국에서 등기로 발송하면 되는데, 등기 이외에도 일반 우편으로 한 통 더 보내면 좋다. 집배원이 직접 전달해야 하는 등기우편물은 내부에 사람이 없을 경우 반송이 되지만, 일반 우편은 우체통에 꽂히기 때문에 점유자가 볼 수밖에 없기 때문이다.

보통 내용증명을 받은 점유자에게서 연락이 오면, 이후 1차 만남이 이루어지게 된다. 이 1차 만남에서의 대화가 앞으로의 명도를 결정짓게 된다고도 할 수 있을 만큼 중요하다. 서로의 첫인상이 결정되기도 하며 이때 정확하게 의사표현을 해야 주도적으로 협상을 이끌어갈 수 있다.

잠깐만요!

내용증명 어떻게 보내야 할까요?

내용증명은 우체국에서 보냅니다. 가실 때 원본 1통, 복사본 2통을 준비하시고, 원본이 여러 장일 때는 간인하셔야 합니다. 원본과 복사본이 같은지 확인한 후에 원본을 수신인에게 발송하는데요, 내용증명과 우편봉투의 주소는 똑같이 작성하세요. 복사본 1통은 우체국에서 3년간 보관하고, 1통은 낙찰자가 보관하게 됩니다. 비용은 1매에 1,000원, 1매 추가 시마다 500원이고 등기료가 추가되니 참고하세요~!

2단계. 명도에 효과적인 대화법은 따로 있다

점유자들은 세입자든 채무자든 상관없이, 이상하리만큼 낙찰자에게 매우 적대적인 모습을 보인다. 마치 낙찰자 때문에 보증금을 잃고, 집을 날리게 된 것 마냥 말이다. 물론 두려운 마음에 그러한 반응을 보이는 것은 이해하지만, 막상 겪으면 기분이 썩 좋지 않다. 이럴 때 공공의 적을 만들고, 3자 화법을 통해 대화를 진행하면 얄미울 만큼 수월한 명도가 가능하다.

공공의 적 만들기는 그들이 원망할 대상은 낙찰자가 아닌, 채무자 또는 채권자라는 점을 부각시키는 대화법이다. 세입자에게는 '낙찰자는 죄가 없다. 보증금 못 받게 된 건 채무자 탓이다.'라며 채무자를 적으로 만들고, 채무자에게는 '채권자가 좀 너무했지만, 어쩔 수 없지 않냐.'라는 식이다. 이렇게 하여 괜히 낙찰자에게로 향하는 원망과 흥분을 가라앉힐 수 있다.

공공의 적을 만든 후에는 3자 화법을 사용한다.

묘령의 사장님 한 명을 만들어 그 분이 낙찰자고, 나는 그 분의 심부름으로 일처리를 수행하는 직원이라고 이야기를 하는 것이다. 낙찰자는 오랫동안 부동산 투자를 해온 베테랑이고, 협의가 되지 않을 경우 인정사정없이 강제집행을 하는 분이라고 소개한다.

이 3자 화법은 상대방이 무리한 요구를 할 때 일시에 차단이 가능하다는 장점이 있다. 어차피 의사결정자는 내가 아니고 우리 사장님이기 때문에 지금 확답을 드릴 수 없고 사정은 잘 말씀드려보겠다, 그렇지만 이런 경우는 법적절차를 못해서 안 하는 것이 아니라는 사실을 인지하셔야 한다고 이야기를 하는 것이다. 결정권자는 내가 아니라고 애매하게 발을 빼면서 점유자에게 인지시켜줘야 하는 상황은 콕콕 짚어 이야기 해줄 수 있는 정말 유용한 화법이다.

이사비를 협상할 때도 좋다. 보통 점유자들이 요구하는 이사비는 낙찰자가 생각하는 금액과 많이 다른 경우가 대부분이다. 작은 원룸의 경우에도 보통 100만 원 이상을 요구하고, 소유자의 경우는 500만 원 그 이상까지 요구하기도 하니 말이다. 이럴 때도 묘령의 사장님을 등장시킨다. 그러고는 이사비로 50만 원 이상 준 것을 보지 못했다고, 100만 원을 받아가는 당신은 진짜 행운인줄 알라는 이야기를 하면 오히려 점유자들은 나를 측은한 눈빛으로 바라보며, 그런 악덕사장(?) 밑에서 이런 험한 일을 하며 산다고 오히려 나를 위로(?)해준다.

그리고 한 마디를 덧붙인다.

"어서 빨리 좋은 직장을 찾으세요."

마지막으로 이야기가 잘 진행되어도, 합의 여부와 상관없이 법적절차는 진행된다는 점을 미리 주지시키도록 하자. 만약을 대비해서 회사에서 그냥 일률적으로 밟는 절차인데, 합의가 잘 되면 절차가 진행될 일은 없으니 걱정하지 마시라고 안심시키면서 말이다!

잠깐만요!

점유자들이 하는 질문은 비슷비슷합니다. 자주 나오는 질문과 답변들을 정리해보았어요.
여러 번 읽고 연습해서 체득하면 유용하게 쓰일 겁니다.
하지만, 무엇보다 점유자의 이야기를 진지하게 들어주는 자세는 잊지 마세요!

1. 잔금은 납부하고 오신 거예요?!

나점유 : 잔금 납부했어요? 소유권도 넘어가지 않았는데 벌써 오시면 어떡해요? 아직은 엄연히 내 집이라고요.

쿵쿵나리 : (당황하지 않고) 알고 있습니다. 아직 잔금을 납부하지 않았지만 이사 문제 등을 상의하러 왔습니다.

나점유 : 잔금도 납부하지 않았는데 이사를 나가라고요?

쿵쿵나리 : 사모님, 잘 들어보세요. 저희가 잔금 납부는 내일 당장이라도 할 수 있어요. 하지만 그렇게 되면 내일부터 월세를 지급하셔야 하는데, 그렇게 하고 싶으세요? 아니시잖아요. 이사 날짜를 고려해보시고 미리 알려주시면, 그 날에 맞추어 잔금을 납부할 예정입니다.

2. 무리한 이사비를 요구할 때

나점유 : 이사비 500만 원 주세요.

쿵쿵나리 : 알겠습니다. 보고는 올려보겠습니다. 그런데 저희 사장님은 50만 원 이상 이사비를 준 적이 없으세요. 강제집행을 해도 이 정도 평수면 100만 원 정도면 충분한데 괜히 돈을 더 쓸 이유는 없지 않나요?

나점유 : 다른 곳에서 물어보니 다들 그렇게 준다는데요?

쿵쿵나리 : 사모님, 선무당이 사람 잡는다고 잘못된 정보를 믿고 고집 피우시다가 결국 이사비는커녕 강제집행 당하시는 분들도 보았습니다. 법무사 사무실에 찾아가 전문가에게 한번 확인해보세요. 사실을 확인해 줄 거예요.

3. 법대로 하세요, 우리는 계속 살만큼 살다 나갈 테니까

쿵쿵나리 : 이사 날짜는 잡으셨는지요?

나점유 : 우리는 살 만큼 살다가 갈 겁니다. 지금 돈도 없고, 집도 구할 수가 없어요.

쿵쿵나리 : 그렇게 나오시면 저희도 어쩔 수 없이 법대로 진행할 수밖에 없습니다.

나점유 : 법대로 하세요. 소송 걸어도 5-6개월은 살 수 있다고 들었어요.

쿵쿵나리 : 사모님, 크게 잘못 알고 계세요. 법대로 진행하게 되면 강제집행까지 걸리는 시간은

한 달이면 충분합니다. 소유권 이전일로부터 사모님한테 월세받을 권리가 있지만 안 하고 있잖아요. 오히려 저희가 부당이득금청구를 하면 사모님이 소송비용 및 밀린 월세를 지불하셔야 합니다. 법대로 못해서 안하는 게 아닙니다.

4. 배당받는 세입자 명도 시

나점유 : 아직 집을 구하지 못해서요. 석 달 정도 시간을 주세요. 그럼 그때 나갈게요.

쿵쿵나리 : 배당기일 때 보증금 안 받으실 건가요?

나점유 : 그건 아니죠. 법원에서 배당기일에 돈을 준다는데 누가 안 받아요?

쿵쿵나리 : 배당기일에 보증금을 받으시려면 명도확인서와 낙찰자의 인감증명서가 필요합니다. 명도확인서는 말 그대로 이사 나갔다는 확인서인데, 이사도 나가지 않은 상태에서 드릴 수는 없습니다. 그리고 소유권 이전일부터는 낙찰자에게 월세를 지급하셔야 해요. 원만히 협의가 되지 않으면 그때부터 이사날짜까지의 월세를 청구할 것이고요. 사모님 받으실 배당금에 가압류도 가능하지만 그렇게 처리하고 싶지는 않으니 신중히 생각해보세요.

5. 미리 이사비를 줄 수 없나요?

나점유 : 당장 이사 갈 집 계약금도 없어서 그러니 이사비를 먼저 주실 수 없나요?

쿵쿵나리 : 그렇게는 안돼요. 규정상 모든 짐이 빠지고 공과금 납부 확인 후 이사 당일에 지급할 수 있습니다.

배당받는 세입자는 낙찰자의 명도확인서와 인감증명서를 지참하여야 배당을 받을 수 있다. 따라서 이 두 가지 서류가 핵심이므로 명도 완료 이전에는 이 서류를 세입자에게 주어서는 안 된다는 것을 잊지 말자. 배당받고 나가겠다고 철석 같이 약속해 놓고 배당 이후, 언제 그랬냐는 듯 이사를 가지 않는 경우도 있기 때문이다. 그렇다면 그때는 명도소송으로 5~6개월을 싸워야 한다.

8장

경매로 차를 바꾸다

나는 차가 없이는 못 산다. 원체 걷는 것을 싫어해 가까운 곳이라도 차를 가져가야 맘이 편하다. 대중교통을 이용하면 기름 값도 아끼고 직접 운전하는 수고도 덜 수 있기는 하다. 하지만 사람이 많은 복잡한 곳을 싫어하고, 혼자만의 공간을 즐기는 나에게는 차가 필수다.

어디 그것뿐인가?

네비게이션에 목적지를 입력하면 나를 물건지로 안내해 준다. 워낙에 궁금한 것은 못 참는 성격이라 한밤중 임장이 잦은데도, 늦은 밤이라고 투덜대는 법도 없다. 가끔은 지름길을 두고 엉뚱한 곳으로 안내하여 애를 먹이기도 하지만, 늘 나와 임장여행을 같이 하는 친구다. 차로 인해 최상의 기동력을 갖추었고, 정말이지 나에게는 없어서는 안 될 왼팔 같은 존재이다.

그런데 언젠가부터 엔진이 쿨럭쿨럭 거리고, 차가 밀리는 현상이 계속됐다.

점검을 받아도 마찬가지였다. 점검 후에는 잠시 나아질 뿐, 마치 불치병에 걸린 것처럼 쿨럭거리고 차가 밀리는 현상이 지속됐다. 임장 중 차 때문에 애먹는 일이 잦아지니, 점차 이 친구가 싫어지기 시작했다(내가 너무 못됐나?). 마침 그때 누군가가 행복재테크 카페에 올린 차량 낙찰기가 떠올랐고, 그 사람처럼 이참에 차를 낙찰받아보고 싶다는 맘이 간절해졌다.

중고차 시세조사

나는 생각이 들면 바로 실천하는 타입이다.

차량을 검색해 보니 군산에 차가 있었다. 개인적으로 SUV를 좋아하는데 원하는 조건의 차가 군산에 있었던 것이다. 거리가 멀어 갈까 말까 고민하다 일단 시세를 조사해 보기로 하였다.

우선 인터넷으로 맘에 드는 중고차량 시세를 검색해 보았는데, 일명 낚시 매물이 많았다. 웹상에는 가격을 저렴하게 올려놓고 막상 전화를 하면 그 매물은 팔렸다는 둥, 이런저런 핑계를 대며 더 높은 금액의 물건을 제시하는 것이었다. 웹상에 올라온 매물로 시세조사가 녹록지 않아진 나는, 다음 날 집 근처 중고차 매매타운에 가서 직접 조사해 보기로 하였다.

매매타운에 들어서자마자, 노란머리의 젊은 남자들이 다가오기 시작했다.

"사모님, 차 보러 오셨어요?"

"네, 그런데요. 제가 차를 잘 몰라서요."

"어떤 차 보시려고요?"

"음... SUV요. 1-2년 된 것으로요." (낙찰받을 물건과 가장 비슷한 것으로 질문)

"아, 많죠. 이쪽으로 오세요~"

나는 노란머리의 젊은 남자를 따라 설명을 들으며 각종 SUV를 시승해보았다. 그런데 내가 타 본 차량은 하나같이 무사고라며 침을 튀어가면서 자랑하는 것이었다. 하지만 그럴수록 나의 의심만 깊어져갔다.

'아니... 몇 년을 탔는데 어떻게 접촉사고도 없이 무사고인거지? 것도 전부다?'

내 귀에는 거짓말로 들렸다. 차라리 가벼운 접촉사고가 있었다고 했으면 믿었을 거다.

어쨌든 그렇게 각종 SUV 무사고(?) 차량들을 보고, 타고, 가격을 조사했다.

이렇게 조사한 중고차 시세와 입찰하려는 차량의 가격은 400만 원 정도 차이가 났다.

(자동차)감정평가표

이 감정평가서는 감정평가에 관한 법규를 준수하고 감정평가이론에 따라 성실하고 공정하게 작성하였기에 서명날인합니다.

감 정 평 가 사 이 남 윤 (인)

감정평가액	一金이천일백만원整 (₩21,000,000.-)		
의 뢰 인	전주지방법원 군산지원 사법보좌관 선 주 태	감정평가 목 적	경 매
채 무 자	—	제 출 처	경매3계
소유자 또는 대상 업체명	(2013타경)	기준가치	시 장 가 치
		감정평가 조 건	—
목 록 표시 근거	귀 제시목록	기준시점	조 사 기 간 / 작 성 일
		2013.02.27	2013.02.27 / 2013.03.04

감정평가내용	공부(公簿)(의뢰) 종 별	공부(公簿)(의뢰) 면적(㎡) 또는 수량	사정 종 별	사정 면적(㎡) 또는 수량	감정평가액 단 가	감정평가액 금 액
	자동차	1대	자동차	1대	—	21,000,000
		이	하	여	백	
	합 계					₩21,000,000.-

평가가액 산출근거 및 그 결정에 관한 의견

" 별 지 참 조 "

해당 차량의 감정평가서

여기서 잠깐 살펴보면, 차량이 경매로 매각이 진행되는 경우에는 부동산 경매처럼 해당 차량에 대한 감정평가서가 첨부된다. 즉, 해당 차량에 대해 공인된 감정평가사가 감정가, 사고 유무, 하자를 조사하여 작성하기에 신뢰성이 높다고 할 수 있다. 반면 중고차 매매타운에서 차량을 사게 되면 오로지 그 매매 딜러의 말만을 믿어야 해서, 석연치 않은 면이 있다고 할 수 있다.

차를 찾아 삼만리, 군산여행

입찰이 바로 다음 날이라 마음이 급했다.

중고차 시세를 조사했고, 인터넷 딜러에게도 몇 통의 전화를 걸어 시세를 다시 확인한 후, 대략적인 입찰가를 산정하였다. 무엇보다 입찰하려는 차량이 1년도 채 되지 않은 신차라는 점, 무사고 차량에 주행거리도 얼마 되지 않는 점이 내 마음을 들뜨게 하였다.

차량은 입찰 전에 차가 예치되어 있는 곳에 가서 직접 볼 수 있지만 워낙 입찰기일을 촉박하게 앞두고 발견한 물건이라 사진으로만 보고 입찰 결정을 할 수밖에 없었다.

입찰 당일, 여러 가지 일로 하루의 일과를 정리하고 잠자리에 들려고 하니 벌써 새벽 2시다.

조금 눈을 붙였다가 일어나서 출발하기로 결정했다. 몇 시간이나 잘 수 있을까 시간을 거꾸로 계산해보니, 군산에 오전 10시까지는 도착해야 하는데 집에서 족히 3시간은 넘게 걸린다. 그렇다면 새벽 6시에는 일어나야 하는데, 도저히 일찍 일어날 자신이 없다. 머릿속에서 알람을 끄고 다시 잠을 청하는 내 모습과 사진으로만 확인한 차가 오버랩 되면서 정신이 번쩍 들었다(절대 포기할 수는 없지!). 나는 침대에 자동으로 누우려는 몸을 억지로 일으켜 대충 가벼운 담요를 가방에 넣고 집을 나서기로 했다. 현관문을 막 열려다가, 곤히 자는 아이들 생각이 나서 간단히 메모를 적었다. 아침에 깨어났을 때 엄마가 없어진 것에 놀랄까봐 말이다.

'사랑하는 아들, 딸~ 엄마가 지방에 볼 일이 있어 알람 맞추고 급히 나가. 일어나서 간단히 우유라도 마시고 가렴. 늦지 말고 학교 가길... 오늘도 파이팅~'

노상 해오는 일이지만 이럴 때마다 아이들에게 미안하다.

천사처럼 자고 있는 아이들은 뭐가 그렇게 고단한지 두 팔을 벌리고 코까지 골고 있다.

잠시 생각에 잠긴다.

서른넷에 혼자가 된, 철이 없던 나는 아이들이 버거웠다. 내 앞길을 막고 있는 족쇄라고 느껴져 차라리 아빠한테 가 버렸으면 하는 상상도 했다. 이혼 후 절망에 빠진 나는 삶의 목표를 잃어버린 채 긴 시간을 방황하였다.

오로지 앞만 보며 산 내게 왜 이런 일이 생겼는지, 뭐를 그리도 잘못하여 내가 싫다고 떠나갔는지, 남을 해하거나 나쁜 일을 하지 않으며 나름 열심히 살아온 것에 자부하며 살았거늘 그래서 이제는 한숨 쉬어가며 아이들과 오순도순 살 수 있겠다고, 행복해지려고 하고 있을 때 남편은 내가 싫어졌다며 나를 떠나갔다.

아이 아빠가 빠져나간 집은 텅텅 빈 것 같았다. 어리고 어렸던 아이들은 똘망똘망한 눈으로 나만 바라보았고, 집안 살림을 맡아 해주신 친정 엄마조차도 나를 근심어린 눈으로 쳐다보았다. 돌이켜보면 순간순간 잘못된 생각도 많이 하였다. 그럴 때마다 아이들 자는 모습이 떠올랐다. 세상모르고 자는 근심 없는 내 아이들.

지금 와서 생각해보면 당시 아이들도 어리지만 고민이 많았을 것이다. 헤어지기 전, 엄마 아빠가 싸우는 모습에서 그 어린 것들이 얼마나 마음에 상처를 받았을까. 눈치를 보면서도 내색은 하지 않던 아이들이었다. 작은 딸은 초등학교 입학식날도 아무렇지도 않게 할머니와 나만 참가한 입학식을 치러야 했고, 매년 돌아오는 체육대회는 아빠가 없는 체육대회 행사로 끝이 나곤 하였다. 누가 시키지도 않았는데도 주변에서 아빠의 존재를 물어오면 외국 출장을 나갔다고 대답을 했다. 그 모습조차 나는 왜 이리 가슴이 아프고 저린지.

잠시 생각에 잠겼던 나는 아이들의 이마에 가볍게 뽀뽀를 한 후 집을 나와 군산으로 차를 몰았다. 비가 내 가슴의 비처럼 마구 쏟아지기 시작했다. 졸음과 폭우로 인한 사고가 염려되어 1시간 간격으로 휴게소에 들러 눈을 붙였고, 해 뜰 무렵에 군산에 도착할 수 있었다.

생일날 받은 뜻밖의 선물

입찰 전, 출출하기도 하고 시간이 한참이나 남아 해장국을 먹으러 갔다. 아침부터 여자 혼자 와서 해장국을 시키니 요상한 눈빛으로 나를 쳐다본다.

밥을 먹으며 다시 한번 입찰가를 산정하고 확신했다.

그러던 중, '띵동' 문자 알림이 왔다. '생일을 진심으로 축하합니다. ○○생명.'

생일? 오늘이?

휴대폰의 날짜를 확인해보니, 음력으로 내 생일이었던 것이다. 워낙 생일이니 뭐니 기념일에 관심이 없어 매년 돌아오는 생일도 제대로 챙겨본 적이 없다. 보통 하루 이틀 지나고 나야 생일이었음을 알거나 지인들에게 전화가 걸려 와서야 알기도 했다. 이번엔 생일이라는 사실을 당일에 알았으니, 생일 선물로 낙찰을 받고 가벼운 마음으로 집에 돌아가고 싶었다.

어느덧 입찰시간이 가까워져 서둘러 법원에 들어갔다. 군산지원이라 그런지 법정이 아담했다. 궂은 날씨 탓인지 사람도 많질 않았고, 논에서 일하다

온 듯 장화 신은 농부들도 하나 둘 보였다. 새벽 내내 내려오느라 숙면을 취하지 못한 나는 입찰표를 제출하고 의자에 앉아 졸기 시작했다. 옆자리에서 부스럭거리는 소리에 깨어나 살짝 눈을 떠보니, 한 남자가 스마트폰으로 내가 입찰한 차의 모델을 검색 중이다. 웃음이 나왔다. 설마 이렇게 졸고 있던 여자가 같은 물건에 입찰했을 거라고는 생각도 못할 테지.

시간이 흘러 입찰결과가 발표되기 시작하였다.

시골이라 그런지 결과발표도 한참이나 걸리고, 낙찰자에게 발급하는 낙찰 영수증도 집행관이 직접 수기로 작성하여 도장을 찍어 준다. 내 물건은 거의 마지막에 있었고, 입찰결과가 확인된 사람들이 하나 둘 썰물처럼 빠져나가 법정은 이내 썰렁해졌다.

드디어 마지막 사건번호가 호명되었다. 바로 내가 입찰한 물건이다.

남아있는 사람들을 쭉 둘러보니 젊은 남자들과 중년의 남자들뿐이다. 즉, 여자는 나 혼자만 남아있었다는 뜻이다. 뭔가 분위기가 좀 어색해서 헛기침을 하고 있는데, 입찰한 사람들의 이름이 불러지고 열대여섯 번째로 내 이름이 불렸다. 그리고 그 뒤에도 다른 사람의 이름이 더 불려졌다. 떨어졌구나 싶어 입찰보증금을 돌려받고 집으로 가야겠다, 하고 포기하고 있는데 집행관이 다시 내 이름을 부른다.

"인천 △△에서 오신 이선미 씨. 나오세요."

"네? 저요?"

"기다렸다 영수증 받아가세요. 이것으로 ○○타경 ○○○○사건은 최고가 매수인 이선미 씨로 결정되었습니다. 종결하도록 하겠습니다."

입찰한 남자들이 일제히 나를 쳐다본다. 인천에서 여기까지? 뭐야 저 아줌마는? 하는 눈빛들.

나는 갑작스런 시선에 얼굴이 빨개져 얼른 영수증을 받고는 후다닥 법정을 빠져 나왔다.

차 안으로 돌아와 긴가민가하여 낙찰 영수증을 다시 살펴보았다. 그 사건 번호가 맞다. 그리고 정확히 내 이름으로 낙찰을 받은 것이다. 부동산은 여러 번 해봤지만 차량은 처음이라 얼떨떨하기만 했다. 나는 마음을 진정시킨 후 다음 단계로 무엇을 해야 할지 생각했고, 생일날 이런 선물을 주신 것에 대해 하나님께 깊은 감사의 기도를 드렸다. 감사합니다. 하나님!

생각지도 못한 난관, 대출이 안 된다!

당연히 모든 경매 물건은 낙찰만 되면 대출이 되는 줄 알았다. 그래서 차량도 낙찰이 되면 법원 앞 대출 아주머니들의 환호를 받으며 대출 명함을 수없이 받을 줄만 알았다. 그런데 낙찰받고 법정에서 나왔는데 대출 아주머니가 하나도 없다. 좀 의아했지만 시골이라 그런가 싶어 대수롭지 않게 생각했다.

차로 돌아와 예전에 거래했던 대출 팀장에게 전화를 걸었더니 대출이 안 된단다. 이 무슨 마른하늘에 날벼락 같은 소리. 왜 대출이 안 되느냐 물었더니 대출 금액도 작을뿐더러 원래 차량은 거의 대출을 하지 않는다는 것이다. 이런...

큰일이었다.

원래 계획은 기존 차량을 중고로 팔아 잔금 일부를 마련하고 나머지는 할부를 하려했으나, 대출이 안 된다니 꼼짝없이 목돈 1,800만 원이 나가게 생겼다. 이렇게 되면 다른 물건에 투자할 돈을 오롯이 이 차에 넣어야 하는 상황이 되어 버리는데, 절대 그럴 수는 없었다.

대출이 안 된다고 했지만 방도를 마련해야 했다. 나는 당연히 될 거라는 믿음을 갖고 대출을 알아보기 시작했고, 끝내 잔금기일이 촉박해서야 신용대출로 잔금을 마련할 수 있었다. 그렇게 우여곡절 끝에 잔금을 납부한 후, 경매계에서 차량 인수증을 받아 쥐고는 차가 있는 차고지로 향했다. 그 날도 비는 구슬프게 내리고 있었다.

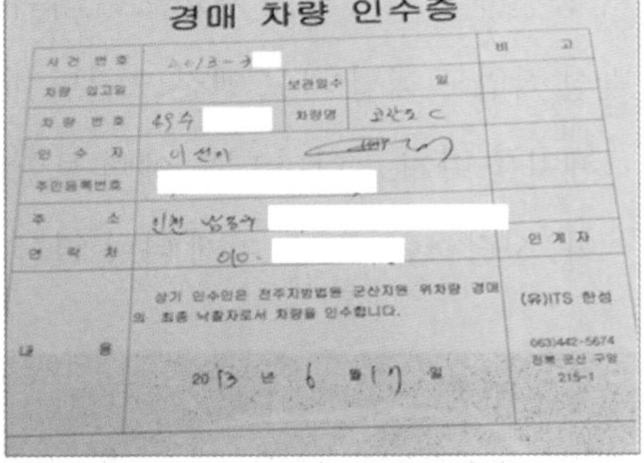
경매 차량 인수증

사건번호
차량 입고일
보관일수
일
차량번호
차량명
인수자
주민등록번호
주소
연락처
비고
인계자
내용
상기 인수인은 전주지방법원 군산지원 위차량 경매의 최종 낙찰자로서 차량을 인수합니다.
2013 년 6 월 17 일
(유)ITS 한성
063)442-5674
전북 군산 구암
215-1

경매 차량 인수증

차고지에 도착하여 차량 인수증을 보여주니, 책임자가 열쇠를 건네주며 차량이 있는 곳을 손짓하였다. 차 열쇠를 받으니 드디어 이 차가 내 차가 되었다는 실감이 났다. 키를 꽂아 운전석 문을 여니, 퀴퀴한 담배 냄새가 확 다가온다. 아마도 전 주인이 골초였나 보다. 찬찬히 둘러보니 콘솔박스에서도, 의자 옆 비치된 서랍 속에서도 담뱃갑과 담뱃재가 하염없이 나왔다. 일단 대충 쓰레기를 치운 후 시동을 걸었는데, 다행히 시동은 부드럽게 잘 걸린다. 오랫동안 차고지에 있던 차는 비까지 와서 더 그런 것인지, 때가 꼬질꼬질한 게 처량해 보이기까지 했다. 이젠 내 차가 되었다고 하니 마음이 아파왔다. 어서 이곳에서 벗어나 내 친구가 되어 주렴. 내가 깨끗이 닦아 줄게. 이젠 이런 곳에 있지 않아도 돼. 앞으로 나랑 잘 살자, 응?

차량을 인수받고 제일 먼저 한 일은 기름을 넣고 셀프 세차장으로 가서 세차를 한 것이다. 집에 올라와서도 할 수 있는 일이었고 얼마를 주고 손세차를 줄 수도 있는 일이었지만, 내 손으로 직접 하고 싶었다. 그래서 500원짜리 동전을 넉넉히 넣어 거품으로 샤워까지 시켜 주었다. 샤워를 마친 후에는 왁싱 작업도 직접 하고 엔진 오일도 바로 갈았다.

세차를 마치고 나니 더욱 예뻐 보였다.

아, 사랑스런 내 차. 이제 나랑 열심히 달리자!

차량 낙찰 정리
- 차 량 명 : 코란도 C
- 차량연식 : 2012년 / 무사고
- 주행거리 : 10,000 km
- 낙 찰 가 : 1,869만 원
- 중고시세 : 2,400만 원

딸아이 입학 선물로 차를 낙찰받다

작은 아이가 있다. 딸아이인데, 늘 밝지만 속이 깊은 아이.

할머니 손에 자라서 어른을 공경할 줄 알고, 내가 수술 후 거동조차 하지 못해 병상에만 누워있을 때 중학교 다니던 아이는 하루도 빠짐없이 병원에 와서 내 수발을 들곤 했다. 항암치료로 머리가 빠져 빡빡이가 되었을 때도 그래도 제 엄마라고 '빡빡이가 됐어도 너무 이쁜 우리 엄마'라며 사진도 찍어주고 이쁜 두건도 선물해 준 착한 딸이다.

엄마 혼자 반지하에 가서 물을 푸고 장판을 깔고 공사를 할 때도 조용히 뒤따라와 고사리 손으로 같이 물을 퍼주던 아이였고, 늦은 밤 혼자 부동산에 전단지를 돌리던 나를 보며 '그거 재미있겠다, 나도 할래~'하며 따라나섰던 아이였다. 그런 아이가 이제 성인이 되어 대학에 입학을 하게 되었다.

그동안 고생한 그녀에게 차를 선물해 주고 싶어 경매로 알아보던 중, 오토마트에 올라 온 레이 차량을 발견했다. 연식도 얼마 안 됐고, 킬로수도 얼마 안 된 차량이다. 참고로 내가 여자라서 그런지 평소 차에는 관심도 없고, 기능적으로나 기술적으로도 아는 것이 별로 없어서 차량에 입찰할 때는 최소한 주행거리와 연식을 꼼꼼히 살펴보는 편이다. 아무래도 연식이 얼마 안 됐거나 주행거리가 짧은 차량은 서비스 기간이 많이 남아있기도 하거니와, 실제 차를 받고 나서도 별도로 수리할 부분이 별로 없기 때문이다.

급작스럽게 발견한 차량이었고, 오늘까지가 바로 입찰 마감이다. 오토마트는 전자입찰로 진행이 되는데, 입찰기간 동안에는 실제 차량보관소에 가서 실물을 볼 수가 있다. 그러나 내가 본 차량의 보관소는 지방이었기에 왔

◈ 부위별 차량상태

교환경력 부분	K,Q
수리경력 부분	F,I
도색경력 부분	
굴곡발생 부분	A,C,D,G
흠집발생 부분	E,F,I,J,O,Q
기타 유의사항	해당 점검서는 참고사항입니다. 차량상태 및 사고유무는 입찰자가 반드시 현물을 직접확인후 입찰하시기 바랍니다.(클레임 불가)

A [뒤범퍼]	C [뒷휀다(우)]	D [트렁크]	E [뒷휀다(좌)]	F [뒷도어(우)]
G [루프]	H [뒷도어(좌)]	I [앞도어(우)]	J [앞도어(좌)]	K [앞휀다(우)]
M [본넷트]	O [앞휀다(좌)]	Q [앞범퍼]		

오토마트에서 제공하는 차량 점검서 일부

다갔다할 시간이 없었다. 하는 수 없이 오토마트에서 제공하는 차량 점검서를 자세히 살펴보았다. 차량 점검서에는 해당 차에 대한 히스토리 및 정보, 그리고 교환이나 수리한 부분이 있다면 그 부분까지 표시되어 있기 때문에 신뢰성이 높다.

차량 점검서와 실물 사진을 수십 번 보고 또 본 후, 입찰가를 적고 최저가의 10%를 입금했다. 중고시세는 엔카와 K카 사이트, 일반 중고사이트를 살펴보았으며 전화로 중고차 딜러들에게 확인을 한 후 입찰가를 결정하였다. 하지만 직접 가서 본 물건이 아니었기에 낙찰되면 좋고 떨어지면 말자는 식으로 최저가로 적어냈던 터라 기대는 하지 않았다.

그런데, 다음 날 오후 2시.

"이선미 씨 되시죠? 여기 오토마트 ○○지사인데요. 레이 차량 낙찰되셨습니다."

"네~? 낙찰이 되었다고요?"

"내일 오후 4시까지 잔금 납부하시고, 보험가입 증명서하고 신분증 사본 팩스로 넣어주세요. 블라블라~~"

맙소사. 낙찰이라니...

잠시 당황하긴 했지만 내일 4시까지 잔금을 납부하라는 소리에 서둘러야 했다. 소액이긴 하지만 대출이 되는지도 궁금했고, 이왕이면 대출을 이용해보는 것도 괜찮을 거란 생각이 들었다. 그래서 오토마트와 연결되어 있는 신한은행(신한 마이카 대출)에 전화해서 물어보니 연식도 얼마 안 됐고, 주행거리가 짧고 낙찰가도 저렴해서 낙찰 잔금의 100%가 대출 가능하다고 한다. 헐, 대박~~

그렇게 목돈 한 푼 들이지 않고 딸아이에게 줄 입학 선물을 준비할 수 있었다.

깜찍한 그녀에게 어울리는 차. 깡충깡충거리며 좋아할 딸아이가 생각나 나까지 기분이 업 된다.

선물 같은 내 딸.

딸아이가 없었다면 그간의 힘든 세월을 버텨내지 못했을 것이다.

차를 선물받은 딸아이

그런 그녀에게 엄마인 나도 선물 같은 존재이길 희망해 본다.

잠깐만요!

차량 경매 팁!!

1. 오토마트 (http://www.automart.co.kr)

민간 벤처기업으로 체납 차량 및 관공서, 금융기관 등의 차량을 인터넷 공매 시스템을 이용하여 공개 매각하는, 대표적인 차량 전문 공매사이트예요. 이곳에서 차량을 낙찰받으면, 제휴를 맺은 금융회사에서 대출 및 할부를 진행해 줍니다.

2. SK엔카 (http://www.encar.com), K Car (http://www.kcar.com)

중고차 매매 사이트 중 가장 잘 알려진 곳이죠.

일반인도 직접 매물 등록을 할 수 있고, 엔카 및 K Car의 자체시스템을 이용하여 차의 성능과 상태를 점검한 후 사고 유무를 '점검 기록부'에 기재하여 제공하고 있습니다. 매물이 가장 많기에 중고시세를 조사할 때 유용한 사이트이며, 실제 새로운 차량 낙찰 후 기존 차를 매도할 때도 방문서비스를 신청하면 담당자가 무료로 방문을 하는데, 이때 차의 상태에 따라 바로 매도가 가능하기도 해요.

3. 온비드 (http://www.onbid.co.kr)

온비드는 공매를 통해 친숙한 사이트죠. 압류 차량뿐만 아니라 주거용 부동산, 토지, 유가증권, 기계장비 등 모든 체납과 관련된 물건을 공매로 매각합니다. 전자입찰로 가능하고 차량만 검색하여 입찰할 수도 있지만, 매물이 많지 않다는 게 단점이에요.

여자라서 더 잘하는 리모델링

어디서부터 수리해야할까?

집 앞의 빌라를 낙찰받은 적이 있다. 소유자의 사정이 딱해 예상했던 기간보다는 명도가 길어져서 애를 태웠지만, 결국 시간이 약이라고 시간이 흐르니 이사도 가고 정리가 된 물건이었다. 매일 아침 거실에서 그 빌라를 바라보며 이번만큼은 내가 직접 해 보기로 했다. 걸어서 1분 거리에 있기도 했지만 가만히 앉아 있는 것을 참지 못하는 성격 탓에, 또한 몸이 조금씩 회복을 하고 있는 것 같아 운동 삼아 움직여 보기로 했던 것이다. 그리고 건축을 하셨던 아버지의 피를 받아서 그런지 집안에 못을 박거나 무엇을 고치거나 만드는 것에 흥미가 남달랐기 때문에 이참에 한번 해보고 싶기도 하였다.

이 빌라의 경우는 20년이 넘은 빌라였다. 처음 명도 후 문을 열어 보았을 때는 기절하기 직전이었다. 소유자가 살기는 했으나 상황이 여의치 않아 거의 짐만 두고 있는 상태였던 것이다. 넘치는 쓰레기에 문짝 하나 제대로 달려 있지 않았고 썩은 음식물 냄새가 진동을 하였으며, 평평한 벽에도 먼지와 거미줄이 덕지덕지 붙어 정말이지 폐가 수준의 집이었다.

잠깐 낙찰받은 것이 후회되기도 했다. 그러나 이미 결과는 나온 것이고 후회해 봐야 소용없는 일인 것을 알기에 나는 줄자로 방 이곳저곳의 사이즈를 재고 집의 도면을 그렸다. 큰 아웃라인으로 화장실 공사와 싱크대, 도배장판은 업체에 맡기고, 페인트, 방수, 몰딩은 직접 해 보기로 결심했다.

아래 표는 공사 순서와 체크사항이다.

순서에 맞춰 필요한 공정을 진행하면, 큰 무리 없이 마무리 할 수 있다.

순서	공사 내용	시공 시 체크 사항	유용한 사이트
1	철거	화장실, 싱크대 공사 시 우선 철거	www.1dang79.com
2	방수	외부에서 시작하여 내부 공사로	www.handyplus.co.kr
3	페인트	실내 : 수성페인트 마감 베란다 : 무늬코트 마감 추천	www.paintbox.kr
4	타일공사 (화장실,베란다)	화장실이 UBR인 경우, 견적금액 올라 감	www.maxpoint.co.kr
5	몰딩	평몰딩(저가), 인테리어몰딩(고가)	www.inudeco.com
6	싱크대, 신발장	LPM – 일반적, 임대용으로 추천 UV하이그로시 – 매매용으로 추천	검색창에서 '싱크대'
7	도배	합지(저가), 실크(고가)	www.gniwallpaper.com
8	장판	방 턱 제거, 거실 걸레받이 추천	www.houstep.co.kr
9	입주청소	– 직접 : 비용 없음 – 전문청소업체 : 심한 찌든 때, 오래된 집 추천(전용 평당 1만 원 선)	www.24st.co.kr

※ 위 사이트는 저자와는 관련 없음을 알려 드립니다.

저렴한 비용으로 최대의 효과내기

인터넷 검색을 통해 몰딩업체와 페인트 쇼핑몰에 면적을 상담한 후 주문을 넣었다.

친절하게도 쇼핑몰에 도면을 팩스로 보냈더니 면적과 내용을 보시고, 담당자가 필요한 양을 계산하여 택배로 보내주겠다고 하였다. 또한 도배와 장판업체 역시 '레몬테라스'라는 카페에 들어가 '도배, 장판공사 의뢰' 게시판에 올렸더니 아주 많은 업체에서 쪽지로 견적을 보내왔다(동네의 인테리어 가게의 경우, 중간 마진을 챙기고 실무자들에게 하청을 주기에, 비용이 재료비+인건비+중간마진으로 구성된다. 그러나 직접 의뢰하는 경우 실무자들과 바로 접촉이 가능하기 때문에, 재료비와 인건비만으로 해결이 가능하다. 금액도 당연히 더 저렴하다). 나는 그중 원하는 조건의 기술자를 선택하여 일정을 잡았다.

며칠 후, 주문한 방수 제품이 도착했다.

오래 된 빌라여서 베란다 외벽에 갈라짐 현상이 보였고, 그 사이로 빗물이 들어오기도 했으며 그로 인해 방바닥도 습기가 있어 눅눅한 상태였다. 리모델링과 추후 임대, 매매 계약 후에도 가장 문제가 되는 것이 방수와 누수 문제다. 통상적으로 매매 후 6개월에서 1년까지는 방수와 누수는 전 소유자가 책임을 져야 한다는 계약서 조항이 있기 때문에, 리모델링 시 눈에 보이는 싱크대, 도배장판보다 방수와 누수 등 구조적 문제점에 신경을 더 많이 써야 한다. 싱크대나 도배장판 등은 인테리어적인 부분이지 삶을 영위하지 못할 정도의 문제는 아닌 것이다. 하지만 누수는 정상적인 삶을 살아가지 못할 정도의 불편함을 야기하는, 가장 기본적인 설비이므로 주인 또는 매도자 입장에서 책임을 져야하는 부분이다. 그래서 국가에서도 이 부분에 대한 비용은 필요경비로 인정을 하여 세금을 감면해 주는 것이다. 따라서 부동산에 가서 집을 볼 때도 인테리어 상태보다는 누수의 흔적이 있는지, 혹시 곰팡이가 심하지는 않은지를 가장 먼저 살펴야한다.

처음엔 건강상의 이유와 지인들의 만류도 있고 해서 방수 및 누수업체를 알아보았으나, 단 한 번의 시공으로는 힘들고 최소 3회 정도는 덧칠을 해야 효과가 나타난다고 하였다. 그렇게 3-4일 동안 시공을 해야 하고, 그 견적은 150만 원이 넘어갔다. 기가 막힐 노릇이었다. 재료비는 기껏해야 15만 원도 안 되는데 왜 이리 비싸냐고 따져 물었더니, 그 일을 시작하면 다른 일을 할 수가 없어 인건비로 계산을 한다는 것이다. 원재료 값을 알게 된 이상, 도저히 거금을 주고 맡기기에는 속이 쓰릴 것 같아 직접 시공하기로 했다. 그리고는 인터넷과 카페의 경험담, 자재를 파는 회사에 전화를 걸어 시공법을 확인하고 방학을 맞아 집에 있는 딸에게 용돈 5만 원을 제안하며 같이 하자고 하였다(용돈이 너무 적었나?).

처음에는 해 보지 않은 일이라 두렵기도 했다.

그리고 전문가들이 하는 영역이라 내가 과연 할 수 있을까? 라는 의구심도 들었다. 그러나 막상 파헤치고 알아보고 직접 해 보니, 정말 별 것 없었다. 방수액과 방수시멘트를 밀가루 개듯 섞어서 외벽에는 고무찰흙 붙이듯 붙이면 되는 거고, 내부 방바닥에는 조금 묽게 하여 붓으로 칠하면 그만이다. 이 공정을 3번만 하면 되는 것이다. 마르고 덧

직접 방수제를 바르는 모습

칠해야 했기에 그 기간은 총 4일이 걸렸고, 총 비용은 13만 원 정도 들었다.

페인트 역시 베란다와 방문을 하얀 색 수성페인트로 칠했고, 몰딩은 저렴한 평몰딩을 인터넷으로 주문하고, 역시 레몬테라스 카페에서 전문가를 섭외하여 인건비 15만 원을 주고 시공을 하였다. 또한 간단한 코너 몰딩 및 기둥 몰딩은 본드를 발라 직접 시공도 해 보았다.

전부는 아니지만 이렇게 직접 시공도 해보고 다른 작업하는 것을 옆에서 지켜보니 차후에는 집이라도 지을 수 있을 것 같았다. 정말 해 보는 것과 안 해 본 것과의 차이는 엄청나다는 것을 알게 되었다. 요즘은 몸 생각해서 직접 하는 것은 자제하고 있지만, 단순 노동이 주는 치유 또한 상당한 정신적 피로를 없애주기 때문에 가끔은 다시 그 노동을 하고 싶기도 하다.

완성된 20년 된 빌라 모습

눈엣가시는 제거하자

이 20년 된 빌라를, 매일 공을 들여 공사를 하고 마무리를 하였다.

역시나 애정을 준 만큼 결과는 훌륭했다. 누가 감히 이 집을 거미줄이 난무하고 오물 냄새에 진저리를 치던 빌라라고 하겠는가 싶을 정도였다. 그런데 공사가 끝나자마자 여기저기 부동산에 집을 내놓고, 인터넷 부동산 카페에도 예쁘게 사진을 찍어 올려놓았건만 사람들은 많이 와서 보는데 구매할 의사를 아무도 보이지 않는 것이었다. 이상했다. 금액도 깎아줄 수 있노라고 말했지만 다들 고개만 갸우뚱 거리고 생각해 보겠다고만 하는 것이다. 왜지? 뭐가 잘못됐나? 이 정도면 위치도 가격도 괜찮은데, 나 혼자만의 착각인가? 별의별 생각이 다 들었다.

원인을 파악해 보기로 했다.

집을 내놓은 몇몇 부동산에 찾아가 왜 집이 나가지 않는지 물으니, 경기가 안 좋아 그렇다는 빤한 답변과 함께, 오래된 빌라다보니 들어가는 입구가 너무 지저분하다는 답변이 돌아왔다. 20년이 넘은 빌라를 새로 지을 수도 없으니 갑갑한 마음이었다. 그 뒤로도 감감무소식이었다. 인터넷 카페에, 현수막 광고까지 해놓으니 주말에는 신혼부부들도 많이 와서 보긴 했지만, 뭐가 맘에 안 드는지 뭔가 뾰로통한 얼굴로 돌아가곤 했다. 더는 안 되겠다 싶어, 돌아가는 사람들을 잡고 물어 보았다. 뭐가 맘에 들지 않는지.

돌아온 대답은 "집 안은 깨끗하고 좋은데 빌라 밖이 너무 지저분해 보여요." 라는 것이었다.

아, 이게 문제였구나.

집 내부만 수리를 한다고 신경을 썼지, 빌라의 외부와 계단에 그곳에 사시는 할머니들이 마구잡이로 늘어놓은 장독, 간이 의자, 우산 등에는 신경을 쓰지 않았던 것이다. 그저 지나치면서 무의식적으로 지저분한 모습에 인상만 찡그렸을 뿐이었다. 역시, 내 눈에 보기 싫은 것들은 남의 눈에도 똑같아 보였던 것이다.

그날 저녁, 음료수와 소고기 두 근을 사가지고 빌라의 할머니를 찾아갔다. 할머니에게 이런저런 사정 이야기를 하며 계단 쪽의 짐들과 입구 쪽의 항아리 등을 치워 주실 것을 요청했지만, 집이 원체 작아 들여 놓을 곳이 없다고 안 된다고 하였다. 그리고 그게 무슨 상관이냐며 이제껏 20년 사는 동안 아무도 그런 말 한 사람 없다고 역정을 내시는 것이었다.

할 말이 없었다. 할머니께서 저렇게 나오시니 나 또한 대책이 없어 며칠 동안을 그 빌라 앞에서 서성거리며 고민에 빠졌다. 그러다 아차 싶었다. 창고를 만들면 되는 거 아닌가!

다음 날, 조립식 판넬 업체에 연락하여, 빌라 뒤편에 창고를 설치해 달라고 부탁을 했다(주차장 용도이기는 하나 주변에 공터가 많아 유명무실한 주차장이었다. 박스 줍는 소일거리를 하시던 할머니가 이미 주차장이 아닌 종이박스를 모아두는 장소로 사용하고 계셨던 것이다). 그리고 그 안에는 빌라의 사람들이 모두 사용할 수 있도록 칸칸이 앵글로 선반을 달아 줄 것도 요청하였다. 나는 공사가 끝난 후 계단에 아무렇게나 널브러져 있는 항아리와 의자 등을 창고로 옮겨 놓은 후 계단을 청소하였다. 그리고 빌라 입구 앞에 상추, 파, 꽃들이 심어진

빌라 뒤편에 설치한 창고

화분들을 목재소에 부탁을 하여, 비가 와도 끄떡없는 방부목으로 의자 겸 화분대를 널찍하게 제작하여 화분을 예쁘게 올려놓았다.

그 모습을 본 빌라 사람들은 깨끗해져서 너무 좋고, 집이 좁아 창고가 필요했었는데 창고까지 생겨 그 또한 고맙다고 내게 밥을 사겠다고 하였다. 그러면서 당신 같은 사람이 빌라의 총무를 맡으면 좋겠다고 이사 올 생각이 없냐고 계속해서 물었다. 나는 의외의 반응에 기분이 좋기도 했지만 겨우 100만 원 정도로 모든 것이 해결될 수 있는 것을, 아무도 나서려하지 않았다는 것에 약간은 실망하기도 했다.

어쨌든 창고 설치 후, 부동산에 다시 연락을 돌려 외부가 깔끔히 정리되었으니 매수자에게 자신 있게 집을 보여주셔도 된다고 잘 부탁드린다고 말했다. 그리고 얼마 지나지 않아 빌라는 매매가 되었다. 처음에는 수리하고 예쁘게 도배하고 치장하면 끝나겠거니 생각했으나, 요즘 수요자들은 주변 환경도 많이 본다는 것을 깨달았다. 모든 사람이 신축 빌라에 들어갈 만큼 사정이 좋은 것도 아니니, 그네들의 입장에서 원하는 것이 무엇일까 파악하면 20년 된 빌라도 충분히 매매가 되는 것이었다. 수익이야 창고 설치로 인해 100만 원이 더 지출되긴 했지만, 이로 인해 같은 동네에서 서로 지나칠 때마다 인사하는 사이가 되었고, 여러모로 많은 것을 배운 계기가 되었다.

상품을 만들자

나는 여자다. 그리고 주부다. 그래서 어떤 제품을 살 때에는, 제품의 기능도 보지만 디자인을 많이 보는 편이다. 반대로 남자들은 디자인보다는 제품의 성능과 기능을 많이 본다고 한다.

주로 많이 보는 빌라, 아파트, 오피스텔 등 주거용 물건들은 남자들보다는 여자들의 섬세한 부분이 더 잘 맞는다. 집안 살림을 하다 보니, 아무래도 주부들이 구조나 동선에 더 민감할 수밖에 없기 때문이다. 리모델링 역시 어떤 형태가 요즘의 트렌드에 더 맞을지, 어떤 벽지가 더 환하고 예뻐 보일지 감각적으로 잘 파악하기도 한다.

나는 처음 수리할 때, 동네 인테리어 가게 사장님에게 전부 맡겼었다. 신경 쓰고 싶지 않았기 때문이다. 그런데 여러 번 진행하며 분석해보니 인테리어 가게 사장에게 하청을 맡기고, 그 역시 공정마다 전문가들에게 재하청을 하는 구조라 비용이 더 많이 든다는 것을 알게 되었다. 또한 타일이나 도배지 등 자재 역시 그들이 쓰는 제품에만 한정이 되어 공사 후 모습을 비교해 보면, 매번 비슷비슷한 스타일이라 지겹기까지 했다. 그동안 해 온 것은 디자인이 아니라, 단순한 수리에 불과했기 때문이다.

나 같으면 저 집에 살고 싶을까? 스스로에게 물었더니 돌아온 대답은, 글쎄...였다.

그래서 이제 집을 상품으로 만들어 보기로 결심했다. 이왕이면 다홍치마라고, 예쁘면 보기에도 좋지 않은가. 단순히 화장실 고치고, 페인트 하얗게 칠하고, 집 넓어 보이라고 밝은 색 도배지를 발라놓고는 무슨 큰 인테리어라도 해 놓은 양 목에 힘을 주고 다닌 것에 후회가 밀려왔다. 몇 권의 인테리어 책을 사서 읽기 시작했고, 검색을 통해 인테리어 블로그를 방문하여, 그들이 시공해 놓은 디자인들을 수시로 보기 시작했다. 그리고 우연히 예전 직장에서 매장 인테리어를 담당하던 친구가 결혼으로 인해 퇴사를 한 것을 알고는, 그 친구에게 디자인 컨셉에 대한 도움을 요청하였다.

즉, 단순히 수리를 넘어 물건지의 동네, 수준, 연령대, 수리비용을 설정하고 컨셉을 정한 후 인테리어를 하는 것이다. 가령 역세권 주변의 소형 빌라나 아파트 같은 경우에는 연세 있으신 분들보다는 젊은 신혼부부를 겨냥하여, 아담하지만 답답하지 않게 그리고 요즘의 트렌드에 맞춰 원목 느낌을 살리고 거실 쪽에 포인트를 주거나 조명을 활용하여 러블리하게 만드는 것이 좋다. 반면, 평수가 넓고 주변 세대원들의 나이가 50대 중 · 후반이라면, 심플하지만 군데군데 엔틱스러운 요소를 넣는 것도 괜찮은 방법이다.

그 친구의 도움으로 실험적인 도전도 해보았고, 성과도 높았다.

그리고 발품을 많이 판 관계로 생각보다 비용이 많이 추가되지 않아 나름 만족도도 높았다. 이렇게 하여 주변 부동산들에 물건을 내놓으면 부동산 사장님들조차도 예쁜 인테리어에 놀랐고, 그들의 머릿속에는 이미 '예쁘고 괜찮고 저렴한 집'으로 각인이 되어 어느 누구의 물건보다도 빨리 계약이 될 수 있었다.

그렇다고 모든 물건에 인테리어를 하라는 조언은 아니다.

나는 큰 평형의 아파트는 인테리어를 거의 하지 않는다. 큰 평형을 구입하는 사람이라면 형편이 그다지 어렵지 않으므로, 입주 시 본인 스타일로 인테리어를 하고자 하기 때문이다. 따라서 어설프게 했다가는 괜한 돈만 날리고, 그네들이 모두 다 뜯고 공사를 다시 진행하는 불상사가 일어난다(나도 한 번은 이랬다).

정리하자면, 임대용 물건은 방수나 누수 등 구조적인 부분에 더욱 신경을 쓰고 도배나 장판은 깔끔하게 수리하는 것이 좋다. 매매 목적으로 수리를 할 경우에는, 주요 타깃층을 설정하고 그들이 원하는 바를 감안하여 인테리어를 하면 좋다. 물론 내 돈이 들어간 만큼 매매금액을 잘 산정해야 하며, 부동산에서 '인테리어를 한 집과 안 한 집의 가격 차이가 별로 없다.'라는 말을 들어도 속상해 하지 않고 내 주관을 뚜렷하게 피력하는 자세도 필요하다.

상품에 자신이 있고, 스스로 확신이 있으면 약간의 시간차가 있을 뿐 분명 효자 상품으로 그 역할을 톡톡히 해내기 때문이다.

잠깐만요!

단계별로 좀 더 알아볼까요?

첫 번째, 먼저 방수 부분이에요.

누수는 주로 창틀 등 미세한 공간을 통해 물이 내부로 스며드는 현상으로, 크게 반지하 같은 곳에서 올라오는 바닥 습기나 베란다 및 외벽과 맞닿아 있는 쪽에 생기는 결로현상(곰팡이) 등도 해당됩니다.

베란다 외벽 내부는 방수 페인트를 칠하고, 외부에는 방수 시멘트를 질척하게 반죽하여 물이 새어 들어올 것 같은 곳을 찾아 여러 차례 덧바르세요. 단, 날씨 좋은 날 3회 시행해야 합니다.

천장 누수는 누수가 될 만한 지점을 찾아 옥상에 올라가 방수 시멘트를 여러 번 바르고, 내부는 혹시나 몰라 습기에 강한 실크 도배지로 마감을 했었어요. 바닥 역시 방수 시멘트를 3회 덧바르는데, 제습기를 틀어놓으면 습기가 금방 말라 일하기에 수월하니 참고하세요.

유난히 외벽 쪽 창문과 아파트 베란다 새시 쪽에 누수자국이 많은 집은, 창문 새시의 틀과 이음새가 벌어져 그 사이로 빗물이 유입된 거예요. 이런 곳은 방수 시멘트로 해결하는 것보다 코킹 작업이라 하여, 벌어진 부분을 청소한 후 프라이머 같은 접착제를 도포하고 창호전용 실란트로 마감을 합니다. 이 부분은 높은 창문이나 베란다 밖에서도 해야 하는 공정이 있으므로 전문가에게 맡기는 것이 좋은데요. 코킹작업은 약 2~4시간이 소요되고, 그 비용은 15~20만 원 정도입니다.

두 번째로, 화장실이에요.

주방과 함께 주부들이 가장 유심히 보는 곳이 바로 화장실이죠. 가족들의 위생과도 연결되어 있고 사용빈도가 많으니 그럴 수밖에요.

화장실을 리폼할 때는 부분적으로 변기, 세면대, 거울, 샤워기 등 기구들만 교체하셔도 돼요. 이런 기구들도 가격은 천차만별이지만, 국산으로도 7~10만 원이면 구입할 수 있고요. 다만, 구매는 쉽지만 기존 설치된 기구를 철거하고 하수관에 연결하는 문제나 바닥 타일, 실리콘 작업 등이 까다로운 편입니다.
대부분 화장실은 물때로 인해 타일이 변색되었거나, 타일과 타일 사이에 물곰팡이가 끼어 하얀 시멘트가 회색빛으로 바뀐 경우가 많아요. 만약 전체적으로 상태가 심하지 않은 경우는 화장실을 리폼해주는 업체를 선택해도 좋습니다. 약 20~40만 원이면 타일의 묵은 때를 없애고 타일 사이에 낀 곰팡이를 제거한 후, 새롭게 매지(시멘트)를 입히고 광택처리까지 해주니까요. 부수적으로 수건걸이, 휴지걸이, 욕실장 등은 직접 사다가 시공해도 어렵지 않은 부분이니 이렇게 진행하면 저렴한 가격으로 훨씬 깔끔한 화장실이 탄생하는 것이죠.
또한, 오래된 아파트의 경우 뭔가 특이한 화장실도 만나게 되는데요. 욕조와 벽면을 톡톡 쳐보았을 때, 텅~텅~하는 소리가 난다면 UBR입니다. 80~90년대에 유행했던 화장실 시스템으로, 공장에서 미리 가공해서 그대로 설치하는 조립식 욕실인데요. 요즘은 이런 욕실은 거의 쓰지 않아서 99% 리모델링을 하는 대상이기도 합니다. 일반 화장실과는 달리 통째로 들어내고 시멘트를 바르고 방수처리를 하고 마지막으로 미장까지 해야 해서, 비용은 일반 화장실에 비해 약 70~100만 원 정도 더 비싸요.

세 번째, 싱크대 · 신발장 · 수납공간이에요.
집을 선택함에 있어 최종 결정권자는 주부죠. 그들이 가장 많은 시간을 보내는 곳이 주방이다 보니 가장 꼼꼼하게 보는 곳이기도 합니다. 그래서 저 역시 주방에 신경을 많이 쓰는 편이지만, 새로 교체를 하려면 그 비용이 만만치가 않아요. 한 번은 비용 때문에 고민하다가, 싱크대 안쪽 몸통은 아직 쓸 만해서 문짝만 교체했습니다. 즉, 리폼을 한 것이죠. 비용은 새로 설치하는 것의 반값이었지만, 안쪽의 선반들만 깨끗하게 닦아서 올려주었더니 새것과 다름이 없었습니다(검색창에 '싱크대 리폼'을 입력!).
싱크대의 재질은 보통 가정에서 많이 쓰는 LPM(저가), 하이그로시 UV(중가), 하이그로시 UV펄(고가)로 나뉩니다. 보통 사람들은 LPM과 UV를 잘 구별하지 못하는데, UV가 조금 더 광택이 납니다. 따라서 비교 견적을 했을 때, 다른 업체에 비교해서 너무 저렴하다 싶으면 재질이 무엇인지 확인하는 것이 좋고요. UV펄은 진주 펄이 들어가서 더욱 은은한 광택이 나요.
싱크대 위에 있는 상판 역시 나무재질에 필름을 입힌 일반 상판이 있고, 돌 같이 보이는 인조대리석 상판이 있는데요, 사람들은 당연히 인조대리석 상판을 선호합니다. 일반 나무 상판의 경우에는 사용기간이 늘어가면서 물을 먹기 때문에 부풀어 오르는 현상이 나타나고, 인조대리석은 튼튼하지만 칼질 등으로 인한 기스에 약한 편입니다. 교체비용도 만만치 않은데, 이것 역시 리폼으로 해결이 가능한 부분이 있어요. 바로 싱크대 리폼을 할 때, 업체에 인조대리석 샌딩(표면을 얇게 갈아주는 작업)을 하고 싶다고 하면, 약 5~10만 원에 작업을 해주니까요. 잔기스나 오물이 싹 제거되어 마치 새 상판으로 교체한 것 같은 효과가 납니다.
신발장은 싱크대 업체에서 한꺼번에 진행하시고, 재질은 싱크대 재질과 같으니 각 상황에 맞는 가격과 재질로 선택을 하면 됩니다.

아이들 방에 설치한 상부 수납장

수납공간으로는 베란다 쪽의 다용도실을 말하는데, 아파트의 경우에는 다용도실이 있는 편이기는 하나 선반만 있는 경우도 많습니다. 잡동사니가 켜켜이 쌓여있는 모습보다는 문으로 닫아 깔끔한 모습이 낫겠죠?

특히 빌라는 베란다가 없는 경우가 많아, 수납공간이 현저히 부족합니다.

그래서 아파트에 살던 사람이 빌라에서는 못 산다는 말이 있기도 해요. 아파트는 앞과 뒤로 베란다가 있어 부족한 수납공간과 빨래 건조까지 소화를 할 수 있지만, 요즘 빌라 같은 경우에는 거실만 크게 만들고 베란다 등이 거의 없어 수납공간이 부족하니까요. 저도 낙찰을 받고 지금의 빌라로 이사를 오면서 가장 걱정했던 것이 수납공간이었습니다. 그때 생각해낸 것이 아이들 방에 상부 수납장을 만드는 거였죠. 싱크대 위의 수납장을 아이들 방 위에 붙박이로 설치하고, 그 밑에 침대를 두었는데요. 이렇게 하니 별도의 장롱도 필요가 없고, 수납량도 상당해서 많은 물건을 넣을 수가 있었습니다. 방도 넓어졌고요. 색상은 주방처럼 하얀색으로 하면 너무 주방 느낌이 강할 것 같아 그린컬러로 하고, 밋밋함을 보완하기 위해 아들은 어린왕자 시트지를 딸은 숲 속의 새들의 속삭임 모양으로 시트지 5,000원 짜리를 사다가 위에 붙였더니, 정말 괜찮은 방으로 바뀌었습니다.

네 번째, 도배장판입니다.

임대는 필수로, 매매의 경우에도 오래된 집은 벽지가 누렇게 변색되어 있을 가능성이 높으니 도배장판을 하는 것이 좋습니다. 보이는 모습이 깔끔하면 구매의욕도 높아지는 것은 당연하니까요. 집의 상태에 따라 합지(저렴), 실크(고급)를 할 것인지를 판단해야 하는데요. 금액은 보통 많이 쓰는 광폭합지의 경우, 1롤 당 12,000~15,000원 정도로 1롤에 5평 정도, 쉽게 작은방 2면 정도 시공이 가능합니다. 요즘은 DIY가 유행하면서 직접 시공을 하려는 사람들이 많아, 1만원 정도를 추가하면 풀이 발라진 도배지가 방 사이즈에 맞춰서 배달이 되니 참고하시고요. 실크벽지 같은 경우에는 1롤 당 25,000~50,000원까지 다양합니다. 합지에 비해 다소 비싼 편이긴 하지만, 말 그대로 종이인 합지에 비해 실크벽지는 PVC코팅이 되어 신축성이나 보온성이 우수하며 변색이 잘되지 않아요. 오염물질이 생겼을 때도 걸레로 잘 닦이죠. 그러나 면이 비닐성분으로 코팅되어 습도조절이 안되며 코팅제 때문에 유해성분이 있을 수 있다는 단점이 있습니다. 시공비도 비싼 편인데, 합지는 풀 발라서 그대로 시공하지만 실크는 도배지 안에 부직포를 덧댄 후 그 위에 시공을 합니다. 일이 많으니 인건비도 합지의 2배 이상이 듭니다. 그러나 실용성과 고급스러운 장점이 있어 주부들이 선호하며, 일반 가정에서는 한쪽 벽면에 포인트를 주거나 거실에만 시공하기도 해요.
집 상태에 따라 벽면이 고르고 결로현상이나 곰팡이 등이 없는 집이라면 저렴한 합지를, 결로현상이 있거나 천정에 누수의 흔적들이 있다면 기본 방수 공사를 한 후에 혹시나 모르니 있는 그대로 스며드는 합지보다는 실크 벽지를 시공하는 것을 추천합니다. 무조건 임대는 합지, 매매는 실크는 아니라는 거예요. 저도 장마가 유난히 긴 해에 임대 놓을 생각에 합지로 시공을 했다가 장마 내내 물을 먹는 바람에, 장마가 끝난 후 방수 공사를 실시하고 실크로 다시 도배한 경험도 있었어요. 유난히 한쪽 벽면이 결로현상이 심해서 아예 그쪽은 실크로 하되, 색상도 짙은 것으로 하여 마치 포인트 벽지를 해 놓은 것처럼 하였더니 감쪽같았습니다. 이런 것도 경험에서 나오는 노하우가 아닐까요?
장판은 임대의 경우에는 세입자가 바뀔 때마다 해줘야 하는 번거로움이 있어, 저렴한 장판보다는 튼튼한 데코타일을 추천합니다. 물론 습기가 있는 반지하 등은 시공을 해봐야 습기 때문에 들뜸 현상이 일어나 추천하지 않고요. 일반 장판보다는 시공비나 가격이 비싸지만, 흠집에도 강하고 한 번 해놓으면 5~6년은 끄떡없습니다. 그래도 장판 시공을 원한다면, 브랜드는 중요하지 않고 전문가와 상의하여 적당한 금액대의 상품을 고르세요. 견적은 한 군데에서만 받지 말고, 여러 군데에서 받아 최종 선택해야 함은 물론이고요.

다섯 번째, 방문입니다.

특히 채무자가 살던 집의 경우는, 명도(이사)후 집에 들어가면 방문이 없기도 해요.
아무래도 상황이 그렇다보니 분노를 문짝에 푼 것인지(?), 구멍이 나 있기도 하고 이미 오래전부터 방문 없이 산 것 같은 집들도 있어요. 여하튼 전 제대로 된 방문을 보지 못 한 것 같습니다. 이런 경우 아예 방문 교체를 하려면 1개당 약 15만 원의(틀은 별도) 비용이 드는데요. 의외로 집 안에 방문을 세어 보면 꽤 많아요. 그러니 상태가 심각하지 않으면 페인트로 칠하는 것도 경제적인 방법입니다. 구멍 난 곳에 액자를 달거나 시트지를 붙이는 것도 괜찮고요.
최근 대형평형의 아파트를 낙찰받고 인테리어를 진행했었습니다. 페인트를 칠하자니 촌스러워 보일 것 같고 고급스런 인테리어 컨셉과도 맞지 않아 보였어요. 그렇다고 방문이 8개나 되는 탓에, 교체를 하자니 그 비용이 200만 원 정도 지출될 것 같아 만만치 않은 비용에 고민하고 있었습니다. 그때, 인테리어를 도와주던 후배가 리폼을 제안해왔죠. 다행히 공사 일정 중 목수 분이 해야 하는 부분이 있으니, 그 참에 방문도 리폼을 하자는 것이었습니다. 그럼 비용은 개당 5만 원 선으로 줄일 수 있노라고. 처음에는 의아했으나 믿고 맡겨 보기로 했고 그 결과는 놀라웠습니다! 기존 방문에 고급스런 필름지를 씌운 후, 그 위에 심플하게 액자식 몰딩을 하여 누가 봐도 멋있고 고급스런 방문으로 탈바꿈했으니까요. 정말 깜짝 놀랄 정도로 말이죠.

마지막으로는요.

사실 집수리에 대해 이야기를 하자면 한도 끝도 없어요. 그러나 경험상 보자면, 남자보다 여자가 훨씬 유리한 분야인 것은 틀림없는 듯합니다. 정작 본인이 사는 집은 마음처럼 매일 바꿀 수는 없지만, 낙찰받은 내 물건에 관하여는 하고 싶은 대로 할 수 있기 때문이죠. 여기에 여자의 섬세함과 감각이 포함되면, 세입자나 매수자들에게도 효과적으로 작용하는 인테리어가 탄생하는 겁니다. 의외로 세심한 포인트에 꽂혀(?) 계약이 진행되는 경우도 많아요.

그 밖에도 전등과 콘센트 등은 인터넷 사이트를 통해 저렴하게 구입해서 설치하시면 됩니다.
전등 교체는 전등을 구매하여 놓고 도배하는 분들께 부탁드리면, 약간의 추가 비용으로 설치해 주시고요. 저는 전기가 무서워 콘센트는 같이 경매를 공부한 지인께 매번 부탁하고 있지만요, 근처 철물점 사장님께 약간의 비용으로 설치를 부탁드려도 됩니다.
입주청소는 찌들고 오래된 집의 경우에는 직접 하는 것보다 전문 청소업체를 이용하는 것이 훨씬 낫습니다. 처음엔 돈이 아까워 몇 번을 직접 해봤는데, 생각보다 깔끔하게 마무리하기도 힘들고 청소 후 몸살로 며칠 시름시름 앓아본 기억도 여러 번이에요. 전문 청소업체들은 평형별로 금액이 다르긴 하지만, 보통 전용 평당 기준 1만 원 선입니다. 비용 대비 효과는 매우 놀라워서, 거의 새집 수준으로 청소가 되니 괜히 고생하지 말고 입주 청소 업체를 적극적으로 이용하길 바랍니다.
수리와 청소를 모두 마친 후에는, 예쁜 실내화 2켤레 정도를 사다가 문 앞에 놓아두세요. 그렇게 하지 않으면 집을 몇 번만 보여줘도 금세 바닥이 더러워집니다. 그리고 공사로 인해 여러 화학제품들(본드 등) 냄새가 날 수도 있으니 베란다 창문을 조금씩 열어두어 환기를 시키고(비가 들이치지 않을 정도), 천원샵 같은 곳에서 향기 좋은 방향제를 사다가 군데군데 놓아, 늘 집안에 은은한 향기가 나도록 하세요.

9장

3개월 만에 3,000만 원이 되어 돌아온 아파트

경매에도 비수기와 성수기가 있다

회사일로 의류대리점 오픈상담을 맡아 상권분석을 하면서 대체적으로 여름, 겨울 시즌에 임대 나오는 상가들은 월세와 권리금이 저렴하게 책정되고, 봄, 가을에는 월세와 권리금이 다시금 올라가는 경우를 종종 경험했다.

봄은 만물이 소생하듯 사람들도 무언가를 시작하고 만들어 내려는 심리가 작용하고, 반대로 여름과 겨울에는 무더위와 추위에 지쳐 심리가 위축되는 현상이 나타난다고 한다. 통계청 자료를 살펴보아도 창업을 가장 많이 하는 계절은 봄이라고 하니, 생각보다 날씨가 우리 생활에 많은 영향을 주고 있는 것이다.

그런데 날씨의 영향은 경매에도 미치는 듯하다.

남들이 더위를 피해 휴가를 갈 때 나도 가고 싶고, 남들이 추워서 입찰하러 가기 귀찮을 때 나 역시 귀찮다. 실제 날씨가 너무 춥거나 더울 때, 혹은 휴가기간이나 명절 연휴에 매각이 진행되는 경매 물건들은 상대적으로 경쟁률이 낮다. 남들이 움직일 때 더 먼저 움직이고, 남들이 쉴 때 더 열심히 해야 더 만족스런 수익을 얻을 수 있는 듯하다.

잠깐 사례를 이야기하자면 작년 연말쯤, 지방에 꽤 괜찮은 펜션 같은 빌라가 있었다.

공기도 좋고 도심에서 그다지 멀지않은 거리라 차후에라도 별장처럼 이용하여 아이들과 휴식을 취해도 좋을 것 같아 보였다. 워낙 유찰이 많이 되어 저렴한 가격이었고, 입찰 전 임장도 다녀온 물건이라 나름 '관심물건'으로 등록까지 해놓고 지켜보고 있던 빌라였다. 그런데 문제는 그 물건의 입찰일이 크리스마스 이브였다는 사실이다. 거리에는 캐롤이 쉼 없이 흘러나오고, 괜히 들뜬 마음에 연말 약속도 빼곡하게 잡아두었다. 결국 입찰 전날의 지인들과 즐겁게 달린(?) 후유증으로 입찰 당일 참석하지 못했다. 느지막이 일어나 혹시나 하는 마음으로 입찰결과를 확인해보니, 50%도 안 되는 가격으로 누군가 단독낙찰을 받은 것이었다. 술 몇 잔과 내 별장을 맞바꾼 듯, 아쉬움이 썰물처럼 몰려왔다(이후로는 입찰 전날 무리한 약속은 잡지 않고, 만남이 있어도 늦기 전에 마무리한다).

또 하나. 경매는 날씨와 시기적인 영향도 받지만, 정치적 이슈의 영향도 많이 받는다.

부동산은 특히 정부정책에 민감하다. 그래서 정부가 경기 활성화 차원에서 취득세 인하 내지 양도세 완화 등 호(好)대책을 발표하면 일시적으로 투자자들이 몰린다. 그러나 경기가 불황이라는 등, 아파트 거래가 되지 않는다는 등 부정적인 뉴스들이 속출하면 또다시 우르르 빠져나가 금방 썰렁해진다. 투자자들이 몰리는 시기에는 경쟁률도 높고 낙찰가 또한 많이 올라가는 편이고, 투자자들이 빠져나가는 시기에는 좀 더 여유롭게 좋은 가격에 낙찰받기가 수월해진다. 이렇게 다수의 투자자들이 빠진 경매시장에서는 옥석을 가릴 필요도 없이 좋은 물건들이 다량으로 나를 기다리고 있기에 훨씬 투자하기에 좋다. 바로 이때가 기회의 시기이기도 하다.

대형 아파트는 매매가 되지 않는다?

언젠가부터 부동산 투자가 보편화되고 대중화되면서 경매는 특수한 누군가가 하는 것이 아니라, 누구나 할 수 있고 진입장벽이 낮은 재테크의 한 방법이 되었다. 보통 경매를 시작하면 가장 먼저 진입하는 것이 주거용 물건이다. 그중 가장 만만한 아파트나 빌라의 낙찰가율은 하늘 높이 고공행진하고 있다. 그러하니 경매시장에서 높은 수익을 남기기란 매우 어려운 일이 되었다. 그래서 눈을 돌리기 시작한 것이 공매였다. 경매보다 경쟁률은 적

2012- 70-001 입찰시간 : 2013-03-04 10:00~ 2013-03-06 17:00

소재지	경기 수원시 권선구 아파트 동 제10층 제1002호 도로명주소검색				
물건용도	아파트	위임기관	수원세무서	감정기관	(주)가온감정평가법인
세부용도		집행기관	한국자산관리공사	감정일자	2012-11-29
물건상태	낙찰	담당부서	경기지역본부	감정금액	300,000,000
공고일자	2012-12-20	재산종류	압류재산	배분요구종기	2013-02-04
면적	대 70.796㎡ 지분(총면적 44,307.8㎡), 건물 134.67㎡			처분방식	매각
명도책임	매수자	부대조건			
유의사항					

• 입찰 정보(인터넷 입찰)

회/차	대금납부(납부기한)	입찰시작 일시~입찰마감 일시	개찰일시 / 매각결정일시	최저입찰가	결과
008/001	일시불(낙찰금액별 구분)	13.02.18 10:00 ~ 13.02.20 17:00	13.02.21 11:00 / 13.02.25 10:00	300,000,000	유찰
009/001	일시불(낙찰금액별 구분)	13.02.25 10:00 ~ 13.02.27 17:00	13.02.28 11:00 / 13.03.04 10:00	270,000,000	유찰
010/001	일시불(낙찰금액별 구분)	13.03.04 10:00 ~ 13.03.06 17:00	13.03.07 11:00 / 13.03.11 10:00	240,000,000	낙찰

☞ 낙찰 결과

낙찰금액	251,756,000	낙찰가율 (감정가격 대비)	83.92%	낙찰가율 (최저입찰 대비)	104.9%
유효입찰자수	6명	입찰금액	251,756,000원, 243,000,000원, 242,555,000원, 241,390,000원, 241,010,000원, 240,200,000원		

지만, 관련 정보 또한 적어서 사람들이 불편해하는 시장. 그곳의 틈새를 노린 것이다.

그러던 중 발견한 수원의 대형 아파트.

부가세 체납으로 인한 압류가 원인으로 공매가 진행 중인 아파트였다.

공매는 경매처럼 물건이 많지가 않기에 아는 지역만 한정하여 물건을 찾기가 쉽지 않고, 마냥 기다린다고 해서 그 지역의 물건이 나온다는 보장도 없다. 그렇다보니 공매는 지역적인 시각을 넓혀야 하는 숙제도 있는데, 그래서 관심지역이 아닌 수원의 물건도 검색하게 된 것이다.

일단 네비게이션에 주소를 입력하고 운전을 해서 현장에 갔다.

평수는 49평형, 로얄층에 사이드가 아닌 중간에 있는 세대다(양끝 라인의 집은 외부와 내부의 온도차 때문에 외벽에 맞붙은 벽면에 결로현상이 일어나는 경우가 많다. 그래서 아파트나 빌라에서는 사이드 집인지 중간 집인지도 고려하는 편이다). 20년이 채 되지 않은, 570세대의 아파트이고 주변에 초등학교와 중학교가 있다. 고등학교는 버스로 5분 거리쯤. 걸어서 5분이면 대형 마트가 있고 은행도 가깝다.

이만하면 괜찮은 물건이라 판단되어 시세조사를 시작했다. 나의 그다지 출중하지(?) 못한 외모는 시세조사 시 그 진가를 발휘한다. 요즘 경매하는 사람들이 많아 부동산에서 보면 임장조사를 나온 사람인지, 실제 임대매매를 나온 손님인지 딱 보면 안다고 하는데, 나는 평범해 보이는 외모 덕분인지 아님 뛰어난 연기 덕분인지 실제 손님으로 대접을 해주는 경우가 대부분이다.

특히 조사 시에는 딸아이와 자주 나가기도 하는데, 그 덕에 한결 더 수월한 임장이 가능하다. 부동산에 시세조사하려고 다 큰 아이를 데려오는 경우가 없어 당연히 실거주 목적이라 여기기 때문이다(아이도 재미있어 한다). 양념으로 나의 아카데미 주연상급 명품연기(?)까지 유감없이 발휘되면, 급매물 시세부터 임대 시세까지 파악하는 것은 그야말로 시간문제다. 이 아파트도 성공적으로 시세조사를 마치고는, 사람들의 무리에 섞여 아파트 출입문을 통해 해당 동에 당당히 입성했다. 들어가 엘리베이터를 타니, 동승한 50대 중반의 아주머니가 나를 힐끔 쳐다본다.

"이사 왔어요? 몇 호세요?"

"아 네, 아직 이사는 안 왔고요, 이사 오려고 알아보는 중이에요. 근데 여기 살기 좋은가요?"

"여기 살기 좋지요. 나도 분양받고 벌써 18년째 사는데, 교통도 좋고 살기도 편하고 아이들도 다 여기서 키웠어요. 이번에 첫째는 대학 졸업하거든요."

"아 그러시구나. 분양받고 계속 사실 정도면 정말 좋은가 보네요. 실례지만 혹시 여기 사시는 분들이 직장 다니시는 분이 많나요, 아님 사업하시는 분들이 많나요?"

"글쎄, 그건 잘 모르지만 평수도 크고 해서 사업하는 사람들이 많긴 해요. 그리고 여기 삼성전자가 가까워서 거기 다니는 사람들도 많아요. 우리 옆집도 그렇거든."

"아, 네. 알겠습니다. 이사 오면 인사드릴게요."

엘리베이터에서 만난 50대 아주머니와의 짧은 대화를 통해 거주자들이 만족한다는 점을 파악했고, 수입이 꽤 괜찮은 삼성전자 근무자들도 많이 거주한다는 정보도 얻었다.

요즘 부동산 시장은 그나마 소형평형의 매도는 수월하지만 대형평형은 그렇지 않다. 그렇기에 대형평수에 거주하는 사람들이 주로 어디에 근무하는

지, 어떤 특성을 갖고 있는지 확인하고 싶었다. 특히나 이 물건은 단기투자가 목표라 매수세가 있는지 여부가 가장 큰 관건이었다.

그러나 부동산에서는 대형평형의 매매를 매우 부정적으로 바라보고 있었다. 언제 거래가 됐었는지 도통 기억이 나지 않는다는 무서운(?) 이야기를 덧붙이기도 했다. 또한 대형은 고등학생 이상의 자녀를 둔 가정이 많은데, 위치상 버스로 통학해야 하는 부분이 큰 단점으로 작용해서 거래가 쉽지 않다고 했다.

워낙 부정적인 반응을 보니, 입찰이 고민되기 시작했다. 길게 가져갈 물건이 아니라 바로 팔아서 수익을 내야하는 물건에 매수세가 없다는 것은 큰 아킬레스건이기 때문이다. 하지만 현장조사를 한 다른 입찰자들 역시 마찬가지 고민을 할 테고, 더러 입찰을 포기하는 사람도 있을 것만 같았다. 그렇다면 해 볼 만하지않을까? 어차피 매수자는 한 명만 찾으면 된다.

입찰하기로 거의 맘을 굳히고, 확신을 얻기 위해 서둘러 집에 돌아와 추가조사를 시작했다.

그런데 국토해양부 실거래가를 통해 파악해보니, 작년 하반기에 고작 5개의 거래만 신고 되어져 있을 뿐이다.

'아니, 570세대나 되는데 고작 하반기에 5채가 다라고? 정말 거래가 안되는 건가.'

현장에서 그리고 데이터로까지 거래가 잘 안 되는 것이 확인(?) 되는 순간이었다.

공매는 일주일에 한 번씩 유찰이 되고, 10%씩 금액이 떨어지는데 벌써 2번이나 유찰이 되어 감정가 3억 원에서 최저가 2억4,000만 원으로 떨어져 있는 상태였고, 느낌상으로는 더는 유찰되지 않고 이번에 낙찰이 될 듯했다.

조금 더 분석을 해보니 최근 경매에서 같은 아파트 다른 호수가 2억7,500만 원에 낙찰이 된 것을 확인할 수 있었다. 더구나 입찰자도 12명으로 대형평형의 경쟁률 치고는 결코 낮은 편이 아닌 것을 보니 실수요자들에게도 인기 있는 곳이라는 확신이 들었다.

결국 많은 고민 끝에 최종적으로 최저가에서 1,100만 원을 더 써서 2억 5,100만 원에 입찰을 했다. 막상 입찰하고 보증금을 입금하고 나니 현실로 다가오며 불안함이 엄습하기 시작했다. 과연 이 집을 잘 팔 수 있을까? 그래, 할 수 있어. 한번 해 보자. 만약 못 팔면? 그럼 어떡하지? 겉은 태연했지만 속은 요동을 쳤다. 하지만 이미 주사위는 던져졌다.

다음 날 오전 11시, 공매 낙찰자가 가려지는 순간이 왔다.

왠지 모를 불안감에 키보드를 누르는 손이 미세하게 떨려온다.

왜 불안한 마음은 항상 맞는지. 화면에 표시된 낙찰가와 내가 입찰한 금액이 똑같다.

2등과의 차이는 800만 원.

낙찰 된 기쁨은 잠시, 이제 어떻게 매도까지 해낼지 눈앞이 캄캄해지기 시작했다.

제 집을 팔아주세요

어쨌든 이제 내 집이고, 해결해서 만족할 만한 수익을 거두어야 한다는 생각에 냉정을 되찾았다. 낙찰 된 아파트에 낙찰이 되었다는 메모지를 붙여놓고 온 지 며칠 후, 낯선 번호로 전화가 왔다. 직감적으로 소유자일 것이라는 느낌이 들었다.

"이번에 낙찰받은 사람입니까?" 수화기에서 점잖은 목소리가 흘러나왔다.

"네 맞습니다. 채무자씨 되시나요?"

"네 그렇습니다. 저도 이사 가려면 준비할 시간이 필요하니 조금만 기다려주세요."

"알겠습니다. 협조해 주신다면 저도 최대한 편의를 봐드리겠습니다. 일단 만나서 협의를 하고 싶은데요. 제가 그쪽으로 가도 될까요?"

"그러시죠. 그럼 언제가 시간이 괜찮으신가요?"

"저는 ○월 ○일 오후 시간이 괜찮은데요."

"네 알겠습니다. 그럼 그 날 오후 3시쯤 뵙기로 하지요."

대략 이런 식의 점잖은 대화가 오고 간 후 통화가 끝났다.

명도는 수월하게 마칠 수 있을 듯 했지만 마음 한편에 자리 잡은 매도에 대한 두려움이 슬며시 고개를 들었다. 불안한 마음에 매물로 빨리 내놓아야겠다는 생각이 들어, 임장 시 그나마 호의적인 반응을 보였던 부동산 두 곳을 찾아갔다.

"저 두산동아 49평인데요, 얼마 정도면 매매가 될까요. 지금 사정이 좀 급해서..."

"그래요? 글쎄요. 요즘 거래가 좀 뜸해서요. 주인이세요?"

"네. 남편 발령 때문에 이사를 가야해서 내놓으려고요. △동 10층이에요."

"쉽지는 않겠지만 일단 한번 매수자 맞춰볼게요. 대형이지만 위치가 좋아서 간혹 찾는 분들이 계세요."

나는 이렇게 집을 보지도 않은 상태에서 부동산에 일단 매물을 접수해 두었다. 이렇게라도 해야 할 것 같았고, 접수해 두고 나니 마음도 조금 가라앉는 기분이었다.

전소유자(채무자)와의 만남

드디어 채무자와 만나기로 약속한 당일.

그런데 소유자는 약속 장소에 나타나지 않았다. 심지어 전화도 받지 않았다. 여러 차례에 걸쳐 전화통화를 시도했지만 똑같은 기계음만 흘러나올 뿐이었다. 뭔가 잘못되었다는 느낌에 늘 프린트해서 가지고 다니는 A4용지를 가방에서 꺼내 현관문 앞에 청테이프로 단단히 붙였다.

> 해당 부동산을 낙찰받은 부동산전문투자회사 담당 직원입니다.
> 여러 차례 방문하였으나 부재중이신 관계로 메모지를 붙이고 가오니,
> 시간을 내셔서 연락 주시기 바랍니다.
>
> 연락처: 010-3△9△-1△1△

효과는 바로 나타났다.

전화를 고의적으로 피하던 채무자에게서 연락이 온 것이다. 그날 갑자기 중요한 일이 생겨 약속 장소에 나가지 못했다며 사과를 했다(진짜?). 그리고는 그런 메모지를 현관에 붙이고 가면 창피해서 어떻게 사냐며 제발 앞으로는 그런 메모는 붙이지 말아달라고 신신당부를 하는 것이었다.

명도에 있어 핵심은 바로 상대방에 대한 가늠이다.

상대방의 법적지식이 어느 정도 수준인지, 어떤 성격을 가진 사람인지, 혹시 뒤에서 조언해주는 사람이 있는지 파악해야 그에 맞는 대응을 할 수가 있는 것이다. 나는 신신당부를 하는 채무자의 말에서 남들의 이목을 중시하는 사람이라는 것을 파악할 수 있었다. 그렇다면 성격상 남들 모르게 조용히 끝내는 것을 선호할 것인데, 대체 왜 약속장소에 나오지 않은 것인지 궁금했다(정말 급한 약속이 생겼었나?).

그러나 이런 궁금증이 풀리는 데는 오랜 시간이 걸리지 않았다.

채무자는 점잖았지만 그의 아내는 전혀 그렇지 않았던(?) 것이다.

보통 전 소유자나 임차인을 만나러 가면 본인이 많은 것을 알고 있다는 듯 행동하는 사람들이 있다. 명도소송으로 가면 5~6개월은 그냥 살 수 있으니 협상하려면 이사비를 원하는 만큼 달라, 아니면 못 나간다며 버티기 작전을 쓰는 것이다.

이 집의 채무자 아내도 마찬가지였다. 나에게 이사비를 2,000만 원을 요구했다. 헛웃음이 나왔지만 어차피 끝을 알기에 차분하게 이성적으로 대응했다.

"사모님, 회사에 보고는 드리겠습니다만 한 번도 이렇게 많은 금액을 드린 적은 없어서 어떨지 모르겠네요. 계속 무리한 요구를 하시면 명도소송을 통해 강제집행을 할 것 같습니다. 이 평수면 250만 원 정도면 집행이 되는데요, 사모님 같으시면 이사비 2,000만 원을 주겠어요, 아니면 250만 원에 집행을 하시겠어요?"

"아니 그런 법이 어딨어요! 여기 수리하느라 들어간 돈만 5,000만 원이 넘는데... 그러니까 내가 2,000만 원은 달라고 하는 거죠."

그러고 보니 집이 말끔했다. 언뜻 보아서는 올수리 이상으로 인테리어가 되어있었고, 한 쪽에는 작은 와인바까지 만들어둔 것이 눈에 들어왔다.

"사모님? 그럼 이사 가실 때 다 가져가셔도 상관없습니다. 저희는 이 집을 매매할 계획인데요. 이 정도 평수 원하시는 분들은 본인 스타일대로 꾸미길 원하시기 때문에 지금 이 인테리어는 전혀 의미가 없어요."

채무자의 아내는 나의 말에 기가 죽은 듯 했다.

그사이 나는 화장실을 이용하겠다고 하고 휴대폰을 가지고 들어갔다.

인테리어가 매우 훌륭해서 손을 씻으며 깜짝 놀랐다.

그런데 화장실에서 나오자, 상황이 180도 변해있었다. 채무자의 아내는 그래도 사장님께 말 좀 잘 전해달라며 연신 부탁을 했고 채무자는 이곳에서 18년 동안 살아서 모르는 사람이 없으니, 제발 이사할 때까지 조용히 처리를 해달라고 부탁을 했다. 나는 알았다고 일단락 지으며 일단 회사에 보고서를 올려야하는데 사진첨부를 해야 하니, 거실 사진 한 장만 찍겠다고 하고 사진을 찍고 나왔다.

집에서 나와 며칠 전에 방문했던 부동산 두 곳을 찾아갔다.

화장실과 거실 사진을 보여주며 사정상 절대 소문을 내지 말고 조용히 거래해 줄 것을 당부했다. 그렇게 일주일이 지났을까? 부동산 한 곳에서 매수자가 나타났으니 금액 조정이 가능하냐는 연락이 왔다.

"(당연하죠! 해 줄 수 있죠!) 글쎄요, 일단 좀 생각해 볼게요. 그렇게 급한 상황은 아니어서..."

"사모님, 매수자 있을 때 거래해요. 큰 평수 팔기 힘든 거 아시잖아요."

나는 속으로 쾌재를 불렀지만 전혀 급하지 않은 척, 남편과 상의를 해보겠다는 말을 전하며 생각할 시간을 달라고 하였다.

다음 날, 또 다른 부동산에서도 전화가 걸려왔다. 같은 매수자가 이 부동산에서 또 알아보는 것은 아닐까 생각했지만 아니었다. 그리고 금액도 어제 부동산에서 제시한 금액보다 700만 원을 더 부른다. 어머, 이게 뭔 일이래?

가슴이 쿵쾅거렸다.

명도하기도 전에 예상했던 금액보다 훨씬 비싼 금액으로 매수자가 나타난 것이다. 대형평형이고 거래가 뜸한 지역이라 어쩌나 걱정했던 마음은 한 순간에 사라졌다.

나는 흥분을 가라앉히고 현재는 사정상 집을 보여줄 수가 없어 사진의 화장실과 거실 사진으로만 유추하셔야 한다고, 구조는 다른 집을 통해서 확인해 보시면 좋겠다고 이야기를 했다. 부동산 사장님은 어찌 그게 가능하냐고 반문했지만, 갑자기 사정이 그렇게 되었다고 양해를 구했다. 어쨌든 이사 전에는 조용하게 처리하고 싶다던 채무자와의 약속을 어기고 싶지 않았기 때문이다. 그리고 훗날 알게 된 이야기지만, 매수자는 익히 이 아파트에 대해 알고 있던 사람으로 시세보다 저렴하다는 것과 인테리어가 잘 되어있는 사진만으로 매수결정을 했다고 한다.

아슬아슬 줄타기, 그리고 뜨거운 안녕

매수자도 나타났고, 채무자도 이사 준비를 하고 있어 마음을 놓고 있던 어느 날, 채무자에게서 전화가 왔다.

"제가 지방에 있는 땅을 팔아서 돈을 마련해보려 합니다. 혹시 이 집을 저한테 되파실 생각은 없으신가요?"

"아… 네 일단 회사에 보고는 드리겠습니다. 그런데 혹시 얼마에 사실 생각이신가요?"

"낙찰가도 있고 하니… ○원이면 괜찮을 것 같습니다."

낙찰가를 아는 채무자는 턱도 없는 금액으로 흥정을 해왔다. 그 금액에는 전혀 되팔 생각은 없었지만, 아직 잔금 납부 전이었다. 따라서 만일 채무자가 땅을 매도 후 그 돈으로 체납세금을 갚아버리면 공매 자체가 무효가 되어버릴 수 있는 상황이 된 것이다.

아슬아슬 줄타기를 하듯, 잔금 납부 전까지 최고조의 긴장감이 돌았다. 행여 채무자가 세금을 납부해버리면 나는 아쉬운 입맛만 다시게 되니까. 결국 무사히 잔금 납부를 하던 날, 그동안의 긴장이 확 풀리며 머리가 어질어질했다.

그런데 본인 남편의 이런 사정을 아는지 모르는지, 이사비로 2,000만 원을 요구하던 채무자의 아내는 큰 인심을 써준다는 듯 이사비를 1,000만 원만 받겠다고 연락을 해왔다.

어이가 없었다. 남편은 어떻게든 돈을 마련하여 집을 지키려고 하는데 아내는 1,000만 원을 달라고 하다니. 그녀는 어떻게든 1,000만 원이라도 받겠다며 고집을 부렸고, 어떤 설득에도 귀를 기울이지 않았다. 그렇다면 어쩔 수 없다. 협상 이외의 방법을 강구해야지.

나는 점유이전금지가처분과 명도소장을 접수하여 법적절차를 진행하였다(명도소송은 대략 5개월 이상 시간이 걸릴 수 있지만, 점유이전금지가처분은 보통 접수 후 10일 이내에 계고를 해서 압박 수단으로 사용하기에 좋다. 특히 공매의 경우 아주 유용한 협상 카드로 쓰일 수 있다). 그리고 서류를 접수함과 동시에, 채무자에게 문자를 보냈다.

'저도 최대한 노력했으나, 사모님께서 지속적으로 무리한 이사비를 요구하셔서 협의가 되지 않았습니다. 따라서 어쩔 수 없이 법적절차가 진행될 예정이고, 곧 집행관이 현장에 도착해 현관문에 계고장을 붙일 예정입니다. 참고하세요.'

문자를 보내자마자 채무자에게서 전화가 왔다.

"아 왜 그러십니까. 와이프는 제가 어떻게든 설득해보겠습니다. 처음에 부탁했던 그대로 조용히 이사 가도록 도와주세요. 지금 이사 갈 집을 알아보고 있습니다."

"사장님께서는 협조를 해주시는데 사모님께서 자꾸 무리한 요구를 하셔서 저도 회사에서 혼났습니다."

"난처하게 해드렸네요. 집사람 말은 신경쓰지 마세요."

"그럼 사장님 믿고 진행하겠습니다. 대신 저도 회사에 확실히 보고를 드려야 하니까요, 대신 2주 내로 이사할 곳의 임대차계약서를 저에게 팩스로 보내주세요. 어차피 지금 집을 구하고 계시니까 가능하시죠?"

"알겠습니다. 맘에 드는 집이 있으니 얼른 계약하고 서류 보내드리죠."

그로부터 며칠 후, 채무자는 임대차계약서를 팩스로 보내왔고 이사비 금액은 300만 원으로 최종 합의를 보았다. 큰 평수라 이사비도 만만치 않을 테고, 생각보다 수익이 컸기에 넉넉히 챙겨드릴 수 있었다.

이사 당일 날, 이삿짐이 거의 다 빠질 시점에 현장에 방문했다. 채무자는 이사 전날 지시한대로 공과금과 밀린 관리비를 납부한 뒤 완납영수증을 내게 보여줬고, 내부에는 쓰레기 한 점 없이 깨끗이 청소되어 있었다. 나는 약속했던 300만 원의 이사비를 먼저 건넸다.

"고생하셨습니다, 사장님. 여기 약속했던 이사비고요..(봉투 하나를 더 내

밀며) 추가로 50만 원 더 챙겼습니다."

"(어리둥절한 표정으로)아니, 왜 더 챙겨 주시나요?"

"그동안 사장님이 잘 협조해주셔서 특별히 더 말씀드렸습니다. 그리고 저도 예전엔 이런 일을 당했었는데, 또 열심히 사니 세상이 달라지더라고요. 사장님도 힘내세요."

그리고는 가져간 오뚜기 인형을 선물해 드렸다.

관리비완납 증 명 서

단지명	OO 아파트
주 소	수원시 OO구 OO동 123
세대수	1517세대
동.호	OO동 1002호
연락처	031) 451-0000
용 도	은행제출용

위 세대는 2013년6월27일 현재까지 관리비 연체내역이 없음을 증명 합니다.

2013 년 6월 27일

O O 아파트 관리사무소

관리비 완납증명서

채무자는 뜻밖의 선물에 잠시 어리둥절해 했지만 이내 밝은 표정으로 그동안 힘들게 해서 미안했다며, 아기(?) 엄마가 대단하다고 열심히 살라는 뜻으로 어깨를 두드려 주었다.

특히 채무자가 거주하는 부동산을 명도 할 때는 떠나는 그들의 뒷모습이 한편으로 초라해 보여 마음이 썩 좋지는 않다. 하지만 이 분은 분명 다시 일어설 수 있을 것 같았다. 이렇게 채무자 부부와 나는 서로의 떠나는 모습을 바라보며 뜨거운 인사를 나누었다.

'그래... 잘했어, 잘한 거야.'

뜨거운 안녕 덕분이었는지, 명도가 완료된 게 소문이 난 것인지 모르겠지만 물건을 내놓은 두 부동산의 전화가 빗발치기 시작했다. 심지어 이미 한 곳과 200만 원을 받고 계약한 상태였는데, 다른 부동산에서 전화가 와서는 계약금을 배액 상환해 줄 테니 본인들과 계약하자며 성화였다. 하지만 결국 나는 의리를 지켜 첫 계약자와 계약을 마쳤다. 잔금일자 역시 빨라 정말 초스피드로 진행되었고, 3개월이라는 짧은 기간 투자한 것 치고는 꽤 큰 금액인 3,000만 원의 수익을 얻을 수 있었다.

'정말 열심히 하면 이런 날도 오긴 하는구나...'

뒷이야기

본격적으로 매도를 준비하면서 주변 조사를 다시 해보았더니, 입찰 전에는 제대로 보이지 않던 장점들을 발견할 수 있었다. 해당 아파트는 570세대였지만 주변에 비슷한 규모의 아파트단지들이 옹기종기 모여 있어 총 7,000세대의 대단지를 형성하고 있었던 것이다. 단일 규모는 아니어도 꽤 큰 아파트단지가 형성되어 있기에 생활 편의시설도 잘 갖추어져 있었고, 따라서 주민들은 이 쾌적한 인프라를 계속 이용하고 싶어했다. 그래서 실제로 같은 단지 내에서 이사를 하거나 바로 옆 단지로 이사하는 경우가 많았다. 24평형에 살다가 바로 옆 32평형으로 넓혀가고, 32평형에 살다가 바로 옆 40평형으로 옮겨가는 식으로 말이다. 이렇게 살기 좋은 동네에 사는 사람들은, 먼 곳으로 이사하지 않고 그 편의시설을 그대로 누릴 수 있는 인근으로만 움직이려는 습성이 있다. 사람들은 익숙한 곳을 더 편하고 좋다고 느끼기 때문이다.

잠깐만요!

대형평수가 잘 팔릴 수 있는지 궁금해요.

아파트를 기준으로 사람들이 가장 선호하는 평형은 국민주택에 속하는 25~32평이다. 이유는 세금적인 부분도 다소 차이가 있긴 하겠지만, 요즘같이 핵가족 또는 1인 세대가 많아질 경우에는 대형평수를 꺼려하기 때문이다. 하지만 이것도 선입견일 터. 워킹맘들은 오히려 아이들 때문에 부모님과의 합가를 위해 큰 평수를 원한다. 이런 부분이 틈새인 것이다.
또한 대형평수가 팔릴 수 있을지를 가늠해 보려면 해당 아파트의 주차장에 가보면 된다. 해당 물건을 낙찰받았을 때 또 다른 이웃(전세를 살고 있는) 누군가가 내 집을 사줄 수 있는 여력이 있는지 없는지가 중요한데, 그것을 파악하는 방법으로 주차장만 한 것도 없다. 주차장에 있는 차량의 레벨을 살펴보는 것. 아무래도 용달차나 경차가 많은 아파트보다는 중형차나 수입차가 많은 아파트 단지가 더 여력이 있음은 안 봐도 당연한 이야기다.
내 경험상 오히려 대형평수가 명도나 수익적인 면에서 더 쉽게 큰 이익을 가져다주었다. 이처럼 내가 가진 편견이 남에게도 편견으로 자리할 가능성이 크니, 그런 부분을 역발상을 통해 찾아낸다면 분명 좋은 기회가 많아질 것이다.

잘 나가는 집에는 이유가 있다
임대·매매

낙찰은 단지 예고편일 뿐

보통 경매 초보시절에는 낙찰 후 금방이라도 수익이 날 것 같아 기쁘고 가슴이 벅차오르는 기분이 든다. 그런데 어렵게 명도를 마치고 진짜 내 집이 된 집에 들어가면, 기쁨보다는 당황스러운 마음이 밀려온다. 장롱이 떨어져 나간 뒷자리는 곰팡이가 지도를 그리고 있고, 천정에는 빗물이 스며들어 얼룩졌으며, 화장실에는 언제 것인지 모를 옥색의 욕조와 변기까지. 거기다 바람까지 불어 거실에 버려진 쓰레기들이 회오리치며 소용돌이치는 모습을 보고 있노라면 정말이지 '난 누군가~ 그리고 여긴 어딘가~'가 절로 나온다.

사실 낙찰은 그저 예고편이고 이제부터가 진짜 시작인 것이다. 그래서 낙찰이 20%, 명도까지가 40%고 나머지 40%가 수리와 리모델링 그리고 임대, 매매라고 생각한다. 그제야 정확하게 얼마가 투입되었고, 얼마의 수익을 거두는지를 알 수 있기 때문이다. 나는 임대든 매매든 빨리 해결하는 편인데 성격이 급한 이유도 있지만, 하나에 꽂히면 그게 해결될 때까지 집중하는 성격 덕분이다. 이런 나를 알기에 당장 닥친 일에는 물불을 가리지 않고 최선을 다한다.

아래의 표는 일반적으로 낙찰 후 매매까지 소요되는 시간을 나타낸 표이다.

구 분	일 자	비 고
낙찰	20○○. 1. 20.	낙찰에서 매매까지, 총 4개월
잔금	20○○. 2. 20.	
명도(이사)	20○○. 3. 20.	
수리기간	20○○. 3. 21 ~ 20○○. 3. 25. (5일)	
공실기간	20○○. 3. 26 ~ 20○○. 5. 25. (약 2개월)	

낙찰을 받고 한 달 내에 잔금을 납부하고 배당받는 세입자의 경우 잔금일로부터 한 달 뒤쯤 배당기일이 정해지니 그때쯤을 이사 나가는 날로 잡았다. 그 후 수리를 거쳐 임대나 매매로 내놓으면 공실기간을 감안하여 최소 2, 3개월이 소요된다. 이는 기본적인 흐름을 감안한 예상기간으로, 만약 세입자가 버텨 명도가 수월하지 않거나 장마기간, 추운 겨울 등 계절의 영향을 많이 받거나 또는 항고 등으로 인해 절차상 변수가 생기면 기간은 더욱 길어지게 될 것이다. 명도 협상을 잘 해야 하는 이유도 바로 여기에 있는 것이다(명도는 명도 편에서 자세히 다루고 있다).

이 파트에서는 공실기간을 최대한 줄여 임대나 매매가 수월히 이루어질 수 있는 방법들에 대해 소개하도록 하겠다. 나 또한 여러 시행착오를 겪으면서 생긴 노하우이기에, 처음 입문하시는 분들에게 조금이라도 도움이 되도록 잘 전달되었으면 한다.

내 집 먼저 팔리는 홍보 전단지 만들기

모든 수리가 끝나면 사진을 찍어 전단지를 만든다. 그리고는 그 전단지를 가지고 부동산에 방문한다. 전단지 방법은 나 또한 행복재테크 카페에서 어느 분이 써놓은 경험담을 보고 따라서 하긴 했으나, 마치 신문지에 끼어 오는 스팸 광고지 같은 생각이 들어 고스란히 쓰레기통으로 들어갈까 걱정이 되기도 했다. 그러던 중, 친정오빠네 집에 놀러갔다가 회사에서 쓸 자료를 코팅하고 있는 모습을 보고 이거다! 싶었다. 이렇게 전단지를 코팅까지 하면, 하다못해 부채질할 때 쓰거나 책받침으로라도 쓰지 그냥 쓰레기통으로 가지는 않을 것 아닌가. 당장에 오빠에게 물어 약 15만 원을 주고 똑같은 코팅기계를 구입하였다.

전단지 만드는 과정은 간단하다. 포토샵을 사용해 기본 전단지 틀을 만든 후, 해당 물건이 달라질 때마다 사진을 찍어 그 틀 속에 사진만 교체하면 된다. 포토샵 사용이 어려우면, 엑셀이나 파워포인트로도 충분히 가능하다(뭐든 처음이 어렵다!).

이렇게 전단지를 완성하고 인쇄를 하면, 뒷면은 비어있게 된다. 앞부분에는 집에 대한 사진들과 전화번호만 간략히 기재를 하고, 뒷면에 거래조건에 대한 세세한 내용을 적는 것이 좋다. 대략적인 내용만 기재해두면 계속해서 전화가 오는 통에 귀찮아질 수 있지만, 좀 더 자세한 내용을 추가하면 이미 웬만한 정보가 다 나와 있기에 정말 관심 있는 사람들에게서만 전화가 올 확률이 높기 때문이다.

그리고는 50장 정도를 인쇄하여 인근 부동산은 물론, 근처 한 두 블록 떨어진 동네까지 가서 전단지를 준다. 반드시 내 동네 부동산에서만 계약되리

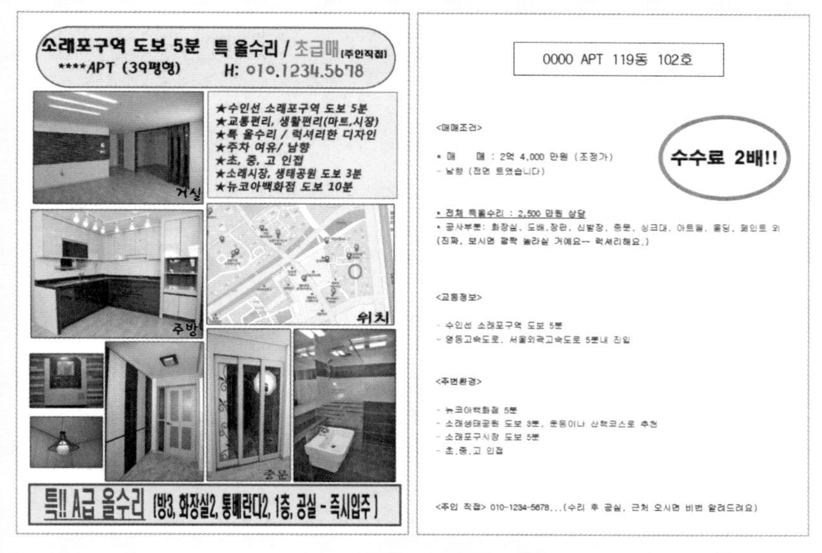

실제 전단지의 앞면과 뒷면 모습

라는 법은 없기 때문이다. 고정관념을 버리고 넓게 생각하는 습관을 들이도록 하자. 이렇게 바지런히 내 부동산을 홍보한 덕에, 종종 동네가 아닌 다른 엉뚱한 부동산에서 모시고 온 손님과 거래한 경험도 많다.

나만의 노하우 공개

이렇게 만들어진 전단지를 가지고 주로 주말에 딸아이와 부동산에 뿌리는 작업을 한다. 전단지 수량이 많으니 평일 낮에 혼자 운전을 해가며 모든 부동산에 전달하기란 시간도 많이 소요되고, 그래도 부동산에 들어가면 짧은 대화라도 해야 하는 부담감 때문에 이 방식을 채택한 것이다. 어차피 자세한 내용은 전단지 안에 모두 있으니, 정말 궁금하면 전화를 할 것이니 말이다.

코팅 된 전단지를 수북이 쌓아가지고 딸아이와 밤에 드라이브 삼아 전단지를 돌리기 시작한다.

주말 저녁에 움직이니 차도 막히지 않고, 엄마인 내가 운전을 해서 부동산 앞에 세워주면 딸아이는 얼른 차에서 내려 신문 돌리듯 부동산에 전단지를 꽂고 돌아오면 된다. 이렇게 호흡을 맞춰 일을 하니 능률도 오르고, 혼자 했더라면 하루 종일 걸릴 일도 2시간 정도면 모두 끝을 내게 된다. 끝난 후에는 맛있는 팥빙수 한 그릇 사먹는 것으로 마감하고 집으로 다시 돌아오곤 한다. 이렇게 하면, 그 다음 날부터 전화가 걸려오기 시작한다. 50장을 돌렸다면 약 10군데 정도에서 전화가 오고 반응이 온다. 비가 와도 상관없다. 코팅이 되어 있으니 아무리 비를 맞아도 상관없고, 여름철에는 부채 대용으로 사용하다가 잊을 뻔했다며, 아직도 진행 중이냐고 확인 전화가 오기도 한다. 경험상 효과가 매우 좋아 적극 추천하는 방법이니, 꼭 한번 해보길 바란다.

또한 생활정보지(벼룩시장, 교차로)와 네이버 부동산에 직접 매물 등록하기, 직방, 다방, 인터넷 카페 '피터팬의 좋은방 구하기(https://cafe.naver.com/kig)' 등에 올려놓는 방법도 있다. 생활정보지는 주간 단위와 월간 단위의 계약으로 약간의 금액을 내고 광고할 수 있으며(특히 지방은 효과가 꽤 좋다), 네이버 부동산은 주로 부동산업체들이 이용을 많이 하지만 개인도 월 5,000~10,000원이면 등록이 가능하다. 사진 등록도 가능하며 노출기간은 60일이다. 인터넷 카페는 무료로 등록이 가능하니 더욱 부담이 없다. 많은 사람들에게 노출되는 카페에 올릴 경우에는, 아무래도 사진이 첨부되어야 더 반응이 좋기 때문에 전단지에 첨부된 사진을 깔끔하게 편집하여 올려놓자.

또 하나의 방법은 나 역시 최근부터 이용하는 방법인데, 아무래도 요즘은

SNS 시대라는 것을 무시할 수가 없다. 그래서 인테리어를 한 후 동영상으로 촬영하여 간단하게 편집한 후(찾아보면 쉬운 편집 프로그램이 많다) 유튜브나 블로그에 올린 후 이에 대한 주소 링크를 각 부동산 사장님의 핸드폰으로 전송한다. 아무래도 사진 몇 장보다는 영상으로 보는 것이 훨씬 더 생동감 있게 와 닿을 것이기 때문이다. 부동산 사장님들의 핸드폰 번호는 '네이버 부동산'을 활용하면 알 수 있다. 네이버 부동산에 들어가서 지역 설정 후 '매물' 카테고리에 들어가 보면 해당 지역의 매물을 가지고 있는 각 공인중개사들의 연락처가 기재되어 있다. 이것을 엑셀로 정리한 후 대량문자 전송 사이트에서 일괄로 전송하면 번거롭게 일일이 보내지 않아도 되고, 1건당 약 10~25원 정도로 저렴하기 때문에 가성비가 좋고 효과가 큰 편이다.

잠깐만요!

계약기간은 어떻게 정하죠?

전세는 통상 2년, 월세는 1년으로 계약을 많이 합니다. 부동산도 업체마다 달라 월세도 2년 계약하는 경우도 있어요. 이런 경우는 주인의 판단에 따라 임대용으로 오래 보유할 것 같으면 2년 계약도 괜찮고, 2년 이내에 매매를 예상한다면 1년으로 계약 후, 변동으로 인해 연장을 하는 경우에는 세입자의 동의를 얻어 새로 계약서를 작성하거나 자동 연장을 하면 됩니다. 단, 계약기간이 만료되기 전에 이사를 나가는 경우에는, 부동산수수료는 세입자가 부담해야 하고요. 계약서 문구 특약사항에 '임대료 연체가 2기 상당의 금액에 해당할 경우 임대인은 일방적으로 임대차계약의 해지를 할 수 있다'라는 문구도 추가하세요. 여기서 2기는 두 번이 아니라, 두 번에 해당하는 금액이고요. 띄엄띄엄(?) 임대료를 입금하는 임차인들에게도 효과적입니다. 또한 상습적으로 연체를 하는 임차인들은 보증금이 다 없어질 때까지 본인들이 살 수 있다고 생각하기도 하니, 이런 문구를 통해 사전에 예방하는 것이 좋겠습니다.

번호키를 설치하세요.

만약 열쇠를 사용하는 도어락이라면, 부동산에 집을 내놓기 전에 번호키로 바꾸는 게 좋습니다. 사실 이 부분은 아예 명도 후에 바로 교체하는 것이 편리합니다. 남자 분들의 경우에는 그리 어려운 작업이 아니기 때문에, 인터넷으로 5만 원 안팎에 구입하고 직접 설치하셔도 좋지만요. 여자분들은 어려울 수 있으니 주변 열쇠 집에서 10만 원 정도를 주고 설치하시길 권합니다. 명도 후 공사 단계마다 인부들이 오갈 때에도 편리하죠. 공사를 마친 후에는 번호를 바꿔두면 되고요. 임대나 매매를 내놓을 때에도, 한 부동산에 열쇠를 맡기는 것보다 공평하게 모든 부동산에 번호를 알려주어 편하게 드나들 수 있도록 하는 것이 낫겠죠. 계약이 성사되면 또 비밀번호를 바꾸면 됩니다. 매번 열쇠 때문에 달려 나가는 일이 없어 매우 편리해집니다.

10장

공매 낙찰을 취하해 주세요

땅 짚고 헤엄치기

개인적으로 관심이 가거나 수익을 올렸던 경험이 있는 곳은 왠지 더 끌리게 되어 있다.

작년 말 아파트 단기매매로 꽤 짭짤한 수익을 올린 동네가 있었는데, 공매물건 검색 중 같은 동 물건을 발견하게 되었다. 이렇게 잘 아는 곳의 물건이 나오면 나도 모르게 슬며시 웃음이 나온다.

이미 입지조건, 주변상황, 매매가를 훤히 꿰뚫고 있기에 추가 조사가 간편하고, 다른 투자자들보다 정보가 많다는 것은 그만큼 유리하게 작용하기 때문이다. 거의 땅 짚고 헤엄치는 수준이라 할 수 있으니, 이런 물건은 당연히 입찰해야 한다.

별다른 고민 없이 입찰하기로 결정했다.

이전에 거래했던 부동산 사장님과 통화하여 현재 급매가와 일반적인 시세를 파악하였다(부동산 사장님들과 친하게 지낼 필요가 있다. 한 번 거래로 친분을 유지하게 되면 차후 다른 물건이 또 나올 경우 더욱 많은 정보를 쉽게 얻게 된다).

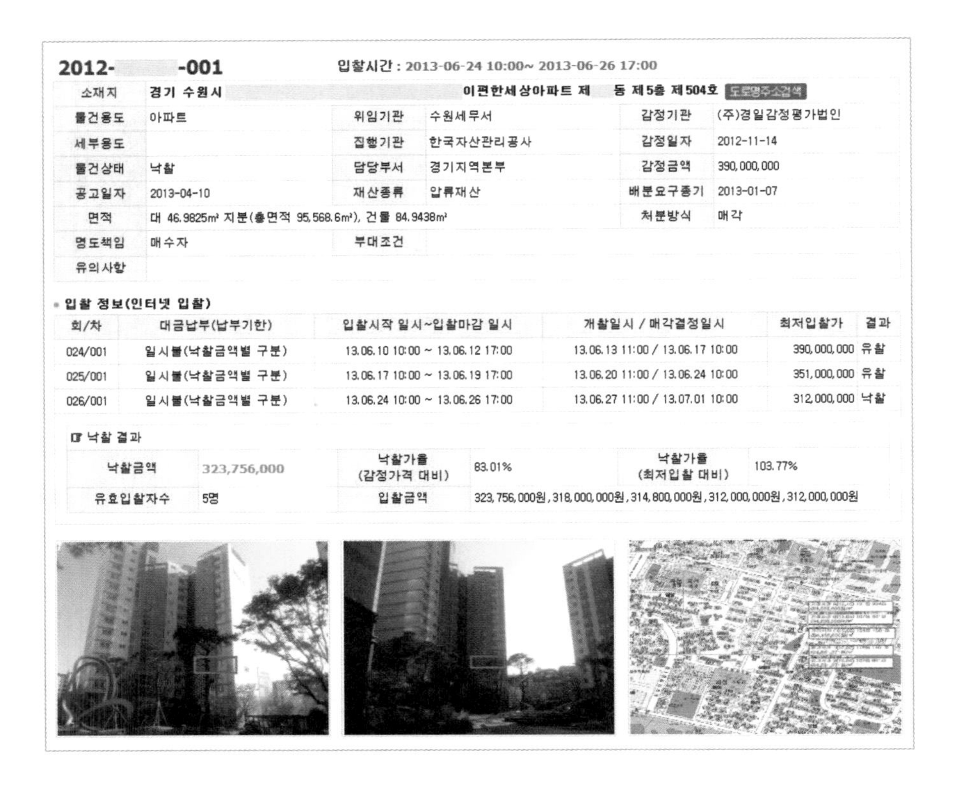

2012- -001 입찰시간 : 2013-06-24 10:00~ 2013-06-26 17:00

소재지	경기 수원시 이편한세상아파트 제 동 제5층 제504호 도로명주소검색				
물건용도	아파트	위임기관	수원세무서	감정기관	(주)경일감정평가법인
세부용도		집행기관	한국자산관리공사	감정일자	2012-11-14
물건상태	낙찰	담당부서	경기지역본부	감정금액	390,000,000
공고일자	2013-04-10	재산종류	압류재산	배분요구종기	2013-01-07
면적	대 46.9825m² 지분(총면적 95,568.6m²), 건물 84.9438m²			처분방식	매각
명도책임	매수자	부대조건			
유의사항					

• 입찰 정보(인터넷 입찰)

회/차	대금납부(납부기한)	입찰시작 일시~입찰마감 일시	개찰일시 / 매각결정일시	최저입찰가	결과
024/001	일시불(낙찰금액별 구분)	13.06.10 10:00 ~ 13.06.12 17:00	13.06.13 11:00 / 13.06.17 10:00	390,000,000	유찰
025/001	일시불(낙찰금액별 구분)	13.06.17 10:00 ~ 13.06.19 17:00	13.06.20 11:00 / 13.06.24 10:00	351,000,000	유찰
026/001	일시불(낙찰금액별 구분)	13.06.24 10:00 ~ 13.06.26 17:00	13.06.27 11:00 / 13.07.01 10:00	312,000,000	낙찰

☞ 낙찰 결과

낙찰금액	323,756,000	낙찰가율 (감정가격 대비)	83.01%	낙찰가율 (최저입찰 대비)	103.77%
유효입찰자수	5명	입찰금액	323,756,000원, 318,000,000원, 314,800,000원, 312,000,000원, 312,000,000원		

공매 입찰을 앞두고 최종 금액을 써서 입찰하려는데 가슴이 쿵쾅거리기 시작했다. 욕심이란 녀석이 슬그머니 따라붙은 것이다. 수개월 전 올렸던 수익이 자꾸 생각나며 입찰 금액을 올릴까하는 마음이 들었다. 낙찰을 받으면 수익이 현실화되지만, 못 받으면 물거품이기 때문이다.

계속해서 고민하다 낙찰 욕심에 원래 생각한 금액보다 500만 원을 더 써서 입찰했다. 결과는 2등과 575만 원의 차이로 낙찰이다.

사람 맘이 참 간사하다고, 낙찰을 받고나니 괜히 500만 원을 버린 것만 같은 기분이 들어 마음 한편이 쓰라려왔다.

명도, 상대방을 파악하라

예전에는 낙찰받은 당일, 바로 명도 하러 현장에 가곤 했다. 그렇게 마음이 앞서 준비 없이 만났다가 제대로(?) 컨설팅을 받은 임차인을 만나 애먹은 경험이 있었다.

요즘은 어차피 끝을 알기에 바로 움직이지 않고 여유 있게 움직이는 편이다.

지피지기면 백전백승이라 했다. 점유자가 소유자인지 임차인인지, 배당을 받는 임차인인지 아니면 배당을 받지 못하는 임차인인지 살펴보고 그에 맞는 대응책을 미리 구상하고 만난다면 한 번의 만남으로도 만족스러운 결과를 얻어낼 수가 있는 것이다.

낙찰을 받은 곳에는 소유자가 살고 있었다.

등기부등본을 살펴보니 몇 년 되지 않은 신축 건물이었고, 건물등기와 소유권 이전 날짜가 같은 것으로 봐서는 아파트를 분양을 통해 취득한 것으로 보였다. 소유자는 올해 54세의 남자였고, 은행의 근저당이 설정되어 있으나 금액은 그다지 많은 편이 아니었다. 이 물건은 부가세 체납으로 인해 공매로 진행된 물건이었다. 또한 그 체납금액도 높지 않아 공매의 원인이 된 체납세액을 납부하면 바로 취하될 위험성도 높아 보였다.

이런 경우는 낙찰을 받고 바로 찾아가 언제 이사 갈 생각인지 물어보면 안 된다.

외려 정황상으로 보았을 때, 소유자는 자신의 아파트가 공매로 낙찰되었을 것이라고 생각지도 못할 가능성이 높다.

보통 사람들은 은행에서 대출을 받고 이자 납부하는 것에는 나름 철저한 편이다. 은행은 연체가 되면 휴대폰으로 문자 알림이 오고, 상황이 더 나빠

■ 점유관계 [조사일시: /정보출처 : 현황조사서 및 감정평가서]

점유관계	성 명	계약일자	전입신고일자 (사업자등록신청일자)	확정일자	보증금	차임	임차부분
조회된 자료가 없습니다.							
공매재산의 현황	아파트						
기타	본건의 전입세대의 열람결과 2011년12월28일에 전입세대주 배 가 전입되어 있음. 1차 방문시 폐문부재 였으나 2차방문 전에 체납자의 배우자인 배 와 통화함. 본인 세대 거주중이라함.						

■ 임차인 신고현황

번호	성명	권리신고일	전입신고일자 (사업자등록신청일자)	확정일자	보증금	차임	임차부분
1	전세입주자				0	0	

■ 배분요구 및 채권신고 현황

번호	권리관계	성명	설정일자	설정금액	배분요구채권액	배분요구일
1	임차인	전세입주자		0	0	
2	근저당권	주식회사국민은행(지점)	2011-12-22	156,000,000	0	
3	근저당권	이 철(채무자-배)	2012-02-17	50,000,000	50,000,000	2013-01-08
4	위임기관	수원세무서	2012-09-10	0	47,850,020	2012-10-10

* 채권신고 및 배분요구현황은 배분요구서를 기준으로 작성하였으며 신고된 채권액은 변동될 수 있습니다.

지면 채권담당자가 전화통화를 통해 직 · 간접적으로 협박(?)을 하여 부담감 때문에라도 어떻게든 지키려 한다.

그러나 체납세금에 대하여는 다른가 보다.

세금 몇 푼 되지도 않는 거 조금 늦게 낸다고 어찌할까 싶은 것이다. 하지만 그러는 사이 세무서 및 공공기관은 매뉴얼대로 재산조회를 통해 체납자의 재산에 압류조치를 가한다. 대한민국 국민인 이상, 세금 납부의 의무가 있기에 따지고 싶어도 따질 수가 없다. 당연한 의무이기 때문이다.

이 집이 그런 것 같았다. 자영업을 하면서 부가세가 고지된 것을 신경쓰지 않고, 그냥 나중에 형편이 좀 나아지면 납부하겠다는 안이한 생각을 한 듯하다. 그리고 만일 이 가정이 맞다면, 당연히 일찍 소유자를 찾아가서는 안 된다. 원인채권인 부가세 금액이 얼마 되지 않아 당장 내일에라도 납부를 한다면 매각 자체가 취소될 수도 있기 때문이다.

나는 우선 조용히 대출을 알아봤다. 그리고는 미리 대출 문서에 자서를 해 놓고, 대출 실행은 내가 전화를 하면 그 즉시 이뤄질 수 있도록 준비시켜 놓았다.

낙찰된 걸 모르신다고요?

매각결정통지서를 수령한 후, 알맞은 대출조건까지 알아보고 대출만 실행하면 되는 상태로 일을 마쳐놓았다. 그리고 그 다음 날, 소유자의 집에 찾아갔으나 아무런 응답이 없다. 으레 그렇듯 현관문에 미리 준비해 간 메모지를 붙이고 집으로 돌아왔다.

항상 사용하는 '본인은 낙찰받은 부동산 회사의 직원이며, 부재중으로 메모 붙이고 가니 연락 달라'는 내용이었다.

그 날, 늦은 밤 12시에 모르는 전화번호가 휴대폰 화면에 떴다. 소유자일 거란 직감이 들었다.

"여보세요? 어디시죠?"

"아니, 내 집이 낙찰되었다는 소리가 무슨 소리예요?"

"사장님 집이 공매로 낙찰되었습니다. 모르고 계셨나요?"

"아니 그게 무슨 소리냐고요? 내 집이 왜 낙찰이 돼?!"

급기야 소유자의 언성이 높아지며 말이 짧아지기 시작했다.

이런 상황에서는 상대방과 이야기를 나누어봤자 별 소득이 없다.

"사장님, 흥분하지 마시고요. 내일 오전 공매담당자에게 전화하셔서 확인해 보시고 연락주세요. 늦은 시간이라 이만 끊겠습니다."

대화라 해봤자 말싸움만 할 것이 뻔해서 늦은 밤을 핑계로 전화를 끊었다.

역시 내 직감이 맞았다. 소유자는 낙찰 사실을 모르고 있었고, 체납된 세금이 그리 크지 않으니 나중에 내야지하고 안이하게 생각하고 있었다. 아마 전화통화 후 밤새 뒤척이며 잠도 제대로 이루지 못했을 것이다.

이제 급한 사람은 내가 아니라, 소유자다.

통화상으로는 내일 전화를 하겠다고 했지만 이제부터는 소유자 본인이 급하게 되었으므로 나는 전화오기를 여유 있게 기다리기만 하면 된다.

역시. 소유자에게서 전화가 걸려왔다.

"이거, 내가 다음 달에 납부하려고 다 준비하고 있었는데, 세무서에서 이렇게 공매로 넣을 줄은 몰랐어요. 이거 어떡해요?"

"아니, 그걸 저한테 물어보시면..."

"무슨 방법이 없습니까? 내가 내일이라도 돈 빌려서 낼 테니 물려주쇼."

"물리다뇨. 내일이면 소유권 이전이 마무리되는데 무슨 말씀이세요?"

"뭐라고요? 아니 누구 맘대로 내 집을 소유권 이전한다는 말입니까? 내일 돈 낸다니까!"

"사장님, 진작 납부하시지 왜 지금에 와서 그러십니까? 이미 낙찰이 되었고, 지금은 소유권 이전 직전입니다."

소유자는 집에 대한 집착이 대단한 것 같았다. 기필코 뺏기지 않으려는 의지가 역력했다. 그럴수록 나는 이 게임이 쉽게 풀릴 것 같아 여유 있는 모습을 보였다.

소유자에게 집을 돌려주다

입찰하기 전 계산해보니, 족히 2,000만 원 정도의 수익이 생기는 물건이었다.

나로서도 포기하기 쉽지 않은 물건이기에 제발 취하해달라고 사정을 해도 고민이 될 판국이다. 그런데 이 소유자는 자신의 상황을 아는지 모르는지, 몇 번의 통화 중에도 계속해서 나에게 약간의 욕을 섞어 으름장을 놓는 것이었다. 거의 '내가 누군지 알아? 왕년에 끝내주게 놀았던 사람이라고.' 수준이다.

나는 그럴수록 미동도 없이 소유권 이전을 할 계획에는 변함이 없다. 다만 정 그렇게 집을 되찾고 싶다면 합의금을 받아야겠다고 대답했다. 잔금 납부기일까지 일주일의 시간이 남아있었다.

"얼마면 합의할 건데?" 이제 거의 반말이다.

"소유권 이전만 하면 바로 나는 수익이 몇 천만 원입니다. 저희 회사 입장에서도 1,000만 원은 합의금으로 받아야 하겠는데요."

"무슨 소리야? 한 300만 원이면 되것구만."

"그건 사장님 생각이시죠. 사장님이라면 당장 팔아도 몇 천만 원 수익이 나는데, 300만 원 받고 넘기시겠습니까?"

"……"

의기양양하던 말투는 온데간데없이, 소유자는 말을 잇지 못했다.

그리고는 일주일만 시간을 달라고, 제발 소유권 이전은 하지 말아달라고 신신당부를 하였다.

그렇게 시간이 흘러 약속한 날짜에 소유자로부터 전화가 왔다.

내용인즉, 내일 만나서 합의금을 줄 테니 자산관리공사에 같이 가서 '매각결정취소동의서'를 써 달라는 것이다(공매에서는 소유자가 세금 납부를 하고 취소 요청을 해도 이미 낙찰이 된 물건에 대해서는 낙찰자의 동의를 얻어야 취소가 가능하다).

다음 날, 약속한 시간보다 1시간 앞서 자산관리공사에 도착하여 소유자에게 전화를 걸었다.

"지금 자산관리공사에 도착했습니다. 약속대로 매각결정취소동의서를 작성해서 제출하려고 하니, 굳이 여기까지 오지 마시고 바로 합의금 입금하시죠. 그럼 동의서 제출하고 담당자와 통화로 확인시켜 드리겠습니다."

"...알겠습니다. 꼭 부탁합니다."

사실 소유자와의 대면이 불편하게 느껴졌다.

얼굴 한 번 보지는 않은 사람에게 합의금을 받으면서까지 취소를 해준다는 것이 내심 마음에 걸렸던 것이다. 나도 내 수익금의 반을 포기하면서 내리는 결정이었지만 그래도 마음이 마냥 편치만은 않았다. 그리고 어차피 합의를 본 이상, 얼굴을 보지 않고 내가 취소동의서만 제출하면 되는 것이니 차라리 대면하여 서로 불편한 것보다 나을 것이라는 계산이 있었다.

통화가 끝나고 입금이 되었다는 문자가 도착했다. 나는 바로 매각결정취소동의서를 담당자에게 제출하고 혹시 마주칠지도 모를 소유자를 피해 자산관리공사를 재빨리 빠져 나왔다.

매각결정취소동의서

관리번호 : 20○○-△○△○△-◇◇1

채권자 : 수원세무서

채무자(체납자) 성명 : 박○숙

주소 : 경기도 수원시 ○○구 ○○동 1330 외 1필지

○○이편한세상아파트 제○○동 제5층 제504호

낙찰자 성 명 : 이선미

주소 : 인천시 남동구 ○○동 ○○7 ○○아파트

매각재산 : 경기도 수원시 ○○구 ○○동 1330 외 1필지

○○이편한세상아파트 제○○동 제5층 제504호

위 매각재산에 관하여 매수인은 2013년 6월 △일 한국자산관리공사가 실시한 공매에서 낙찰받은 바, 체납자가 체납된 세금을 납부하고, 매각결정을 취소 요구하므로 향후 본 건 부동산에 대한 낙찰 등에 관한 권리를 포기하며 이의를 제기하지 않을 것을 동의합니다.

첨부서류 : 매수인 인감증명서 1부

2013 년 7월 ○일

낙찰인 : 이선미 (인)

연락처 : 010-○6○6-1▽1▽

수원세무서 귀하

그날 오후, 뒤늦게 소유자에게서 문자가 왔다.

다시 집 찾게 해 줘서 고맙다고, 언성 높인 것 미안하게 됐다고.

나 또한 답변을 보냈다.

앞으로는 작은 세금이라도 꼬박꼬박 체크하시고 이런 실수 범하지 마시고, 다시 찾은 집에서 새 마음 새 뜻으로 잘 사시길 바란다고 말이다.

이렇게 이 물건으로 인해 정말 짧은(?)시간에 1,000만 원의 수익을 거두며 훈훈하게 마무리 되었다. 집을 되찾은 소유자의 안녕을 진심으로 바란다.

블루오션, 공매를 공략하라

'공매'라는 단어는 어느 투자 설명회에서 처음 접했다. 공매는 경매와는 다르게 주로 세금체납으로 인한 압류에 의해 실행되는 것과 법원이 아닌 한국자산관리공사에 의해 절차가 진행되는 것이 경매 절차와 다르다는 것을 알게 되었다. 그리고 무엇보다도 경매는 입찰기일에 법원에 가서 입찰표를 작성, 제출하고 낙찰을 받아야하기에 입찰하려면 법원에 가야하는 수고가 따르지만, 공매는 컴퓨터를 통해 온라인으로 입찰이 진행되기에 5분만 투자하면 입찰이 끝난다. 컴퓨터를 너무나 사랑(?)해서 여행을 가도 노트북을 꼭 지참하는 나에게는, 이 같은 공매 입찰 방법이 마치 계시처럼 느껴질 정도였다.

온비드(www.onbid.co.kr) 메인화면

공매의 매력 1. 바쁜 직장인에게 딱이다

직장생활 당시, 나의 담당업무는 지방 소도시의 매장을 관리하는 일이었다. 일주일에 절반이 출장이었고, 집보다는 객지에서 자는 날이 더 많았다. 그러다 보니 모처럼의 휴일에도 출장의 여독을 풀기에 바빠, 아이들 밥도 제대로 못 차려주고 거의 잠을 자는 데 시간을 다 보냈다.

이혼 후에는 아이들에게 더 나은 엄마의 모습을 보여야겠다는 생각에 일에 매진을 하고, 주 2회 야간대학원까지 다니는 열혈 학생이었다. 정말 치열하게 산 것이다. 그래야 아이들이 엄마의 모습을 보고 나쁜 길로 빠지지 않을 것 같았고, 나 스스로도 열심히 살고 있다는 위안을 받고 싶었다.

그 당시 나에게는 시간은 돈을 주고라도 사고 싶은 것이었다. 그만큼 시간이 턱없이 부족했다. 내 머릿속에는 오로지 아이들을 잘 키워야한다는 생각과, 돈을 벌어야한다는 생각으로 가득했다. 그래야 나와 아이들이 먹고 살 수 있었으니까. 그러던 차에 접하게 된 것이 공매다. 시간을 쪼개고 쪼개도 부족하던 나에게는, 회사 눈치를 보며 일부러 시간 내어 입찰하러 가지 않아도 된다는 점이 커다란 매력으로 다가왔다. 경매 입찰을 하려하면 휴가를 내야만 했고, 그나마 입찰하는 것마다 낙찰된다는 보장도 없었다.

경매 투자를 병행하는 직장인들은 대부분 이와 비슷한 애로사항을 겪는다. 입찰하려면 직장 상사의 눈치도 보이고, 주말 동안 임장을 해야 하니 가족의 눈치도 보이고 몸도 힘들고, 나만 잘 살아보려 그러는 것도 아닌데 하는 서러운 마음도 울컥울컥든다. 그래서 나는 직장인들에게 공매 투자를 적극 권유한다.

공매는 입찰기간이 월요일 오전 10시부터 수요일 오후 5시까지다. 그리고 다음 날인 목요일 오전 11시에 입찰결과를 확인할 수 있다. 그러니 토요일과 일요일에 현장조사를 하고, 월요일부터 3일간 혹시 놓친 권리상 문제점들이 없는지 확인해 본 후, 잠시 점심시간을 이용하여 입찰을 하면 되는 것이다. 입찰은 클릭 몇 번이면 끝나고, 인터넷뱅킹으로 입찰보증금을 이체하면 완료다. 입찰법정에 가서 입찰해야 하는 경매에 비하면 정말 간편하다고 하지 않을 수 없다.

공매의 매력 2. 경쟁자가 적다

입찰하러 법원에 가 본 경험이 있다면 이해할 것이다. 할아버지, 할머니, 아기 업은 새댁, 아줌마, 젊은 사람 등. 이젠 특별한 몇몇 사람들이 하는 것이 아닌 말 그대로 남녀노소 모두 할 수 있는 시대가 되었다. 경매강의 수강생들도 많아졌고, 컨설팅업체들까지 합세하여 입찰법정을 가면 시장을 방불케 할 정도로 사람이 많다. 갈 때마다 집행관이 조용히 하라고 엄포 아닌 엄포까지 하니, 말 그대로 경매가 대중화되긴 한 모양이다.

물론 경매시장으로 사람들이 몰릴수록 낙찰가는 올라가고 수익은 적어지기에 전업투자자들에게는 좋은 현상은 아니다. 하지만 경매로 진행된다면 10명 정도 입찰자가 있을 물건도 공매로 진행되면 5명 내외가 입찰하여 경쟁률이 낮다. 물론 공매는 경매처럼 인도명령제도가 없고 명도소송으로만 진행해야 하는 부담이 있다. 그래서 특히 명도를 두려워하는 초보에게는 선뜻 도전하기 어려운 분야이기도 하지만, 이 덕분(?)에 경쟁률이 낮고 그만큼 낙찰받을 확률이 높아진다 할 수 있다.

공매의 매력 3. 수익은 경매보다 크다

나는 항상 바뀌는 투자시장에서 살아남기 위해 지속적으로 투자체질을 바꾸려고 노력했다. 경매로 사람들이 몰린다 싶으면 공매를 중점적으로 검색하다가, 부동산 시장이 어려워져 경매에 대한 관심이 시들해진다 싶으면 또 경매에 집중한다. 그렇게 경매와 공매, 두 가지 시장에서 투자를 하다 보니 경매와 공매의 차이를 분명히 알게 되었고, 투자가치로써의 분석도 다르게 할 수 있게 되었다.

차이점을 몇 가지 설명하자면, 경매는 유료사이트에서 채권자, 채무자, 예상배당표 및 권리분석을 통한 인수 · 소멸 여부까지 한눈에 파악할 수 있게 자료가 정리되어 편리하지만 공매는 다르다. 유료사이트에서도 경매만큼 자세하게 정보를 제공하고 있지 않을 뿐더러, 온비드에서도 위임기관과 감정가 정도만 쉽게 확인할 수가 있다. 물론 지금은 공매 또한 많이 보편화되고 있고, 진행 절차도 경매의 그것을 많이 따라가고 있다. 지금은 공매도 공매재산명세서를 통해 배분요구 여부와 그 금액을 보다 손쉽게 파악할 수 있고, 점유관계도 명시되어 있어 입찰에 필요한 정보 수집이 편리해졌다.

그렇지만 앞서 언급한 명도소송 등의 부담 때문에 아직까지 공매는 틈새시장이다. 내 경우에도 투자물건 중, 수익률로 따져보았을 때 공매에서 대박이 난 물건이 많다. 명도소송의 부담이 있다고는 하지만 실제 10건의 공매 낙찰 중 1건 있을까 말까 할 정도로 명도소송까지 가는 경우는 드물었고, 대부분 합의를 통해 원만히 해결했다.

이제 경매에 입문하는 초보자라면, 경매의 전 과정을 한 번쯤은 겪어보고 공매로도 관심을 두길 권한다. 권리분석을 따로 해야 하며 인도명령제도가 없다는 몇 가지 불편한 점이 있지만, 바로 이 불편함이 당신에게 더 큰 수익을 가져다 줄 것이다.

my story 4

나의 버킷 리스트

유난히 즐겨봤던 TV 드라마가 있다. 바로 '응답하라 1988'이다.

다른 응답하라 시리즈도 재밌게 보긴 했지만 '응팔' 같은 경우에는 가족 간의 사랑이 전체적인 내용을 아우르고 있었기에 보는 내내 마음이 따뜻했고, 이에 더하여 믿고 볼 수 있는 조연 배우들의 맛깔스런 연기에는 시대를 뛰어넘어 그 시절의 나로 돌려놓는 마법 같은 힘이 있었다.

향수. 이것이 바로 나를 포함한 많은 사람들이 이 드라마에 그토록 빠져 있던 이유였다. 오래된, 그리고 빛바랜 앨범이지만 지금에 와서 펼쳐볼 수 있다는 것은 그 많은 시간을 건너 모든 사건과 사고, 사연들이 이제는 나의 마음에 하나의 추억으로 자리 잡을 만큼 마음이 편안해졌기 때문일까.

그 시절의 다이어리를 꺼내어 보았다. 첫 장에 기록된 91년의 버킷 리스트.

- 91년도 목표. -
1. 몸무게 7Kg 이상 뺄것. (현 57Kg)
2. 자격증 취득및 大入 공부 할것.
3. 단편 소설 및 詩 쓸것.
4. 연애 사절 (편지 허용).
5. 연극 5편 이상 및 영화 보기. (1년內)
6. 독서 하기.
7. 저금 하기 (적금)
8. 남을 미워하지 말것.

-* 시간표 *- 91년 계획
6:00 ~7:00 기상 및 운동
~8:30 세면 및 준비 (출근)
9:00 ~6:00(54) 근무中
7:30 도착 및 세면
~9:00 자율 시간
~11:00 기본 시간 (공부도 해당)
~12:00 공부및 독서
새벽 1:30 글쓰기

-꼭 지키길 바래요.-

새해가 되면 마음가짐을 단단히 하려고 적어놓았던 마음속 의지의 메모장이었다. 아마도 저 시절은 야간 고등학교를 졸업하고 회사에 취직한 후 대학에 진학하기 위해 짬내어 공부를 하던 시기로 기억한다. 역시나 그 시절에도 살이 통통하게 올라와 있던 터라 다이어트가 1순위 목표였던 것 같고, 늘 강박 관념처럼 따라다녔던 자격증 따기도 리스트에 올라있다. 그리고 잠시 연극에 빠져 오디션을 보러 다녔던 행적도 있고, 틈틈이 시나리오와 소설을 쓰기도 했던 기억이 난다.

그 당시 목표의 결과는 어떨까?

다이어트는 여전히 지금의 버킷리스트에도 꾸준히 올라갈 정도로 미지의 숙제로 남아있지만, 그때를 기점으로 현재까지 15개 이상의 국 · 내외 기술 자격증을 취득했으며, 연극에 대한 관심으로 결국 작은 극단의 조연으로 무대에 서는 경험도 하게 되었다.

그리고 가장 중요했던 대학 입시. 수학은 포기했지만 암기 과목들은 단시간에 외워 버리는 신통력이 발휘되어 나쁘지 않은 점수로 대학에 합격할 수 있었다.

또 하나, 저금하기. 웃음이 절로 나온다.

"주식이 1,000 포인트가 넘는 게 말이 되냐고? 이제 주식은 끝났다니깐……. 곧 폭락일 거구만. 그니깐 뭐니 뭐니 해도 이율이 쪼까 작긴 해도 적금이 제일 안정적이고 좋다니께~"

'응팔'에서 나온 덕선이 아버지 역을 맡은 성동일 배우의 대사이다. 나 역시 그 시절엔 '저축'이 최선이라고 생각하며 살았다.

목 표	실천항목 Lists	구체적 실천항목	2019 월별 달성 여부						결과
			1-2월	3-4월	5-6월	7-8월	9-10월	11-12월	
건 강	몸무게 줄이기	현재 몸무게에서 -6키로 감량하기					△	△	이룸
	12대 질병 관리하기	당뇨/간수치/암 재발하지 않게 잘 관리하기	△	△	△	△	△	△	
	식사관리	단백질과 생선과 야채 많이 먹기	△	△	△	△	△	△	
	건강관리	유산소 운동 30분 이상 하기 (1일)		O	O	△	△	△	
	건강검진	6개월마다 정기 검사받기				O	O	O	
	이미용 가꾸기	PT 꾸준히 받고 근육량 늘리기					O	O	
사 랑 & 자녀	사람과의 관계	나누고 배려하며 살아가기	O	O	O	O	O	O	
	남자친구 만들기	이유는 모르겠지만 늘 노력하자!	×	×	×	×	×	×	이룸
	해외여행 가기	터키 여행						O	
	아이들과 소통하기	딸과 아들에게 사랑한다 표현하기/대화 1시간 이상	△	△	△	△	△	△	
	요리 배우기	직접 요리 해 주기	△	△	△	△	△	△	
	봉사/나눔 실천하기	봉사와 후원하는 것 더 적극적으로 하기	O	O	O	O	O	O	달성!
아들	군복무 결정	병역특례로 근무시작	O	O	O	O	O	O	달성!
	운전면허자격	운전면허 자격증 취득하기				△	△	△	
	일어공부	회화 가능하게				△	△	△	
	직무능력 발전 UP	프로그래밍 공부하기	O	O	O	O	O	O	달성!
딸래미	대학 입학	건축학과 입학	O	O	O	O	O	O	달성!
	기술 배움	레빗과정 익히기	O	O	O	O	O	O	달성!
	알바해서 용돈벌기	CAD 및 컴퓨터 그래픽 강의 알바	O	O	O	O	O	O	달성!
	여행가기	용돈으로 배낭여행(헝가리)						O	
Money & 부동산	절약하는 생활을 하자	외식비를 줄이자	O	O	O	O	O	O	
	부채 줄이기	매년 3,000만원씩 대출 갚기	O	O	O	O	O	O	
	경매 및 부동산으로 수익내기	경매로 2억원 이상 수익내기 (년)	O	O	O	O	O	O	달성!
	사무실 낙찰받기	내가 쓸 사무실	O	O	O	O	O	O	달성!
	사업하기 (수익형)	월 1,500만원 이상 나오게..				△	△	△	
	별장 낙찰받기	가족이 쉴 수 있는 작은 시골집 낙찰받기				O	O	O	달성!
지 식	공부하기	유튜브 / 웹디자인(adobe 자격증)	O	O	O	O	O	O	달성!
	멘토하기	행크온 스터디 시작	O	O	O	O	O	O	달성!
	독서하기	연 30권 이상				△	△	△	
	집짓기 공부하기	3개월 과정				O	O	O	
	법률 공부하기	셀프 소송하는 법	O	O	O	O	O	O	달성!
개인적	책 출판	팬들을 위해 2탄도 열심히..				△	△	△	
	아침형 인간되기	새벽 1시 전에는 무조건 취침	△	△	△	△	△	△	
	멋진 강사되기	스스로 만족할 때 까지 노력하자				△	△	△	
	블로그 작성	매일 포스팅하기				△	△	△	

28년이 지난 2019년의 버킷리스트이다. 지금도 늘 새해가 되면 버킷리스트를 작성하여 책상 바로 앞 잘 보이는 곳에 붙여놓고 매일같이 들여다보곤 한다. 머릿속에 세뇌하기 위함인데, 매일 아침 스케줄 표와 함께 읽고 있으면 오늘 무엇을 하며 살아야 할지를 좀 더 분명하게 알 수 있다.

모든 것은 꿈을 그리는 것에서부터 시작한다. 꿈이 없으면 목표를 세울 수 없다. 목표가 없으면 계획을 세울 수 없고, 계획이 없으면 실천하기도 어렵다. 실천이 없으니 안일한 생활이 지속된다. 이러한 생활에서는 사물에 대한 적극적인 사고방식, 즉 의욕이 생기지 않는다.

버킷리스트는 최대한 구체적이고 현실적으로 설정하는 것이 좋다. 예를 들면, 당신에게 내 집 마련의 꿈이 있다면 그것이 아파트인지 단독주택인지,

몇 평 정도를 원하는지 등 이상적으로 생각하는 자기 집의 모습을 구체적으로 적는 것이 좋다. 만약 여행을 꿈꾸고 있다면 단순히 유럽이 아니라 그곳이 파리인지 로마인지 등을 구체적으로 설정해야 하는 것이다. 그래야 그 꿈을 실현시키기 위해 의욕적으로 노력할 수 있고, 잠재의식 속에 입력이 되어 그것이 행동으로 나타날 수 있도록 해주기 때문이다.

어릴 적 야간 고등학교를 다녔다. 아버지의 사업 부도로 부산의 신발공장에 취직을 하고, 저녁에는 학교를 다녀야 했다. 작은 교실에 모인 50명 남짓의 같은 반 친구들은 여고생의 풋풋함보다는 현실이 주는 고단함으로 수업 전부터 책상에 엎드려 잠을 청하는 게 일상이었다.

나는 신발공장에 다녔고, 짝꿍은 냉동공장에 다녔는데 퇴근 후 작업복을 갈아입고 왔어도 짝에게서는 생선 비린내가 났고, 나에게서는 고무 냄새가 났다. 이런 오묘한 냄새들이 합쳐져 교실 안은 정말이지 희한한 냄새로 진동했다.

공장생활이 1년 정도 되었을 무렵, 학교 선생님의 도움으로 은행에 잔일을 하는 급사로 취직을 했다. 아침에 출근해서 컵을 닦고, 청소를 하고, 언니들의 심부름을 하는.

그때부터 나의 꿈이 변하기 시작했다. 공장에서 듣던 아저씨들의 욕지거리가 아닌, 어린 나에게도 존댓말을 써주는 화이트칼라들을 보며 나도 대학에 들어가 졸업하여 화이트칼라가 되고 싶다고 생각했다.

막연했지만 그 꿈을 가지게 되면서 나의 성장 속도는 달라졌다. 모든 것에 긍정적이 되었고, 힘들었지만 좋은 점수로 과 수석 졸업도 하게 되었으며 틈틈이 자격증 공부를 하면서 자기개발도 소홀히 하지 않았다.

꿈은 꾼 만큼 이뤄진다고 하였던가? 정말 내가 생각한 대로, 꿈꾸는 대로 하루하루가 달라졌다. 그때부터 알게 되었다. 최선을 다해서 열정을 가지고 하면 안 될 것은 없다.

물론 서울에 올라와 지방의 야간대학 출신이라는 것과 영어 실력이 부족하여 어려움도 겪었지만, 그것을 깨고자 부단히 노력했다. 어쩌면 그 단점은 내가 만들어 낸 변명일 수도 있다는 생각이 들었고, 그래서 늘 열심히 살면서 내가 뛰어온 것에 부끄럽지 않도록 최선을 다했다.

나는 지금도 계속해서 조심스럽게 꿈을 수정하고 다시 계획하고 있다. 그리고 끊임없이 준비하고 있다. 준비된 자만이 기회를 잡을 수 있는 것이기에.

제대로 시도해 보지도 않고, 스스로의 꿈을 부정적으로 단정짓지 않았으면 한다. 그리고 만약 주변에 그런 사람이 있다면 가볍게 무시하자. 그들의 시기와 질투를 상대하면 괜히 마음만 피곤해진다. 내 인생은 내가 상상하는 것 이상으로 훨씬 멋진 것임을 깨닫고, 계획을 꾸준히 실천하며 살다 보면 꿈꾸던 삶이 어느덧 바로 앞에 와 있음을 느끼게 될 것이다.

11장

~

쓰레기 집을 낙찰받다

일전에 낙찰을 받고 단기간에 매매를 한 지역의 아파트 다른 호수가 또 경매로 나왔다. 집에서도 가깝고 시세니 뭐니 다시 조사할 것도 없겠다 싶어, 망설임 없이 입찰을 결정했다.

물론 그 이면에는 대형은 임대나 매매가 힘들고 저층 아파트는 선호하지 않는다는 단점이 있었다. 그러나 특히 이 아파트는 얼마 전에도 가뿐하게 매도를 하고 꽤 높은 수익을 거둔 터라, 왠지 모를 자신감이 생겼다. 역시 남들이 가지 않는 길에도 틈새는 있구나 하며 스스로를 대견해했다.

자만심이 부른 실수

입찰하기 하루 전에 검색하다 발견한 물건이라, 자세히 조사를 하지 않았다. 익히 알고 있는 지역이고, 아파트이기에 무엇을 더 조사한다는 것은 괜한 시간 낭비라고 생각하였다.

굿옥션 현황조사서에 '폐문부재로 이해관계인을 만날 수 없음'이란 내용

소 재 지	인천광역시 남동구 아파트 동 1층 102호 도로명주소검색		
물건종별	아파트	감 정 가	260,000,000원
대 지 권	38.568m²(11.667평)	최 저 가	(70%) 182,000,000원
건물면적	101.02m²(30.559평)	보 증 금	(10%) 18,200,000원
매각물건	토지·건물 일괄매각	소 유 자	
개시결정	2012-05-22	채 무 자	
사 건 명	임의경매	채 권 자	
관련사건	2013타경 (중복)		

구분	입찰기일	최저매각가격	결과
1차	2013-04-	260,000,000원	유찰
2차	**2013-05-**	**182,000,000원**	
낙찰 : 189,420,000원 (72.85%)			
(입찰2명,낙찰:인천 / 2등입찰가 183,500,000원)			
매각결정기일 : 2013.05 - 매각허가결정			
대금지급기한 : 2013.06.18			
대금납부 2013.06.17 / 배당기일 2013.07.19			
배당종결 2013.07.19			

이 있었으나, 비단 어디 이 집만 폐문부재인가? 맞벌이 한다고 사람이 집에 없을 수도 있는 일이고, 가는 날이 장날이라고 때마침 사람이 없을 수도 있는 일이니 여느 폐문부재처럼 대수롭지 않게 생각했던 것이다.

350만 원이 넘는 미납관리비도 그저 배운 대로 전유부분은 낙찰자가 인수할 부분이 아니고 공용부분에 대해서만 낙찰자가 인수한다는 판례대로, 나는 공용부분만 내면 그만이라고 생각하였다. 또한 사전에 미납관리비에 대한 금액까지도 수익률 계산에 산입시켜 낙찰가를 선정했기 때문에, 최악의 경우 내가 납부를 할지라도 손해는 보지 않는다고 생각했다. 그러니 만일 점유자가 미납관리비를 정산하고 퇴거를 하게 되면, 그 비용은 보너스로 돌아올 것이고 못 내고 버티는 경우에도 이사비를 조율해서 충분히 감내할 수 있을 부분이라 생각했다.

여하튼, 시간이 촉박하다는 핑계로 현장을 가 보지도 않고 관리사무실에 전화 한 번 해보지 않은 채 굿옥션에 있는 몇 가지 정보만을 읽은 후 입찰을 하여 낙찰을 받았다. 그러면서 우쭐해했다. 역시 나는~

낙찰 후 비로소 보이는 것들

평범한 물건이라 생각하여 명도를 바로 진행하지 않았다. 게다가 당시 몇 가지의 일들을 한꺼번에 처리하느라 정신이 없었다. 낙찰 후 일주일이 지나서야 아파트를 찾아가 초인종을 눌렀다. 아무 대답이 없다. 그냥 그러려니 했다. '내가 너무 일찍 왔나??'

늘 가지고 다니는 메모 쪽지(낙찰자이니 연락주세요)를 테이프로 깔끔하게 붙이고, 별 걱정 없이 집으로 돌아왔다. 그런데 며칠이 지나도 연락이 없었다. 이상하다. 이쯤이면 연락이 오고도 남아야 하는데? 날 피하는 건가? 그냥 버티기 작전으로 갈 속셈인가?

며칠 후, 다시 현장에 가서 초인종을 눌렀다. 역시나 아무런 대답이 없었다. 집안에 TV 소리라도 들릴까 싶어 문에 귀를 갖다 대도 인기척조차 없다. 베란다 뒤쪽으로 가 보았다. 컴컴하다. 밤 10시가 다 되어 가는데 아무도 없다는 데서 드디어 뭔가 서늘한 기운을 감지했다. 다시 현관 앞 우편함으로 가 보았다.

102호. 각종 의료보험, 도시가스, 세무서, 신용정보회사에서 보낸 우편물들이 우편함에 넘치다 못해 바닥에도 흘러넘쳐나고 있었다. 오.마.이.갓.

우편물들을 차례대로 챙기며 각종 고지서 날짜를 보니 족히 6개월 이상이 훌쩍 넘은 것들이었다. 당장이라도 관리사무소에 가서 이런 저런 상황을 파악하고 싶었지만, 이미 퇴근 후 늦은 시간이라 마음을 쓸며 집으로 돌아올 수밖에 없었다. 그제야 나는 매각물건명세서 및 서류들을 살펴보기 시작했다. 전입세대열람 서류에는 부모로 추측되는 사망말소자 두 분이 등재되어 있었으며, 아들로 생각되는 남자 이름 하나가 있었다. 채권자는 은행이 아닌

개인이었다.

다음 날 아침, 아파트 관리사무실이 열리자마자 바로 찾아 들어갔다.

낙찰자임을 밝히고 미납관리비를 물으며, 전 소유자의 연락처를 알려달라고 부탁했다. 연락이 닿질 않아 명도를 하지 못하고 있다면서... 그러자 관리소장은 그동안의 숙원 사업이(?) 곧 해결될 듯 환한 표정을 지으며, 집에 대한 이야기를 풀어내기 시작했다.

정리를 하자면, 2년 동안 방치된 집으로 현재 단전 · 단수 상태이며 미납관리비는 350만 원이 넘은 상태로 관리비를 해결하지 않는 한 이사를 하거나 짐을 꺼낼 수는 없다고 못을 박았다.

119동 102호 미납내역

2013. 07. 09.

번호	2013년 05월 31일까지 관리비			비고
1	미수총액	10년10월~13년05월31일까지	3,314,120	
2	공유부분미수총액	10년10월~13년05월31일까지	3,054,640	
3	전유부분미수총액	10년10월~13년05월31일까지	462,600	
4	한전대납총액	11년01월~13년02월29일까지	203,120	
5	선수관리비수납현황	선수관리비	140,400	
6	전유부분납부액	전유부분납부총액(6=3-4-5)	119,080	
7	납부하실금액	7=2+6	3,173,720	
8	납부하실선수관리비		140,400	
9	총납부하실총합계(9=7+8)		3,314,120	

※입금하실 계좌번호 : 농협 : 1037-17- (풍림아파트대표자회의)

공용부분 미납 내역

공용부분에 대한 관리비는 정산할 테니, 내역을 뽑아 출력해 달라고 부탁했다. 관리소장은 전혀 당황하는 기색이 없이, 알겠다며 바로 공용부분 관리비를 출력하여 나에게 보여줬다.

설마 미납관리비 350만 원 중에 공용부분이 반이나 될까 싶어 큰 소리를 쳤건만, 300만 원이 넘었다. 그래서 전혀 당황하질 않았구나. 2년 공실에 300만 원 인수. 생각지도 못한 곳에서 두 번이나 얻어맞으니 정신이 얼얼했다.

말로는 어딜 가도 빠지지 않는 나도, 더 이상은 반박할 수가 없었다.

관리사무소 입장에선 여러 차례 전 소유자에게 내용증명을 보냈고, 단전 · 단수를 통해 관리비 징수에 대한 노력을 하고 있었다. 그리고 살지는 않았지만 2년이 넘는 시간 동안 공용관리비는 꼬박꼬박 쌓여가고 있었으니,

미납관리비 중 대부분이 공용관리비일 거라고는 전혀 상상도 못하고 알아보지도 않은 내 불찰이 이제야 후회되기 시작했다.

끝으로 관리소장은 전 소유자의 연락처를 적은 메모지를 건네주며, 자신들도 여러 번 전화를 했지만 받지 않았다고, 잘~ 해결되길 바란다고 기대 섞인 표정을 지었다.

와이파이 터져야 나타나는 남자

나는 처음으로 나의 과오를 인정해야 했다.

너무도 잘 안다고 생각했던 물건이었기에 현장에 가 보지도 않았고, 은행이든 관리사무실이든 방문이나 전화통화를 단 한 번도 하지 않은 채 마치 경매고수인 양 의기양양하게 굴었던 것이다.

한 번이라도 가 봤더라면, 한 번이라도 밤에 그 집에 불이 켜져 있는지 없는지를 살펴봤더라면, 우편함에 쌓여 있는 우편물들을 사전에 보기만 했더라면, 관리사무실에 전화 한 통화라도 해 봤더라면. 후회가 꼬리를 물고 이어졌지만 이미 소용없는 일이었다. 다시 한번 기본에 충실해야 하는 이유를 절실하게 깨달았다.

어찌하였든 결과는 이렇게 된 것이고, 해결을 해야만 했다.

전 소유자에게 전화를 걸어 보았지만 고객의 사정으로 당분간 연결이 어렵단다. 미치겠다.

열쇠업자를 불러 강제로 문을 열고 들어가? 아님 강제집행을 해?

마음 같아서는 당장이라도 열쇠업자를 불러 문을 부수고라도 들어가고 싶었지만, 이는 엄연한 불법이었다. 나중에라도 전 소유자가 주거침입을 이유로 형사고소를 할 수도 있기 때문이다.

그럼 강제집행?

이건 가능한 일이지만 접수하고 집행까지 근 한 달여의 시간이 더 흘러야 하고, 설령 집행을 한다 치더라도 2년 동안 방치된 집의 짐들이 온전하기나 할 것인지, 그렇다면 집행을 하고도 전 소유자가 쓰레기 같은 짐들을 찾아가지 않는다면 창고비를 계속해서 내가 부담해야 할 것이고 끝내는 동산 처분까지 또 해야 하는 번거로운 일들이 날 기다리고 있을 것이다.

아, 복잡하다 복잡해!!!

나는 우선 강제집행을 접수시킨 후, 혹시나 모를 생각으로 현관문 앞에 대자보로 '강제집행예정안내문'을 청테이프로 튼튼히 붙여 놓았다. 혹시 소유자가 오게 되면, 제발 이 종이를 보고 연락하길 바라는 간절한 마음으로 테이프를 꼼꼼히 붙였다.

무심한 시간은 하염없이 흘러갔고, 평범한 물건이라 예상했던 것과는 달리 마음속에 큰 바위 덩어리가 덜컥 강제입주를 해버렸다. 머릿속은 점점 무거워지기만 했다.

그러던 어느 날, 모르는 번호로 문자메시지가 왔다.

'시간을 주시면 이사하고 청소하고 나가겠습니다.'

하느님 감사합니다!! 나는 그 집의 남자일 것이라고 직감하고, 통화버튼을 눌렀다.

그러나 상대는 받질 않았다. 결국 집요하게 전화를 한 끝에 통화연결이 되었지만, 그 번호는 전 소유자의 전화번호가 아니라 친구의 번호였고 잠시 빌려서 쓴 것이라며 그 남자의 친구가 말을 했다. 처음엔 의심했지만 몇 번의 통화를 하면서 사실이란 것을 알게 되었고, 전 소유자는 최악의 상황으로 치달았는지 휴대폰 개통도 되지 않아 친구 것을 잠깐씩 사용한다고 했다. 그러면서 예전 전화번호로 통화는 안 되어도 카카오톡 문자는 가능하다고 했다.

나는 일단 카카오톡으로 현관문을 열어 줄 것을 요구하였고, 남자는 자꾸 청소를 운운하며 자기가 치우고 나갈 테니 시간을 달라고 하였다. 남자의 나이는 서른하나. 다행히 나보다 어렸다. 그래서 조금은 세게 대응하기로 했다. 청소고 뭐고 다 필요 없고, 내가 다 알아서 해 줄 테니 어서 문이나 열라고(제발~~). 그러나 남자는 그 이후로도 계속해서 나를 피했고, 우리의 유일한 소통은 카카오톡이 전부였다. 그 남자의 친구에게 전화를 해 보았지만 계속해서 만나는 사이가 아니라서 잘 모르겠다는 대답만 돌아왔다. 미칠 노릇이었다. 그나마 카카오톡도 와이파이가 터져야만 서로 문자가 가능했고, 와이파이가 터지지 않으면 내 문자를 확인하지 못하므로 묵묵부답이었다. 무슨 군대 간 남자친구랑 연락하는 것도 아니고, 웃기지만 웃지는 못할 상황이 계속 이어졌다.

시간은 흘러가고 이제 더 이상 기다릴 수 없는 상황이 되었다. 최후통첩으로 오늘 저녁 7시까지 문을 열지 않으면 가만두지 않겠다고 으름장을 잔뜩 놓았다. 남자는 알겠다며 저녁 7시에 집 앞에서 만나자고 했다. 나는 오후 5시부터 그 집 앞에서 진을 치고 있었다. 물론 얼굴은 모르지만 나타나기만 하면 금방 알아 볼 수 있을 것만 같았다. 그런데 7시가 넘고 8시가 넘어가는데도 나타나질 않았다. 배가 고파서 근처 편의점에 가서 김밥 한 줄과 우유를 사와서는 바로 앞 벤치에 앉아 카카오톡으로 문자를 보냈다.

'어디까지 오셨나요?'

'..........'

아이고. 와이파이가 터지지 않는 곳에 있나 보다. 내가 보낸 문자가 확인되지 않고 그대로 있다. 그래도 또 보냈다. 터져라 와이파이야~~

'오시면 연락주세요. 집 앞에서 기다리고 있습니다.'

'..........'

한참 후에야 카카오톡 문자 수신음이 울렸다.

'염치가 없어 문 열어 놓고 나왔습니다. 죄송합니다.'

으악!!! 나는 다시 오라고 문자를 보냈다. 제발 얼굴 좀 보자고. 해치지 않는다고.

오늘은 어떻게든 이 남자와 담판을 짓고, 짐을 어떻게 할 것인지 아니면 임의 처분해도 괜찮다는 각서라도 받으려고 했다. 그래야 앞으로 맘 놓고 일을 진행할 수 있으니 말이다. 그런데 몰래 와서 문만 살포시 열어 놓고 또 도망을 갔으니 미칠 노릇이었다. 열심히 문자를 보냈지만 역시나 와이파이가 터지지 않는 곳에 있는 모양이었다. 또 감감무소식이었다.

드디어, 쓰레기 집에 입성하다

남자가 나 몰래 열어 놓고 간 현관문을 열고 집 안에 들어섰다. 저녁 9시가 넘은 시간이다.

단전, 단수로 인해 형광등도 켜지지 않았다. 밖에서 어슴푸레 비치는 가로등 불빛에 의존하여 대충 형체만 가늠할 수 있었다. 이쪽엔 소파가 있고, 저기엔 냉장고가 있고, 베란다에는 세탁기와 잡동사니가 있고, 또 한쪽 편에는 족히 200병은 넘어 보이는 소주병이 일렬종대로 나란히 있다.....

혼자라 무서웠지만 '괜찮다'를 큰소리로 외치며 방문을 열어 보았다.

꺼먼색의 오래된 자개장과 침대 두 개가 나란히 있었다. 간담이 서늘하여 얼른 방문을 닫아버렸다. 마치 시체가 하나씩 튀어 나올 것만 같았다. 오랫동안 방치된 집에서는 역한 냄새가 진동을 하였고, 온통 쓰레기 더미로 난리도 이런 난리는 없었다. 그제야 나는 전 소유자가 말끝마다 청소를 해야 한다고 했던 말이 이해되기 시작했다. 도저히 무서워서 이 귀곡산장에서 나와, 다음 날 밝은 낮에 다시 오기로 했다.

다음 날 다시 간 그 곳은 집이라기보다는 쓰레기를 모아 놓은 쓰레기 매립장과 흡사 비슷하였다. 여기저기 널브러져 있는 수많은 소주병과 도저히 재생 불가능해 보이는 가전제품들, 쓰레기들이 고스란히 2년 동안 묵은 먼지들을 담고 있었다. 두려운 마음으로 화장실 문을 열어 보았다. 아... 최악이다.

단수가 된 상태에서도 사람이 살다가 나갔는지 변과 음식물 쓰레기가 산처럼 쌓여 있는 상태로 썩어 가고 있었고, 그 위로 똥파리와 벌레가 부글부글... 더 이상은 글로 못 옮길 것 같다. 경매인생 최대의 위기상황에 봉착했다(그 후 두 번의 구토를 하였고, 인테리어가 예쁘게 끝난 후에도 그 집의 화장실엔 들어가지 않았다).

카톡으로 남자에게 이 집을 어떻게 했으면 좋겠냐고 물었다. 남자는 알아서하시라고, 자기는 가져갈 것도 없으니 상관없다며 다만 쓰레기가 많아 미안하다고 했다. 참나, 알기는 아네.

나는 확인 사살로 임의대로 짐을 처리해도 좋다는 내용으로 카카오톡 문자를 보내 남자에게 확답을 받았고, 증빙으로 이 문자를 가지고 있겠다고 하였다. 남자는 그러라고 했다.

이튿날부터 철거가 시작되었다. 매매아파트는 수리하지 않고 진행한다는 나만의 원칙을 깨고 전면 올수리에 들어가기로 했다. 그리고 어마어마한 광경을 목격하고는 모두 손사래 치며 거절하던 화장실을 철거팀에게 선글라스를 사주는 애교(?)까지 부리는 등 온갖 설득 끝에 결국 변기와 2년 묵은 거시기를 철거할 수 있었다.

럭셔리한 집으로 거듭나다

1층에다 대형평형이고, 게다가 최악의 쓰레기집이니 수리도 대충해서는 안 될 것 같았다.

게다가 알고 보니 2년 묵은 냄새로 인해 이미 사방에서 민원 제기를 했던 상태였다. 그런데 그놈의 폐문부재로 인해 누구에게 하소연도 못하고 있었던 것이다. 이웃들은 근 3년 만에 열려진 현관 사이로 공사가 진행되는 것을 보고 다들 신기한 듯이 들어와 쳐다보고 갔다. 그리고 너나 할 것 없이 집에

낙찰 후 명도 전 모습

대한 스토리를 늘어놓으며 저마다 신나게 이야기를 했다.

인테리어를 하는 후배에게 좀 더 신경을 써서 공사를 해 줄 것을 부탁하였다.

그리고 이왕지사, 1층 대형이란 아킬레스건이 있으니 그것들을 커버할 만한 강력한 무엇이 있어야 했기에 심플한 듯 럭셔리한 느낌으로 가자고 하였다. 당연히 다른 물건에 비해 비용은 더 추가되었다. 하지만 빨리 털고 싶었다. 조금 지나면 겨울이고, 그러면 높은 이자만 내다가 봄을 맞이할 수 있으니 속전속결로 처리하고 싶었던 것이다.

결국 후배의 아이디어와 도움으로 럭셔리한 집이 완성되었다.

비교 극과 극을 하고 싶을 정도로 예전의 모습은 온데간데없이 완전히 탈바꿈했다.

이웃들도 집이 멋지다고 인테리어 한 사람을 소개해 달라고 난리였다.

이렇게 멋지게 완성된 집은, 얼마 지나지 않아 새로운 주인을 찾아 시집을 갔다.

인테리어가 너무나 마음에 들어 내가 이사를 들어가 살까도 생각했지만,

수리 후 모습

그놈의 화장실 변사건(?)이 자꾸 생각나 미련을 버리기로 했다. 아직도 문득 떠오를 때마다 움찔움찔한다.

이 물건을 처리하면서, 다시금 기본의 중요성을 절실히 깨달았다. 임장의 중요성과 자만심에 빠지면 안 된다는 것을 말이다. 역시 경매는 어렵다. 쉬우면서 어렵다~

수익 계산

낙찰가	경락잔금대출(80%)	151,536,000원
	잔금	37,884,000원
(+) 취득세 및 법무사비		3,968,000원
(+) 미납관리비(공용)		3,300,000원
(+) 대출이자		2,000,000원
(+) 올수리비		18,000,000원
총 투자금		216,688,000원
(-) 매도가		235,000,000원
수익(세전)		18,312,000원

부동산 세금

취득세

부동산 관련 세금은 정부 정책에 따라 급변하는 부분이 많으니 수시로 체크하는 것이 좋다. 지금은 부동산 규제가 많이 완화되어 세금이 줄어든(?) 느낌이지만, 지난 정부는 다주택자들에게 강도 높은 규제를 시행하였다.

현재는 집을 한 채, 또는 두 채를 매입한다고 해도 대부분 세율이 1~3%다. 만약 기존의 집을 처분하면서 새로운 집을 장만하는 일시적 2주택의 경우, 취득일로부터 3년이 경과하지 않았다면 비과세 혜택을 받을 수 있다.

지난 정부에서는 다주택자에게 최고세율 12%까지 부과하는 징벌적 세금을 단행하였으나, 그럼에도 불구하고 부동산 가격은 치솟았고 사람들은 영끌(영혼을 모아)을 해서라도 집을 사려고 혈안이 되었다.

취득세는 부동산을 매매 또는 경·공매를 통해 취득할 때 부과되는 조세다. 아파트, 빌라, 단독주택, 상가, 토지 등 부동산을 취득(구입)하는 과정에서 내는 세금을 말한다. 보통 소유권이전 등기를 하면서 법무사가 약간의 수수료를 받고 대행을 한다. 납부 기한은 취득한 날로부터 60일 이내다.

바뀐 취득세율과 다주택자에 대한 취득세 중과 세율을 알아보자.

다주택자에 대한 취득세 중과 완화 (2024년 기준)

<table>
<tr><th>구분</th><th>1주택</th><th>2주택</th><th>3주택</th><th>4주택이상.법인</th></tr>
<tr><td>조정대상지역</td><td rowspan="2">1~3%</td><td>8%</td><td>12%</td><td rowspan="2">12%</td></tr>
<tr><td>비조정대상지역</td><td>1~3%</td><td>8%</td></tr>
</table>

PS: 주택 수가 늘수록 세금이 높아지기 때문에 현재 다주택자의 취득세율은 높다. 하지만 또 다른 관점으로 보면 주택을 추가로 구입하고자 하는 사람들의 마음을 얼어붙게 함으로써 부동산 경기가 더욱 침체되기도 한다. 이에 새로운 정부는 부동산 시장의 활성화와 경기부양을 목적으로 취득세 완화를 발표했지만, 정부 여야의 의견이 엇갈려 현재는 국회 계류 중이며 확정되지 않았다. 만약 이 법안이 통과된다면 다주택자의 수요는 늘어날 것이고, 조금이나마 부동산 시장에 활기가 돌지 않을까 기대한다.

2024년 취득세율

<table>
<tr><th colspan="2">과세표준</th><th>취득세</th><th>지방교육세</th><th>농어촌특별세</th></tr>
<tr><td colspan="2">6억원 이하</td><td>1.0%</td><td>0.1%</td><td rowspan="8">전용면적
85㎡초과 시
0.2% 과세</td></tr>
<tr><td rowspan="6">6억 원 초과
9억 원 이하</td><td>6.5억 원</td><td>1.33%</td><td rowspan="6">0.1~0.3%</td></tr>
<tr><td>7억 원</td><td>1.67%</td></tr>
<tr><td>7.5억 원</td><td>2.0%</td></tr>
<tr><td>8억 원</td><td>2.33%</td></tr>
<tr><td>8.5억 원</td><td>2.67%</td></tr>
<tr><td>9억 원</td><td>3.0%</td></tr>
<tr><td colspan="2">9억 원 초과</td><td>3.0%</td><td>0.3%</td></tr>
<tr><td colspan="2">원시취득(신축), 상속*</td><td>2.8%</td><td>0.16%</td><td>0.2%</td></tr>
<tr><td colspan="2">무상취득(증여)</td><td>3.5%</td><td>0.3%</td><td>0.2%</td></tr>
</table>

*주택 가액에 따른 취득세 세율 (1주택 및 2주택의 경우)

직접 취득세를 계산해 보자(무주택 기준).

예시 1)

비조정지역의 85㎡ 초과인 10억 원 아파트 매입 시 취득세는 얼마일까?

9억 원 초과로 취득세 3%, 지방교육세 0.3%, 농특세 0.2% 적용하여

10억×3.5%(3+0.3+0.2%)=3,500만 원

예시 2)

비조정지역의 85㎡ 이하인 3억 원 아파트 매입 시 취득세는 얼마일까?

6억 원 이하로 취득세 1%, 지방교육세 0.1%, 농특세 × 적용하여

3억×1.1%(1+0.1%)=330만 원

정부는 과열된 부동산 시장을 안정시키기 위해 투기지역, 투기과열지구, 조정대상지역으로 나누어 관리하다가 부동산 경기가 침체되면서 서울 강남구, 서초구, 송파구, 용산구를 제외한 모든 지역의 규제를 해제하였다.

보유세

부동산 보유 시 내야 하는 세금으로는 재산세와 종합부동산세가 있다. 과세는 매년 6월 1일 기준으로 등기부상 명의자에게 부과된다. 때문에 이 시

기 매매계약을 하는 경우, 재산세와 종합부동산세 납부를 두고 시시비비하는 경우도 종종 발생한다.

가령 6월 초가 잔금일인데 매도자가 먼저 등기하고, 잔금은 약속한 날짜에 달라고 한다. 매수하는 입장에서는 어차피 할 것 며칠 빠른 것이 대수인가 싶기도 하고, 먼저 등기하라는 제안이 고맙기까지 하다. 그래서 5월 말 소유권 이전을 완료하고, 6월 1일에 등기부를 떼어 보니 매수자 본인 이름이 등재되어 있음을 확인한다.

이 경우 재산세와 종합부동산세는 누가 내야 할까? 등기부상 6월 1일자 기준으로 납세대상자를 정하기 때문에 매수자가 납부해야 한다. 단 며칠 차이로 매수자는 내지 않아도 될 재산세와 종합부동산세를 납부해야만 하는 상황이 되는 것이다.

참고로 지난 23년 7월 발표한 종합부동산세 정부개편안을 살펴보면, 1주택자는 공시가격 12억 원 이하일 경우 종합부동산세를 내지 않는다. 1세대 2주택자도 중과세율이 아닌 일반세율(0.5~2.7%)을 적용받는다. 최근 너무 과하다고 지적받았던 종합부동산세는 2020년 수준으로 환원될 것으로 예상된다.

양도소득세

돌이켜보면 나는 경매에 입문할 당시 세금에 무지한 상태였다. 경매로 집은 많이 갖고 싶은데 세금은 내기 싫고, 어떻게 계산해야 하는지도 모르겠고 참 막연했다. 하지만 낙찰받은 물건을 처리하고 나자, 책에서만 읽던 생소한 용어들에 익숙해지는 기현상이 일어나기 시작했다(역시 닥치면 하게 되어 있다. 처음부터 너무 겁먹지 말자!).

양도소득세는 용어 그대로 누군가에게 내 집을 넘겨줄 때(매도=양도), 그 차익(이익)에 대해 국가가 부과하는 세금을 뜻한다. 차익이 없거나 오히려 손해를 보았다면 당연히 부과되지 않는다. 쉽게 말해 1억 원에 산 아파트를 1억 3,000만 원에 팔게 되면, 여기서 발생한 차익 3,000만 원에 대해 부과되는 세금이 양도세가 된다(세상엔 공짜가 없다는 말이 와닿는 순간이 바로 양도세를 내는 순간이 아닐까?).

양도세 역시 이번 정부에서 많은 변화가 있다. 지난 문재인 정부에서는 다주택자들이 집을 팔고 싶어도 그럴 수가 없었다. 주택 수에 따라 취득세와 마찬가지로 양도세를 기본세율에 20%~30% 중과하여 세금을 부과했기 때문이다. 이번 정부가 들어서면서 규제가 풀리기 시작했고, 그나마 숨통이 트인 상황이다.

현재 부동산 시장은 전 세계적인 경기침체와 우크라이나 전쟁 장기화, 금리인상 등의 영향을 받고 있다. 끝이 보이지 않을 것 같았던 상승곡선은 어느 순간 멈춰버렸다. 부동산 상승기에는 전국이 활화산처럼 뜨거웠지만, 입지가 좋은 곳 외에는 이내 거품이 빠져버렸다. 세상은 돌고 도는 인생처럼 정해진 답이 없는 것 같다.

양도소득세 세율 (2024년기준)

과세표준	세 율	누진공제
1,400만 원 이하	6%	–
1,400만~5,000만 원 이하	15%	126만 원
5,000만~8,800만 원 이하	24%	576만 원
8,800만~1억 5,000만 원 이하	35%	1,544만 원
1억 5,000만~3억 원 이하	38%	1,994만 원
3억~5억 원 이하	40%	2,594만 원
5억~ 10억 원 이하	42%	3,594만 원
10억 원 초과	45%	6,594만 원
※ 납부기한: 양도일이 속하는 달의 말일부터 2개월 내 신고 ※ 현재 1년 미만 단기매도시 70% 적용, 위 표는 2년 이상 보유 후 매도시 적용		

예시 1) 2024년 과세표준이 6,000만 원인 경우,

누진공제표: 6,000만 원×24% - 576만 원=864만 원

필요경비를 잘 챙기자

양도세를 합법적으로 줄이는 가장 기본적인 방법은 필요경비를 잘 챙기는 것이다.

다음의 표를 살펴보면 부동산 취득 시 일반적으로 지출되는 취득세와 법무비 그리고 중개수수료도 필요경비에 인정되는 항목임을 알 수 있다. 하지만 현실에서는 이런 기본적인 비용만 지출되는 것이 아니다. 경매로 집을 살 때는 일반 매매처럼 충분히 내부를 살펴보고 사는 것이 아니기 때문에 때에

따라서는 곰팡이가 피어있거나 보일러가 고장 나 있는 등 꼭 해결해야 하는 하자가 있는 경우도 있기 때문이다. 그래서 다시 방수공사를 하고 보일러를 교체하며 이것저것 바꾸다 보면 생각보다 꽤 많은 금액이 수리비로 지출되곤 하는데, 그렇게 되면 주택을 매매하여도 실제 남는 수익은 처음 기대했던 것보다 많이 줄어들게 된다. 그래서 우리는 필요경비 인정 항목을 알아야 하고, 이를 증빙 삼아 공제받고 수익을 더욱 남겨야 하는 것이다.

필요경비 인정 항목

구 분	필요경비 인정 항목	비 고
부동산 취득 시 비용	취득세, 부동산중개수수료, 법무비, 분쟁 시 소송비용, 인지대, 송달료 등	낙찰자가 부동산을 온전하게 소유하기 위해 지출한 법률적 비용 인정
부동산 취득 후 비용	이용편의를 위한 용도변경 개량비용과 노후도에 따른 리모델링비, 엘리베이터공사비, 냉·난방 장치 설치(보일러 등), 방수공사, 발코니 새시 공사, 확장공사 등	단순 수리비용은 해당하지 않음
매매를 위한 지출 비용	매매를 위한 정보지 광고비용, 공인중개수수료, 계약서 대행수수료, 컨설팅 비용 등	컨설팅 비용은 통장거래 외 계약서까지 첨부해야 한다.
대항력 임차인 변제 비용	대항력이 있는 임차인이나 정당한 유치권 신고가 되어 있는 금액을 변제해 준 경우(통장거래, 영수증, 유치권 신고자료 등 첨부)	대항력 없는 임차인에게 관례적으로 지급하는 이사비는 불인정
기타 비용	각종 개발 부담금, 채권 등의 매각차손, 토지조성비, 공증비용 등	벽지, 장판, 싱크대, 문짝 교체 등은 인정되지 않음

얼마 전, 상태가 매우 심각한 아파트를 낙찰받고 방수공사에 새시까지 교체하는 대대적인 공사를 진행한 적이 있었다. 수리비용으로 꽤 큰 금액이 지출되었는데, 만일 필요경비로 인정되는 항목을 몰랐다면 그 많은 비용을 하나도 공제받지 못했을 것이다. 경매로 수익을 내려면 최대한 수익을 낼 수

있는 물건을 찾아야 하는 것은 당연하고, 이렇게 알게 모르게 빠져나갈 수 있는 비용에 대하여도 철두철미하게 증빙서류를 갖추어 조금이라도 더 절세하여 수익을 올리는 방법을 익혀야 한다.

양도소득세 계산하기

소 재 지	충남 당진시 104동 3층 301호 (31733)충남				
경매구분	임의경매	채 권 자	JB우리캐피탈		
용 도	아파트	채무/소유자		매각기일	23.01.10 (163,480,000원)
감 정 가	227,000,000 (22.03.23)	청 구 액	188,912,235	다음예정	
최 저 가	158,900,000 (70%)	토지면적	46.4㎡ (14.0평)	경매개시일	22.03.14
입찰보증금	15,890,000 (10%)	건물면적	85㎡ (25.7평) [34평형]	배당종기일	22.06.13
조 회 수	· 금일조회 1 (0) · 금회차공고후조회 33 (8) · 누적조회 183 (18) · 7일내 3일이상 열람자 7 · 14일내 6일이상 열람자 2				()는 5분이상 열람 조회통계 (기준일-2023-01-10/전국연회원전용)

이 물건은 지인이 낙찰 받은 것으로 주변에 산업단지가 많아 임대수요 및 매매수요가 꾸준한 곳에 있다. 비조정지역이기에 대출도 잘 나오는 편이고, 2년만 지나면 비과세 세팅을 할 수 있어서 소액으로 접근하기 좋은 물건이었다. 또한 바로 매매가 되지 않더라도 전세 수요가 충분히 받쳐 주고 있는 지역이어서 급할 것도 없었다.

현재 이 지역의 시세를 살펴보면 전세는 약 2억 원, 매매가는 2억 2,000~2억 3,000만 원 선이다. 시장 분위기의 영향을 받아 다소 가격이 하락한 것으로 보이나, 주변에 호재가 있고 근처 신축 아파트 분양가가 높았기에 그곳 대비 가격 경쟁력이 충분해 보였다.

낙찰가는 1억 6,300만 원. 전세를 맞추고도 4,000만 원 정도 남을 것으로 예상된다.

이 물건을 1년 이내에 매도했을 때와 2년 이후 비과세가 되었을 때의 양도세와 수익률을 비교해 보자. 그래야 어떤 전략으로 갈 것인지 결정할 것 아니겠는가.

양도소득세 계산표

양도가액	매도금액
(–) 취득가액	낙찰가(매수한 금액)
(–) 필요경비	(취득세, 중개수수료 등 필요경비로 인정되는 항목의 합계)
(=) 양도차익	
(–) 장기보유특별공제	소유 기간 및 실제 거주 기간에 따라 세액을 일정 비율 감면
(=) 양도소득금액	
(–) 기본공제	1인당 연간 250만 원 기본공제 됨
(=) 과세표준	
(x) 세율	
(=) 세율 적용 값	
(–) 누진공제액	과세표준액 금액을 기준으로 구간에 따라 세율과 누진공제액이 다르게 적용됨
(=) 양도소득세	
(+) 주민세	양도소득세의 10%
(=) 최종 납부금액	

양도소득세 비교 (1년 이내 매도 vs 2년 이후 매도)

	1년 이내 매도 시	2년 이후 매도 시
양도가액	220,000,000	220,000,000
(–) 취득가액	163,480,000	163,480,000
(–) 필요경비	3,100,000 (취득세+법무비+중개수수료)	3,100,000 (취득세+법무비+중개수수료)
(=) 양도차익	53,420,000	53,420,000
(–) 기본공제	2,500,000	2,500,000
(=) 과세표준	50,920,000	50,920,000
(x) 세율	70%	0%
(=) 세율 적용 값	35,644,000	
(–) 누진공제액	0	
(=) 양도소득세	35,644,000	
(+) 주민세	3,564,400	
(=) 최종 납부금액	39,208,400	0

※ 편의상 장기보유특별공제는 생략하였고, 양도소득세율은 2024년을 기준으로 계산함.

와우~ 이게 사실이란 말인가?

위의 표에서 확인할 수 있듯 1년 이내에 매도했을 때와 전세 등 한 바퀴 돌리고 3년 후 매도했을 때의 세금 차이는 엄청나다. 따라서 위 예시처럼 입지가 좋거나 호재가 있는 곳에 있는 물건은 성급하게 매도하지 않는 것이 좋다. 세금 내고 이것저것 떼고 나면 수익은 계속 줄어들기 때문이다. 위의 표를 처음 접하는 분이라면 다소 어려워 보일 수도 있다. 하지만 얼마의 수익이 남는지가 가장 중요하기 때문에 몇 번을 읽어서라도 숙지했으면 하는 마음이다.

하나의 팁을 더 주자면, 입찰 전이나 매도 전에 양도세 계산을 먼저 해본 후 입찰 여부나 매도 결정을 하면 좋다. 얼마가 남는지를 미리 알아야 전략을 구상할 수 있기 때문이다.

위 표가 어렵다면 국세청 홈택스(www.hometax.go.kr)를 이용하는 것도 방법이다. 홈택스 사이트에 들어가면 '세금모의계산' 서비스가 있는데, 이곳을 클릭하면 '양도소득세 자동 계산' 메뉴가 나온다. 이곳에 자신의 부동산에 관련된 매입가와 각종 비용 등을 입력하면 프로그램이 알아서 계산해주고, 추후 매도 후에도 이곳에서 직접 양도세 신고가 가능하니 유용하게 사용하길 바란다.

과거를 돌이켜보면 부동산 경기가 침체될수록 정부는 많은 세제 혜택을 주었다. 그래야만 거래량이 늘고 부동산 경기가 다시 활성화되기 때문이다.

그래서인지 현 정부는 마음먹고 부동산을 풀어주기 시작했다. 일부이기는 하지만 주택담보대출을 허용하기도 하고, 강남 3구와 용산을 제외한 전 지역을 규제지역에서 해제하는 등 부동산 경기 활성화에 나섰다. 물론 이렇게 한다고 쉽게 풀릴 문제는 아니다. 현재는 높은 금리로 인해 다들 숨고르기를 하고 있지만 기회는 늘 위기와 함께 오기 마련이다.

항상 틈새는 있고 현명한 사람들은 이런 시기를 기회로 만든다. 틈을 발견하여 기회를 잡기 위해서는 정부 정책의 방향과 세금에 대해 항상 관심을 두고 지켜봐야 한다. 그래야만 똑똑한 투자를 통해 맛있는 이익을 얻을 수 있는 법이다.

12장

600만 원으로 나에게 별장을 선물하다

바다를 사랑한 소녀

어린 시절, 바닷가가 없는 내륙지방에 살던 나는 늘 바다가 그리웠다. TV에서만 볼 수 있는 해운대, 광안리, 경포대, 동해의 바닷가들. 그랬던 나는 집안 형편이 어려워져 산업체 고등학교를 선택하고 진학해야 할 즈음 아무런 망설임 없이 부산을 선택했었다. 그렇게 열여섯 소녀는 바다를 보면서 위로받았고, 바다를 보면서 힘을 냈고, 바다를 보면서 울음을 참아냈다. 그만큼 나에게 바다는 제2의 엄마 품이었다.

그래서였을까. 가슴속 그리운 바다가 많다 보니 마음의 여유가 조금씩 생기면서 바닷가 근처의 집이 계속해서 눈에 들어왔다. 하나 정도는 나 스스로에게 보상 차원에서 선물을 주고 싶었다. 그리하여 얼마 전 낙찰받은 것이 강원도의 어느 바닷가 집이다.

여행 중 우연히 발견한 물건

워낙 여행을 좋아해 계획 없이 떠나는 즉흥적인 여행도 자주 다니는 편이다. 그날도 나의 갑작스런 제안으로 아이들과 강원도 여행을 가게 되었고, 강원도 정선으로, 태백으로, 양양으로 하여 며칠을 위에서 아래로 내려오는 코스였다. 그러던 중 어느 작은 해변에서 물놀이를 하며 시간을 보내다가 갑자기 '주변에 나온 물건이 있을까?' 하는 호기심이 발동하여(어디서든 물건 검색을 하는 것이 습관화되었다) 그 자리에서 핸드폰 앱을 켜고 경매 사이트로 확인해 보니 근처의 물건 몇 개가 검색된다. 아이들에게 잠시 다녀오겠다고 말하고는 곧장 물건지로 향했다(이런 적이 한두 번이 아닌지라 이제 아이들은 놀라지도 않는다).

차로 이동하니 약 15분 정도가 걸렸을까?

단독주택이었고, 산등성이에 작은 주택들이 오밀조밀 모여 있는 동네였다. 좀 더 쉽게 상상을 해 보면, 멀리 바다가 보이지만 산꼭대기에 지어진 전형적인 옛날 어촌 동네의 모습이다. 그래서 화려하기보다는 서민적인, 발전의 흔적은 찾아보기 힘들고, 곳곳에는 사람이 살지 않는 폐가들도 눈에 띄어 낡은 모습이 더 많이 보이는 그런 곳이었다.

해당 물건을 찾아가 보니 이 집 역시 사람이 살지 않는 것 같다. 그런데 외관은 깨끗하다. 외벽의 페인트가 깨끗했고, 지붕도 개량한 지 얼마 안 되어 보였다. 내부는 깡충깡충 뛰어 담 너머로 안을 엿보는 것이 전부이긴 했지만 그런대로 나쁘지 않아 보인다.

입찰을 하기로 결정했다.

다행히 공매여서 전자입찰로 가능했고, 마감 시각은 내일 오후 5시까지였으므로 아직 하루 정도 남은 상태였다. 다음 날, 입찰을 앞두고 다시 한번 현장에 가서 꼼꼼히 살펴본 후 시세 조사를 위해 부동산으로 향했다. 그런데 이게 웬일. 주변에 부동산도 많지 않은 데다가 심지어 말하는 가격도 다 제각각이다. 정확한 데이터가 없는 것이 문제였다.

아, 그때 마침, 저 앞쪽에서 생활정보지인 교차로 차량이 멈추더니 전봇대 옆 게시대에 정보지를 놓고 떠나는 것이 아닌가. 얼른 달려가 펼쳐보았다.

그래, 지방에서는 부동산보다 교차로나 벼룩시장이 더 보편화되어 있기도 하지. 내가 그걸 왜 미처 생각하지 못했을까?

가격은 면적별 또는 연식에 따라 차이가 있긴 했지만 그것에 해당 물건을 대입해서 시세를 가늠해 볼 수는 있었다. 그렇게 조사하여 정한 가격으로 입찰을 했고, 결과는 단독낙찰이었다. 그것도 680만 원에 말이다.

2017-　　-001 　 **입찰시간 : 2018-03-12 10:00~ 2018-03-14 17:00**

소재지	**강원도 동해시 　동 　-126 외 1필지** (도로명주소 : 강원도 동해시 　35 외 1필지 (　동))				
물건용도	주거용건물	감정가	**13,470,240 원**	재산종류	압류재산(캠코)
세부용도	단독주택	최저입찰가	(50%) 6,736,000 원	처분방식	매각
물건상태	낙찰	집행기관	한국자산관리공사	담당부서	강원지역본부
토지면적		건물면적	50.64㎡	배분요구종기	0000-00-00
물건상세	건물 32.95 ㎡ , 미등기건물 17.69 ㎡ , 건축물대장상 스레트지붕이나 현황 강판지붕입니다.				
위임기관	삼척세무서	명도책임	매수인	조사일자	0000-00-00
부대조건					

- **입찰 정보(인터넷 입찰)**

입찰번호	회/차	대금납부(기한)	입찰시작 일시~입찰마감 일시	개찰일시 / 매각결정일시	최저입찰가
029	005/001	일시불(30일)	18.01.29 10:00 ~ 18.01.31 17:00	18.02.01 11:00 / 18.02.05 10:00	13,471,000
029	006/001	일시불(30일)	18.02.05 10:00 ~ 18.02.07 17:00	18.02.08 11:00 / 18.02.12 10:00	12,124,000
029	007/001	일시불(30일)	18.02.19 10:00 ~ 18.02.21 17:00	18.02.22 11:00 / 18.02.26 10:00	10,777,000
029	008/001	일시불(30일)	18.02.26 10:00 ~ 18.02.27 17:00	18.02.28 11:00 / 18.03.05 10:00	9,430,000
029	009/001	일시불(30일)	18.03.05 10:00 ~ 18.03.07 17:00	18.03.08 11:00 / 18.03.12 10:00	8,083,000
029	010/001	일시불(30일)	**18.03.12 10:00 ~ 18.03.14 17:00**	18.03.15 11:00 / 18.03.19 10:00	**6,736,000**

낙찰 : **6,888,000원** (102.26%)

건물 주인을 찾아라!

어느 정도 예상은 했지만 이렇게 아무도 안 들어온 것이 의아했다. 토지와 건물이 나온 물건이었으나 건물 소유에 대해서는 미상 또는 불분명하다는 애매모호한 설명이 사람들을 불안케 했던 모양이다. 그리고 실제 현장에 갔을 때는 그리 나쁘지 않았지만 감정평가서에 실린 사진에는 지저분한 마당과 오래된 창고가 더욱 부각되어 있었다. 사실 나도 처음에는 사진만 보고 패스하려고 했었다.

잔금 납부를 하고 얼마 후 현장에 다시 찾아갔지만 역시나 사람은 없었다. 주변 이웃들에게 물어봐도 몇 년째 아무도 살지 않는다는 말만 할 뿐 더 이상의 정보는 얻을 수 없었다. 그래서 어쩔 수 없이 대문 앞에 연락처를 적어 놓고 돌아왔다. 그리고 '건물 소유에 대한 부분이 명확하지 않다'는 매각명세서의 문구가 생각나 건물 등기부등본을 떼어 보았으나 미등기건물이었기에 확인할 수가 없었다. 그리하여 폐쇄등기부등본(토지, 건물)을 떼어 소유자를 역추적하기 시작했다(이러한 경우의 오래된 주택은 폐쇄등기부등본을 떼어 볼 것을 추천한다. 등기소나 인터넷등기소에서도 발급이 가능하다). 그 후 현재의 소유자 주소지로 한 통의 내용증명을 보냈다. 그러나 감감무소식이다(등기부등본을 조회해서 우편을 보낸다고 해도 그 주소지가 옛날 주소지이면 우편물이 가지 않는다).

나의 갖은 노력에도 불구하고 집주인을 찾기란 쉽지 않았다. 그런데 며칠이 지나고 뜻하지 않은 곳에서 소식이 들려왔다. 바로 집주인의 친척이었다. 같은 동네에 사는 친척 한 분이 대문에 연락처가 붙어있는 것을 보고 연락을 주신 것이다. 연락이 닿자마자 진행 속도는 급물살을 탔다.

속사정은 이러했다. 과거에 토지를 매수했는데, 건물은 미등기였으나 별도의 신고는 하지 않았다는 것. 토지를 사면 건물은 당연히 따라오는 거 아니냐고, 오히려 나에게 반문을 하는 것이 아닌가(과거 시골에서는 자기 땅이면 집을 짓고도 신고하지 않은 채 그냥 사는 경우가 많았다). 즉, 이 집의 주인은 과거에 위의 건물은 자동으로 따라오는 형태로 토지를 매수했던 것이다. 다만 미등기건물이라 등기부등본만 없을 뿐 아무런 문제가 없는 물건이었다.

셀프로 별장 꾸미기

열쇠를 건네받은 후 드디어 집안으로 입성할 수 있었다. 깔끔한 외관과 달리 몇 년 동안 방치된 집안 내부는 오래된 장롱과 쓰레기들, 그리고 마당 한쪽 구석에 널브러져 있는 깨진 항아리들까지, 난장판이 따로 없었다.

사실 이 집을 낙찰받은 목적은 수리 후 매매를 하기 위함이었다. 그러나 아이들과 함께한 여행에서 좋은 기억으로 남은 동네였고, 마침 그렇게도 원하던 바닷가 근처였기에 큰마음 먹고 이 집을 우리 가족의 별장으로 결정했다(결정하고 아이들보다 내가 더 좋아했다).

집과의 거리가 좀 있기도 하고, 일과 병행을 해야 했기에 공사 진행은 느긋하게 하기로 했다. 그리고 아직은 분수에 넘치는 선물이라는 생각이 들어, 너무 과한 금액이 들어가지 않도록 하자 다짐했기에 웬만한 것들은 혼자서 셀프 수리를 하기로 결심했다.

워낙 오래된 집이다 보니 중간에 구멍도 많고 벽체가 약해서 군데군데 벽돌을 쌓아 미장 처리를 하고, 부서진 문은 문짝을 사다가 달았으며, 외벽이

셀프로 수리하는 모습

얇아 결로와 곰팡이 등이 심했던 관계로 곰팡이 처리를 한 후 단열벽지를 사다가 밤새 붙인다고 고생도 만만치 않았다.

필요한 물품을 택배로 주문한 후 그것을 가지고 강원도 별장으로 왔다갔다하기를 여러 번. 싱크대는 과감하게 교체를 했고, 안방에는 옛날을 회상하며 비키니 옷장을 넣었으며, 침대와 나머지 가전제품은 근처 중고가게에서 구입했다. 이렇게 해서 수리에 들어간 전체 비용이 150만 원 안팎. 집의 모양새가 하나둘 갖춰지는 모습을 보고 있자니 마음이 벅차올라 그 어떤 물건보다도 훨씬 좋았다.

나에게 주는 선물

어떻게든 성공하고 싶었고, 부자가 되고 싶었다. 그래서 지금까지 머릿속의 90% 이상을 부동산과 경매로만 가득 채워놓은 채 미친 듯이 달려왔다. 그래야만 아이들을 살필 수 있었고, 내가 살 수 있다고 생각했으니까. 하지만 불쑥 올라오는 헛헛함. 그 헛헛함을 이겨내기란 쉽지 않았다.

엄마이기에 당연한 목표였고 달려갈 수밖에 없는 것을 알면서도 어느 순간, 내 삶은 없고 생계를 위해서만 살고 있는 내가 싫어졌다. 하지만 그런 생각들이 불쑥불쑥 올라올 때마다 사치라고, 허영이라고, 이젠 배가 불렀구나 라며 스스로에게 핀잔을 주곤 했다. 그런 즈음 이 물건을 낙찰받게 된 것이다.

언제 봐도 좋은 바다, 나를 항상 위로해주는 바다, 하루 종일 파도치는 모습만 보고 있어도 시간 가는 줄 모르는 바다. 그런 바다를 나는 늘 좋아하고 동경했다.

아직 나에게는 사치라며 내 삶을 살아보고 싶다는 마음을 꾸역꾸역 누르며 앞만 보고 달려온 나 자신에게 진심으로 선물을 주고 싶었다. 마음껏 누릴 수 있는 바다를 이제는 언제든 와서 느껴도 된다고.

바닷가 별장과 풍경

뒷이야기

우스갯소리로 나는 '느낌적인 느낌'을 좋아한다. 물건을 고를 때 당연히 데이터를 보기는 하지만, 어떤 때는 데이터보다는 나의 느낌에 더 많이 의지를 하기도 한다.

이 바닷가 별장이 그러했다. 물론 싸다는 장점도 있었지만, 집이 구리구리(?)해 보이긴 해도 언덕 너머로 보이는 바다가 정말 맘에 들었고, 외관도 내가 고치면 되지라는 생각으로 선택을 했던 것이다.

그런데 참 신기하게도 이 느낌이 맞아 떨어질 때가 있는데, 이곳이 그러한 경우였다. 낙찰 후 매매가 목표는 아니었기에 약간의 수선만 한 채로 있었는데 얼마 전 동네 전체가 도시재생 뉴딜 사업지로 선정되어 시로부터 주거정비 지원을 받게 된 것이다. 재개발하고는 다르지만 오래된 주택을 개보수할 수 있는 정도의 지원을 해준다. 그래서 우리 집에는 1,400만 원(주택 연수에 따라 다름)의 지원비가 할당되어 지붕, 새시, 대문, 담장 등 웬만한 것들을 모두 교체할 수 있었다. 덕분에 지금은 그 구리구리(?)했던 집이 새 집으로 탈바꿈하였다. 거기다 집 앞으로 큰 도로까지 나면서 얼마 전까지만 해도 들어오지 못했던 차들이 지금은 쑥쑥 잘 들어오고 있다. 살다 살다 별 횡재가 다 있더라는.

나에게 경매는 희망이었다

회사에 다닐 적 남자직원들도 힘들어하는 영업부에서 지방 출장을 도맡아서 다녔다. 남자가 할 수 있는 것을 여자라는 이유로 회피하고 싶지 않았고, 또 다른 이유는 주말이나 휴일에도 출장을 다니다 보면 시간 외 수당이 붙어서 남들보다 조금은 더 많은 급여를 받을 수 있기 때문이었다. 하지만 다달이 날라오는 공과금과 아이들 교육비, 생활비 때문에 저축은 고사하고 늘 숨이 막혀왔다. 몸을 혹사해서 번 돈들은 손에 잡아 보지도 못한 채 모래알처럼 빠져나갔다.

탈출하고 싶었다. 제발 이 쳇바퀴 같은 삶의 굴레에서 벗어나고 싶었다. 하지만 방법도 몰랐고, 여윳돈을 가지고 있는 것도 아니었다. 생각만 있을 뿐 다음 날이 되면 또 똑같은 전쟁터 같은 삶을 살아야 했고 그 삶 속에서 내 살이 녹아내리는 줄도 모르고 전진만 할 뿐이었다.

그러는 사이 나는 암 진단을 받았고 수술 후 항암치료를 견뎌야 했으며, 이로 인해 회사도 어쩔 수 없이 그만두게 되었다. 첩첩산중, 점입가경이다. 더 이상 나빠질 것도 안 좋아질 것도 없는 이 지경까지 오니 비로소 모든 것을 내려놓을 수 있었다. 돌이켜보면 나는 그때 벼랑 위에 선 사람이었다. 더는 물러설 곳도 없고, 물러섰다 한들 절벽으로 떨어지는 것은 당연했으므로 선택의 여지가 없었다. 아이들을 위해서라도 살아야 했다.

그러던 중 우연히 알게 된 경매.

해 보지 않고서는 알 수 없었고, 내 것이 될 수 없었다. 남의 이야기를 부러워해 봐야 나의 이야기가 아니었다. 미친 듯이 움직였고 미친 듯이 공부했다. 부동산이라는 것을 내 머리와 가슴 속에 들여놓고 모든 에너지를 모아 그것에만 집중했다.

그렇게 하여 6년이 지난 지금은, 비교할 수 없을 정도로 많은 것들이 변했다. 조금은 세련된 투자자가 되었고, 무엇보다 많은 이들에게 희망을 보여줄 수 있는 강의를 할 수 있게 되었다.

나를 울린 사람들 I

많은 수강생들에게는 각자의 사연이 있지만, 유독 가슴으로 응원하게 되는 사람들을 만나게 된다. 표현이 서툴러 겉으로는 퉁~ 한 척하지만, 마음속으로는 그들이 잘되길 바라는 마음이 한가득이다.

우연히 서점에서 내 책을 읽고 달려온 사람이 있었다. 지방에 사는 수강생이었는데, 주말을 마다하고 어린 아이들을 뒤로 둔 채 매주 올라와 수업을 들었다. 수업이 끝나면 임장을 가고, 임장을 마치고 강의장 근처 찜질방에서 잠깐의 잠을 청한 뒤 다시 내려가는 그녀의 뒷모습을 보며 마음이 짠했다.

그녀의 첫 성과는 그저 그랬다. 작은 빌라를 낙찰받았지만, 기존에 있던 임차인과 재계약을 하는 정도로 마쳤기에 남들과 다르게 놀랍거나 대단하다고 생각하지 않았다. 누구나 열심히 하면 그 정도는 할 수 있는 부분이었기에 특별해 보이지는 않았다. 그러나 그녀는 그 후에도 여전히 주말에는 강의를 들으러 올라와 인천과 서울 곳곳에 임장을 다녔고, 초급반 수업을 모두 수료한 후 연이어 송사무장님의 실전반, 고급반 강의까지 수료하며 악착같이 움직였다. 여자 혼자 익숙지 않은 도시를 헤매며 돌아다니고, 낯선 곳의 찜질방에서 잠을 청하는 그녀의 고단함을 조금은 알기에 그녀를 볼 때마다 가슴 한편이 시렸다. '저 분이 노력한 만큼 잘 되지 않으면 어쩌지…….'

역시 드라마는 반전이 있어야 제맛이다. 그녀가 그러했다. 처음에는 조금은 더딘 템포로 따라오는 것 같았지만 어느 순간 점프력이 상승하여 훌쩍훌쩍 뛰어가고 있었다. 서울 인기 지역의 분양권 당첨을 시작으로 주거 급매와 상가 낙찰, 또 택지 분양 당첨 등 단기간에 많은 성과를 이루어냈다.

지금은 이미 10억 이상의 큰 성과를 이뤘지만 그녀는 여전히 부지런하다. 회사를 다니며 과거보다 농익은 재테크 방법을 터득하여 좀 더 지혜로운 투자를 해가면서 행복한 엄마로, 그리고 아내로 살아가고 있다.

나 역시 여전히 그녀를 응원하고 있다!

나를 울린 사람들 Ⅱ

최근에 수강생의 낙찰 경험담을 읽고 울컥한 적이 있다.

그녀는 원체 밝고 리더십도 좋아 일반적인 재테크를 배우기 위해 온 줄로만 알았다. 그런데 어느 날 수업을 마치고 나가려는데, 조용히 따라오더니 지금 살고 있는 집의 전세가 만료되어 실거주할 집을 찾고 있다며 도와달라고 했다. 워낙 여러 사람들의 사연을 많이 듣기도 하거니와 전세 기간 만료는 대수롭지 않은 일이기에 그러마 하고 돌아서려는데, 그녀가 '고맙습니다' 하며 눈물을 뚝뚝 흘리는 것이 아닌가.

그녀를 위해 몇 군데 검색을 해 보았지만, 딱히 마땅한 곳이 없었다. 내가 아닌 남이 살 집을, 정해진 조건으로 찾기란 쉽지가 않다.

그러던 어느 날 그녀에게서 메일이 왔다. 물건을 찾았는데 지금 본인이 살고 있는 동네의 바로 옆 동네 물건이라며, 자기가 한 권리분석에는 문제가 없는지, 입찰해도 괜찮겠는지를 물어왔다.

입찰해도 괜찮다 하였고, 나머지는 걱정하지 말라는 말도 덧붙였다. 혹시 문제가 생기면 도와주겠노라고.

이후 낙찰 소식을 알려왔고, 중간 명도 과정에서 몇 가지 상담을 해 왔지만 몇 마디해 준 것밖에는 없었는데도 불구하고 그녀는 혼자서 척척 잘 해냈다. 결국 얼마 전에 실거주 이사까지 마쳤다는 소식을 알리며 감사함을 전해왔다.

그 후 그녀가 카페 게시판에 올린 낙찰 후기를 읽게 되었다. 11평짜리 집에서 아이들과 함께 한 가족이 살다가 25평으로 이사를 하게 되었는데, 집이 너무 넓어 잘 안 들려서 그런지 밥 먹으라는 소리에도 아이들이 방에서 나오질 않는다고, 그리고 거실에서는 롤러스케이트를 타도 될 것 같다는 내용의 글이었다.

그녀는 우스갯소리로 그렇게 표현을 했겠지만, 그 글 속에서 진심으로 좋아하는 그녀의 얼굴이 떠올라 눈물이 왈칵 쏟아졌다.

그녀 역시 실거주 입주 후에도 더 큰 자유를 위해 회사 일과 투자 공부를 병행해 가며 열심히 살고 있다. 처음 만났을 때 보다 더 힘차 보이고, 당당해 보여 지켜보는 사람도 미소 짓게 만든다.

긍정적인 마음은 무엇이든 해낼 수 있게 한다

내가 과거 어려웠던 시절을 경험했기에 현재 그 상황에 처한 사람의 심정을 가장 잘 헤아릴 것이라 생각한다. 어떤 이는 성실함만으로 가난을 극복하려고 하는데, 그것은 가난의 탈출구가 아닌 단지 발버둥일 뿐인 경우가 많다. 마치 과거의 나처럼 말이다.

나도 투자를 하고 나서야 깨닫게 되었다. 열심히만 산다고 모두 부자가 될 수 있는 것이 아님을. 자본주의 사회에서는 열심히 사는 것보다 어떠한 생각으로 사느냐가 더 중요하다. 지금 당장은 힘들더라도 생각을 긍정적으로 바꾸고 세상을 바라보면 사회가 냉정하고 불공평한 곳이 아닌, 성공의 기회가 많은 곳으로 보이기 시작한다.

혹자들은 말한다. 돈이 많아서 살 만한 세상이라고 느끼는 것 아니냐고. 글쎄다.

나의 경험으로 미루어 보아, 가진 것이 없어도 세상을 어떻게 바라보느냐에 따라 어려운 현실을 나만의 세상으로 만들 수 있었다.

따라서 부자가 되고 싶다면 비법이나 노하우를 배우는 것 보다 자신의 마음가짐을 바꾸는 것이 먼저다. 자신의 멘탈을 강하게 만든 다음에 기술을 익혀야 하는 것이다.

나누며 사는 삶을 꿈꾸다

친한 지인들과의 모임을 통해 소년 소녀 가장을 후원하고 있다. 거창하진 않지만, 그 친구들이 대학을 졸업할 때까지 그래서 멋진 성인으로 사회에 진출할 때까지 후원하기로 약속했다. 치아를 치료해주고, 책상을 기부하고, 고깃집 사장님은 명절마다 고기를 기부하는 등 저마다 자신이 가지고 있는 재능을 아낌없이 나눠주는 모임이다.

나는 이곳에서 가난의 끈을 끊고 역경을 이겨낸 경험을 바탕으로 아이들에게 경제 교육을 실시할 계획이다. 가난은 굴레가 아니며, 자신이 얼마만큼 노력을 하느냐에 따라 그 굴레를 벗어나 가난의 끈을 끊어버릴 수 있다는 것을 알려주고 싶다.

어디든 혼자 가는 길은 외롭고 힘들다. 그러나 여럿이 함께하면 서로 의지가 되고, 위로가 되기에 덜 외롭고 덜 힘들다.

나는 이 책을 통해 독자들이 작은 기적을 만들고, 그 기적들로 모두 부자가 되었으면 좋겠다. 그리고 그 기적을 주변 사람들에게 바이러스처럼 전파했으면 한다. 그래야 우리가 함께 행복할 수 있으니 말이다.

끝으로 경매라는 것을 알게 해주시고, 책을 출간해주신 스승님이자 멘토인 송희창 대표님께 진심으로 감사드리고, 항상 바쁜 엄마 밑에서 불평 한마디 없이 잘 자라준 아이들에게 미안함과 고마움을 전한다.

'도서출판 지혜로'는 경제 · 경영 서적 전문 출판사이며, 지혜로는 독자들을 '지혜의 길로 안내한다'는 의미입니다. 지혜로는 특히 부동산 분야에서 독보적인 위상을 자랑하고 있으며, 지금까지 출간한 모든 책이 베스트셀러 그리고 스테디셀러가 되었습니다.

지혜로는 '소장가치 있는 책만 만든다'는 출판에 관한 신념으로, 사업적인 이윤이 아닌 오로지 '독자들을 위한 책'에 초점이 맞춰져 있고, 앞으로도 계속해서 아래의 원칙을 지켜나갈 것입니다.

첫째, **객관적으로 '실전에서 실력이 충분히 검증된 저자'의 책만 선별하여 제작합니다.**
실력 없이 책만 내는 사람들도 많은 실정인데, 그런 책은 읽더라도 절대 유용한 정보를 얻을 수 없습니다. 독서란 시간을 투자하여 지식을 채우는 과정이기에, 책은 독자들의 소중한 시간과 맞바꿀 수 있는 정보를 제공해야 한다고 생각합니다. 그러므로 지혜로는 원고뿐 아니라 저자의 실력 또한 엄격하게 검증을 하고 출간합니다.

둘째, **불필요한 지식이나 어려운 내용은 편집하여 최대한 '독자들의 눈높이'에 맞춥니다.**
그렇기 때문에 수많은 독자분들께서 지혜로의 책은 전문적인 내용을 다루고 있지만 가독성이 굉장히 좋다는 평가를 해주고 계십니다.
책의 최우선적인 목표는 저자가 알고 있는 지식을 자랑하는 것이 아닌 독자에게 필요한 지식을 채우는 것입니다. 앞으로 독자층의 눈높이에 맞지 않는 정보는 지식이 될 수 없다는 생각으로 독자들에게 최대한의 정보를 제공할 수 있도록 편집할 것입니다.

마지막으로 앞으로도 계속 독자들이 **'지혜로의 책은 믿고 본다'**는 생각을 가지고 구매할 수 있도록 초심을 잃지 않고, 철저한 검증과 편집과정을 거쳐 좋은 책만 만드는 도서출판 지혜로가 되겠습니다.

뉴스 〉 부동산

도서출판 지혜로, '돌풍의 비결은 저자의 실력 검증'

송희창 대표, "항상 독자들의 입장에서 생각하고, 독자들에게 꼭 필요한 책만 제작"

도서출판 지혜로의 주요 인기 서적들

경제 · 경영 분야의 독자들 사이에서 '믿고 보는 출판사'라고 통하는 출판사가 있다. 4권의 베스트셀러 작가이자 부동산 분야의 실력파 실전 투자자로 알려진 송희창씨가 설립한 '도서출판 지혜로'가 그곳.

출판시장이 불황임에도 불구하고 이곳 도서출판 지혜로는 지금껏 출간된 모든 책이 경제 · 경영 분야의 베스트셀러로 자리매김하는 쾌거를 이룩하며, 출판업계에 희망의 아이콘으로 자리 잡았다.

송희창 지음 | 308쪽 | 16,000원

송사무장의 부동산 경매의 기술

수많은 경매 투자자들이 선정한 최고의 책!

- 출간 직후부터 10년 동안 연속 베스트셀러를 기록한 경매의 바이블!
- 경매 초보도 따라할 수 있는 송사무장만의 명쾌한 처리 해법 공개!
- 지금의 수많은 부자들을 탄생시킨 실전 투자자의 노하우를 한 권의 책에 모두 풀어냈다.
- 큰 수익을 내고 싶다면 고수의 생각과 행동을 따라하라!

송희창 지음 | 376쪽 | 18,000원

송사무장의 실전경매

(송사무장의 부동산 경매의 기술2)

부자가 되려면 유치권을 알아야 한다!
경 · 공매 유치권 완전 정복하기

- 수많은 투자 고수들이 최고의 스승이자 멘토로 인정하는 송사무장의 '완벽한 경매 교과서'
- 대한민국 NO.1 투자 커뮤니티인 '행복재테크' 카페의 칼럼니스트이자 경매계 베스트셀러 저자인 송사무장의 다양한 실전 사례와 유치권의 기막힌 해법 공개!
- 저자가 직접 해결하여 독자들이 생생하게 간접 체험할 수 있는 경험담을 제공하고, 실전에서 바로 응용할 수 있는 서식과 판례까지 모두 첨부!

송희창 지음 | 456쪽 | 18,000원

송사무장의 부동산 공매의 기술

유일무이한 부동산 공매의 바이블!

- 이론가가 아닌 실전 투자자의 값진 경험과 노하우를 담은 유일무이한 공매 책!
- 공매 투자에 필요한 모든 서식과 실전 사례가 담긴, 이 책 한 권이면 당신도 공매의 모든 것을 이해할 수 있다!
- 저자가 공매에 입문하던 시절 간절하게 원했던 전문가의 조언을 되짚어 그대로 풀어냈다!
- 경쟁이 덜한 곳에 기회가 있다! 그 기회를 놓치지 마라!

서상하 지음 | 356쪽 | 18,000원

대한민국 땅따먹기

진짜 부자가 되고 싶다면 토지 투자가 정답이다!

- 토지 투자는 어렵다는 편견은 버려라! 실전에 꼭 필요한 몇 가지 지식만 알면 누구나 쉽게 토지에 투자할 수 있다.
- 소액으로도 큰 수익을 낼 수 있는 분야가 바로 '토지' 경매다. 몇 가지 기본 지식으로 쉽게 배우는 토지 투자의 모든 것!
- 안정적인 고수익을 내게 해주는 토지 투자를 나만의 주특기로 만들어 줄 실전 지식 배우기!

김용남 지음 | 240쪽 | 16,000원

평생연봉, 나는 토지투자로 받는다

농지, 임야, 공장 부지는 물론 택지까지!
토지 재테크를 위한 완벽 실전 매뉴얼

- 토지 투자는 한 번 배워두면 평생 유용한 재테크 툴(Tool)이다!
- 좋은 토지를 고르는 안목을 배울 수 있는 절호의 기회!
- 토지 투자 분야의 내로라하는 전문가가 비도시 지역의 땅과 도시 지역의 땅에서 수익을 올리는 비법을 전격 공개한다!

김용남 지음 | 272쪽 | 16,000원

1년 안에 되파는 토지투자의 기술

초보자도 쉽게 적용할 수 있는
토지투자에 관한 기막힌 해법 공개!

- 토지투자는 돈과 시간이 여유로운 부자들만 할 수 있다는 편견을 시원하게 날려주는 책!
- 적은 비용과 1년이라는 짧은 기간으로도 충분히 토지투자를 통해 수익을 올릴 수 있다!
- 토지의 가치를 올려 높은 수익을 얻을 수 있게 하는 '토지 개발' 비법을 배운다!

Memo

싱글맘 부동산 경매로 홀로서기

초판 인쇄 1쇄 발행 2014년 05월 08일
26쇄 발행 2020년 01월 06일
개정판 1쇄 발행 2020년 03월 09일
81쇄 발행 2024년 07월 16일

지은이 이선미
감 수 송희창
책임편집 배희원
편집진행 최상진, 노영현
펴낸곳 도서출판 지혜로

출판등록 2012년 3월 21일 제 387-2012-000023호
주소 경기도 부천시 원미구 길주로 137, 6층 602호 (상동, 상록그린힐빌딩)
전화 032) 327-5032
팩스 032) 327-5035
이메일 book@jihyerobook.com
(독자 여러분의 소중한 의견과 원고를 기다립니다.)

ISBN 979-11-87799-13-9 (13320)
값 16,000원

도서출판 지혜로는 경제·경영 서적 전문 출판사이며, '독자들을 위한 책'을 만들기 위해 객관적으로 실력이 검증된 저자들의 책만 엄선하여 제작합니다.